Zahlen, Ziffern, Nummern
und Buchstaben

FSC
www.fsc.org
MIX
Papier aus ver-
antwortungsvollen
Quellen
Paper from
responsible sources
FSC® C105338

Steffen Kubitscheck

Zahlen, Ziffern, Nummern und Buchstaben

für Alltag, Freizeit, Schule und Beruf

Bibliografische Information der Deutschen Nationalbibliothek
Die Deutsche Nationalbibliothek verzeichnet diese Publikation in
der Deutschen Nationalbibliografie; detaillierte bibliografische
Daten sind im Internet über die Adresse http://dnb.d-nb.de
abrufbar.

Zahlen, Ziffern, Nummern und Buchstaben - für Alltag, Freizeit,
Schule und Beruf
2., vollständig überarbeitete Auflage, 2017

Die erste Auflage erschien 2016 unter dem Titel „Das neue Lexikon
der Zahlen, Ziffern, Nummern - für Alltag, Freizeit, Schule und
Beruf".

Idee, Konzeption und Umsetzung:
© Steffen Kubitscheck

Herstellung und Verlag: BoD – Books on Demand, Norderstedt
ISBN 978-3-8482-0956-9

Anstelle von Zahlen – ein paar Worte ...

Zahlen, Zahlen, Zahlen ...
Mehr noch: Zahlen, Ziffern, Nummern.

In dieses kleine Lexikon ist all das hineingekommen, was
auf irgendeine Art und Weise „Zahl und Namen" hat oder eine
„Hausnummer" besitzt – von 0 bis gegen unendlich, genauer
gesagt bis zur 1 000 000 000 000 000 000 000 000 (in
Worten: eine Quadrillion, eine Eins mit vierundzwanzig
Nullen) und sogar noch darüber hinausgehend, nach bestem
Wissen und Gewissen recherchiert, gründlich sortiert und
schließlich „der Reihe nach" angeordnet.

Falls Sie meinen, sehr geehrte Leserin, sehr geehrter
Leser, dass ein bestimmter Zahlenwert, eine typische
Nummerierung oder ein spezieller Sachverhalt in das
Zahlenwerk hineingehören, so sollten Sie nicht zögern
und diese(n) mitteilen. Ebenso können Sie dem Verfasser
schreiben, wenn Ihnen eine Zahlenangabe „unstimmig"
erscheint. Differenzen ergeben sich mitunter, wenn
unterschiedliche Quellen verwendet werden.

Richten Sie Ihre Anmerkungen, Berichtigungsvorschläge und
Hinweise bitte per elektronische Post an die Adresse
nullbisunendlich@gmail.com.
Haben Sie vielen Dank im Voraus! Die Ergebnisse Ihrer
Beteiligung werden in die nächste Auflage dieses
Nachschlagewerkes einfließen.

Liebe Leserin und lieber Leser!

Viel Vergnügen beim Blättern, Stöbern und Studieren in den
„Zahlen, Ziffern, Nummern und Buchstaben ... für Alltag,
Freizeit, Schule und Beruf" wünscht Ihnen

Steffen Kubitscheck
im Jahr 2017

Ausgewählte Abkürzungen und Symbole

BAK	Blutalkoholkonzentration
c	Lichtgeschwindigkeit
ca.	circa
DFB	Deutscher Fußball-Bund
DGUV	Deutsche Gesetzliche Unfallversicherung
DIN	Deutsche Industrie-Norm (Deutsches Institut für Normung)
DM	ehemals Deutsche Mark
DRK	Deutsches Rotes Kreuz
E	Energie
EU	Europäische Union
F	Kraft
GmbH	Gesellschaft mit beschränkter Haftung
ICD	International Statistical Classification of Diseases and Related Health Problems (Internationale statistische Klassifikation der Krankheiten und verwandter Gesundheitsprobleme)
Jh.	Jahrhundert
KW	Kalenderwoche
L	Konfektionsgröße: large (groß)
lat.	lateinisch
M	Konfektionsgröße: medium (mittel)
m	Masse
MEZ	Mitteleuropäische Zeit
Mio.	Million(en)
Mrd.	Milliarde(n)
n. Chr.	nach Christus
NN	Normalnull
pH	potentia hydrogenii („Wasserstoff-Stärke")
π	Pi (griechischer Buchstabe)
RAL	(ehemaliger) Reichsausschuss für Lieferbedingungen
rd.	rund
Rh	Rhesusfaktor positiv
rh	Rhesusfaktor negativ
S	Konfektionsgröße: small (klein)
SI	Système International d'Unités (internationales Einheitensystem)
SMS	Short Message Service (Kurznachrichtendienst)
UHF	Ultra High Frequency (Ultrahochfrequenz)
UN	United Nations (Vereinte Nationen)
UNO	United Nations Organization (Organisation der Vereinten Nationen)

US	United States (Vereinigte Staaten)
UV	Ultraviolett (ultraviolette Strahlung)
v. Chr.	vor Christus
VHF	Very High Frequency
vol.	Volumen
WHO	World Health Organization (Weltgesundheitsorganisation)
XL	Konfektionsgröße: extra large (sehr groß)
XS	Konfektionsgröße: extra small (sehr klein)
XXL	Konfektionsgröße: extra extra large (extrem groß)
$\approx$	annähernd
$>$	größer als
$\geq$	größer oder gleich
$=$	ist gleich
$<$	kleiner als
$\leq$	kleiner oder gleich
§	Paragraf
$\sqrt{}$	Quadratwurzel
∞	unendlich

Verwendete Einheiten

[a]   Ar
[cal]   Kalorie(n)
[cl]   Zentiliter
[cm]   Zentimeter
[cm^2]   Quadratzentimeter
[cm^3]   Kubikzentimeter
[ct]   Cent
[dB]   Dezibel
[dl]   Deziliter
[dm]   Dezimeter
[dm^2]   Quadratdezimeter
[dm^3]   Kubikdezimeter
[dpi]   dots per inch
               (Punkte pro Zoll)
[€]   Euro
[g]   Gramm
[g/cm^3]   Gramm pro Kubikzentimeter
[g/m^2]   Gramm pro Quadratmeter
[gon]   Gon
[h]   Stunde(n)
[ha]   Hektar
[hl]   Hektoliter
[hPa]   Hektopascal
[Hz]   Hertz
[J]   Joule
[K]   Kelvin
[kcal]   Kilokalorie(n)
[kg]   Kilogramm
[kHz]   Kilohertz
[kJ]   Kilojoule
[km]   Kilometer
[km^2]   Quadratkilometer
[km/h]   Kilometer pro Stunde
[km/s]   Kilometer pro Sekunde
[kN]   Kilonewton
[kV]   Kilovolt
[kW]   Kilowatt
[kWh]   Kilowattstunde(n)
[l]   Liter
[l/m^2]   Liter pro Quadratmeter
[lx]   Lux
[m]   Meter
[m^2]   Quadratmeter
[m^3]   Kubikmeter
[mA]   Milliampere
[MB]   Megabyte

[mg]   Milligramm
[mg/dl]   Milligramm pro Deziliter
[mg/l]   Milligramm pro Liter
[MHz]   Megahertz
[min]   Minute(n)
[MJ]   Megajoule
[MJ/kg]   Megajoule pro Kilogramm
[MJ/l]   Megajoule pro Liter
[MJ/m^3]   Megajoule pro Kubikmeter
[ml]   Milliliter
[mm]   Millimeter
[mm^2]   Quadratmillimeter
[mm^3]   Kubikmillimeter
[mmHg]   Millimeter Quecksilbersäule
[mm/s]   Millimeter pro Sekunde
[m/s]   Meter pro Sekunde
[m/s^2]   Meter pro Quadratsekunde
[µg/m^3]   Mikrogramm pro Kubikmeter
[µm]   Mikrometer
[µT]   Mikrotesla
[N]   Newton
[nm]   Nanometer
[ppm]   parts per million
              (Teile pro Million)
[PS]   Pferdestärke(n)
[s]   Sekunde(n)
[V]   Volt
[Wh]   Wattstunde(n)
[W/kg]   Watt pro Kilogramm
[°]   Grad
[°C]   Grad Celsius
[°F]   Grad Fahrenheit
[‰]   Promille
[%]   Prozent
[′]   Winkelminute(n), Bogenminute(n)
[″]   Winkelsekunde(n), Bogensekunde(n)
[″]   Zoll

0

0 [°]; Gradeinteilung auf dem Kompass: Haupthimmelsrichtung Norden (N)

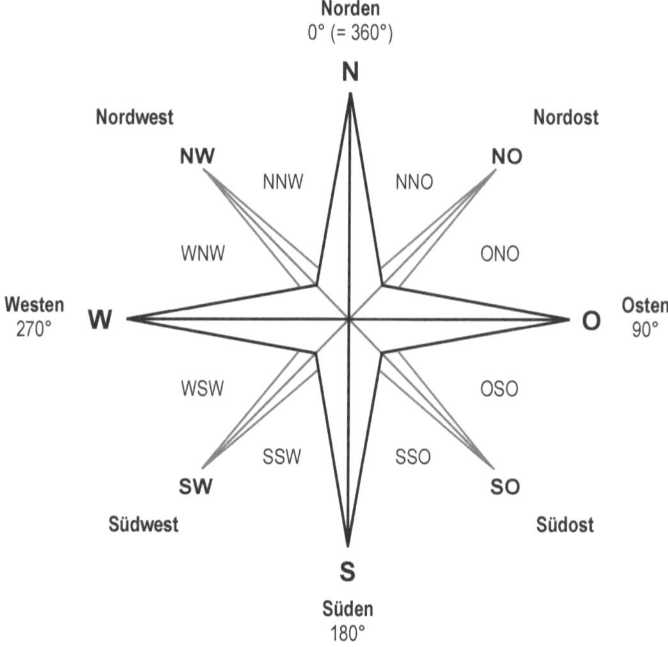

NNO = Nordnordost, ONO = Ostnordost
OSO = Ostsüdost, SSO = Südsüdost
SSW = Südsüdwest, WSW = Westsüdwest
WNW = Westnordwest, NNW = Nordnordwest

Die vier Haupthimmelsrichtungen sind die Grundrichtungen Norden, Osten, Süden und Westen. Die vier Nebenhimmelsrichtungen Nordost, Südost, Südwest und Nordwest dienen für genauere Richtungsangaben als Zwischenrichtungen.

Die Windrose (Kompassrose) ist meist in 32 gleich große Winkel zu je 11,25 Grad unterteilt. Die Sechzehntel setzen sich aus den Namen der Viertel und des jeweils benachbarten Achtels zusammen (z. B. NNO = Nordnordost). Zweiunddreißigstel werden aus dem jeweils angrenzenden Viertel oder Achtel mit einem „zu" in Richtung des nächstliegenden Viertels zusammengesetzt (z. B. NzO = Nord zu Ost, NOzN = Nordost zu Nord). Oft wird aber die Angabe von Gradzahlen vorgezogen.

➔ 45 [°]; 90 [°]; 135 [°]; 180 [°]; 225 [°]; 270 [°]; 315 [°]; 360 [°]

0 [°C]; Gefrierpunkt des Wassers

Die heute gebräuchliche Temperaturskala wurde im 18. Jahrhundert von dem schwedischen Astronomen Anders Celsius eingeführt. Er unterteilte den Abstand zwischen Gefrierpunkt und Siedepunkt in 100 gleiche Teile.

➔ 0 [°F]; 100 [°C]; 273,15 [K]

0 [°F] = −17,777... °C

Die Temperaturskala nach Fahrenheit bestimmt den Gefrierpunkt des Wassers mit 32 °F und dessen Siedepunkt mit 212 °F.

➔ 32 [°F]; 212 [°F]

0,0 [‰] Alkoholgehalt im Blut; Promillegrenze im Straßenverkehr: Alkoholverbot für Fahranfänger und Fahranfängerinnen

Ordnungswidrig handelt, wer in der Probezeit oder vor Vollendung des 21. Lebensjahres als Führer eines Kraftfahrzeugs im Straßenverkehr alkoholische Getränke zu sich nimmt oder die Fahrt antritt, obwohl er unter der Wirkung eines solchen Getränks steht (§ 24c Straßenverkehrsgesetz).

Striktes Alkoholverbot gilt auch bei der öffentlichen Personenbeförderung, beim Gefahrguttransport und im Schienenverkehr.

Bei der Beförderung von Passagieren oder bestimmten gefährlichen Gütern auf Schiffen ist Alkohol ebenfalls untersagt. In der Luftfahrt gilt international die 0,0-Promillegrenze.

➔ ab 0,1 [‰] Alkoholgehalt im Blut

0; Codenummer auf dem Ei: ökologische Erzeugung
➔ 1, 2, 3; Codenummer auf dem Ei

0; Windstärke nach der Beaufortskala (0 bis 0,2 m/s;
< 1 km/h): Windstille oder sehr leiser Zug (keine Luft-
bewegung, Rauch steigt senkrecht empor)

➔ 1, 2, 3, 4, 5, 6, 7, 8, 9, 10, 11, 12; Windstärken

0 bis 1,9

0 bis 1,9; Erdbebenstärke nach der Richterskala (entspricht
Intensität I nach der Mercalliskala): nicht fühlbar (nur
mit Hilfe von Instrumenten registrierbar)

➔ 2 bis 2,9

0 bis 4

0 bis 4 [°C]; eiskalte Servier- und Trinktemperaturen
(z. B. für klare Schnäpse, Wodka)

➔ 5 bis 6 [°C]

0 bis 5

0 bis -5 [°C]; leichter Frost
Frost im Sinne der Meteorologie herrscht, wenn sich die
Lufttemperatur in zwei Meter Höhe (Mess-Standard) unter
0 °C befindet. Bodenfrost bedeutet, dass die Temperatur in
Erdbodennähe (bis zu fünf Zentimeter Höhe über dem Boden)
unter den Gefrierpunkt sinkt.

➔ 0 [°C]; 3 bis 5 [°C]; unter -5 bis -10 [°C]

0 bis 10

0 bis 10 [kHz]; Frequenzbereich elektromagnetischer Wellen:
Niederfrequenz

➔ 10 [kHz] bis 30 [MHz]

0,000000715

0,000000715 [%] oder 1/139838160 beträgt die Wahrschein-
lichkeit für einen Sechser mit richtiger Superzahl und
damit den Gewinn des Jackpots bei der Ziehung der Gewinn-
zahlen im Lottospiel „6 aus 49".

0,00002 bis 0,0004

0,00002 bis 0,0004 [mm]; Größe von Virus-Partikeln

Viren sind Kleinstlebewesen (im Nanometerbereich; noch kleiner als Bakterien).

Um sich zu vermehren, nisten sich Viren in die Zellen des Körpers ein. Viren gelten als die Erreger vieler Infektionskrankheiten.

→ 0,001 bis 0,005 [mm]

0,0001 bis 0,002

0,0001 bis 0,002 [mm]; Schichtdicke von Blattgold (zu dünnen Folien ausgeschlagenes Gold)

→ 0,2 [g]

0,001

$$0,001 = {}^{1}/_{1000} \text{ (ein Tausendstel)}$$
$$= 10^{-3}$$

→ 0,01; 1 [‰]

0,001 bis 0,005

0,001 bis 0,005 [mm]; durchschnittliche Größe „normaler" Bakterien

Die Größe von Bakterien ist sehr unterschiedlich: Abgesehen von einigen „Riesenbakterien", die Längen von über 50 Mikrometern erreichen, werden die meisten Bakterien zwischen ein bis fünf Mikrometer lang und weisen einen Durchmesser von etwa 0,6 bis ein Mikrometer auf.

Bakterien sind gewöhnlich völlig harmlos und rufen in der Regel keine Erkrankungen hervor. Manche dieser Kleinstlebewesen sind sogar für die Gesundheit erforderlich, indem sie (auf Haut, Schleimhäuten und im Darm) vor krank machenden Keimen schützen und für eine normale Verdauung sorgen.

Krank machende Bakterien können eingeatmet oder mit der Nahrung aufgenommen werden oder über Hautverletzungen in den Körper gelangen.

→ 0,00002 bis 0,0004 [mm]

0,007 bis 0,17

0,007 bis 0,17 [mm]; Dicke des menschlichen Haares
➜ etwa 0,2 bis 0,4 [mm]; 0,05 bis 4 [mm]

0,01

$0,01 = {}^1/_{100}$ (ein Hundertstel)
$\quad\;\; = 10^{-2}$
➜ 0,001; 0,02; 0,1; 1 [%]

0,01 [°C]; Tripelpunkt des Wassers (gleichzeitig in fester, flüssiger und gasförmiger Form)
➜ 0 [°C]; 273,16 [K]

0,01 [g] Eisen pro Liter beträgt der Mindestgehalt im Wasser einer Heilquelle, um den Namen Eisenquelle tragen zu dürfen.
Eisenmangel kann die Ursache von Blutarmut sein. Durch Trinkkuren und Bäder kann die Blutbildung gefördert werden.
➜ 4; Anzahl der Hauptblutgruppen

0,01 [lx]; natürliche Beleuchtungsstärke: sternenklare Neumondnacht (Orientierung möglich)
➜ 0,24 [lx]

0,02

$0,02 = {}^1/_{50}$ (ein Fünfzigstel)
➜ 0,01; 0,025; 2 [%]

0,025

$0,025 = {}^1/_{40}$ (ein Vierzigstel)
➜ 0,02; 0,04; 2,5 [%]

0,03

ca. 0,03 [‰]; durchschnittlicher natürlicher Alkoholgehalt im Blut (wird hervorgerufen durch Stoffwechselvorgänge im Körper)

➔ 0,0 [‰] Alkoholgehalt im Blut; ab 0,1 [‰] Alkoholgehalt im Blut

0,04

0,04 = $^1/_{25}$ (ein Fünfundzwanzigstel)

➔ 0,025; 0,05; 4 [%]

0,05

0,05 = $^1/_{20}$ (ein Zwanzigstel)

➔ 0,04; 0,0625; 5 [%]

0,05 bis 0,1

0,05 bis 0,1 [mm]; tägliches Wachstum von Finger- und Fußnägeln

Fingernägel wachsen in zehn bis zwölf Tagen um einen Millimeter, Zehennägel benötigen hierfür etwa 20 Tage. In einem Jahr sind von jedem Finger drei bis dreieinhalb Zentimeter Nägel abzuschneiden.

➔ etwa 0,2 bis 0,4 [mm]

0,05 bis 4

1 bis 4 [mm]; Dicke der menschlichen (Ober-)Haut (an verschiedenen Körperstellen)

Die Oberhaut (Epidermis) ist durchschnittlich etwa 0,05 bis 0,1 Millimeter dünn (an der Handfläche und der Fußsohle etwas dicker, in Schwielen infolge hoher Beanspruchung am dicksten).

➔ 0,007 bis 0,17 [mm]

0,0625

0,0625 = $^1/_{16}$ (ein Sechzehntel)
➔ 0,05; 0,066; 6,25 [%]

0,066

0,066... = $^1/_{15}$ (ein Fünfzehntel)
➔ 0,0625; 0,1; 6,66 [%]

0,08

0,08 [mm]; Grenze des Auflösungsvermögens des menschlichen Auges ohne Hilfsmittel
➔ 0,19 [s]

0,1

0,1 = $^1/_{10}$ (ein Zehntel)
    = 10^{-1}
➔ 0,01; 0,066; 0,125; 10 [%]

0,1 [l]; (Wein-)Flaschengröße: Baby
➔ 0,187 [l]

ab 0,1 [‰] Alkoholgehalt im Blut: enthemmende Wirkung von Alkohol spürbar, zunehmende Kontaktfreudigkeit, oft gelöste Stimmung; bereits falsche Einschätzung von Entfernungen

Bei Jugendlichen und jungen Menschen, bei denen die körperliche und geistige Entwicklung noch nicht abgeschlossen ist, wirken schon geringe Mengen Alkohol riskant. Selbst bei einer niedrigen Blutalkoholkonzentration treten bei Jugendlichen Veränderungen in der Wahrnehmung, im Denken und Empfinden stärker auf als bei Erwachsenen.
➔ 0,0 [‰] Alkoholgehalt im Blut; ab 0,3 [‰] Alkoholgehalt im Blut

0,1 bis 0,2

0,1 bis 0,2 [s]; Dauer einer „Schrecksekunde"
➔ 0,15 [s]; 0,19 [s]

0,1 bis 1

0,1 bis 1 [m]; elektromagnetische Wellen: Wellenlängen von UHF-Wellen (Frequenz: 300 bis 3000 MHz)

UHF (Ultra High Frequency) ist die englische Bezeichnung für den Frequenzbereich der Dezimeterwellen, genutzt u. a. beim Radar und Fernsehen.

➔ 1 bis 10 [m]

0,125

$0{,}125 = {}^1/_8$ (ein Achtel)

➔ 0,1; 0,166; 0,25; 12,5 [%]

0,15

0,15 [s]; mittlere menschliche Reaktionszeit auf akustische Eindrücke

➔ 0,1 bis 0,2 [s]; 0,19 [s]

0,166

$0{,}166\ldots = {}^1/_6$ (ein Sechstel)

➔ 0,125; 0,2; 0,33; 16,66 [%]

etwa ${}^1/_6$ der Anziehungskraft der Erde; Schwerkraft an der Mondoberfläche

Die Fallbeschleunigung an der Oberfläche des Mondes beträgt $1{,}62 \text{ m/s}^2$ (auf der Erde $9{,}81 \text{ m/s}^2$).

➔ 9,81 [m/s^2]

0,187

0,187 [l]; (Wein-)Flaschengröße: Viertelflasche (nur im Flugverkehr)

➔ 0,1 [l]; 0,25 [l]

0,19

0,19 [s]; mittlere menschliche Reaktionszeit auf optische Eindrücke

➔ 0,1 bis 0,2 [s]; 0,15 [s]

0,2

$0,2 = {}^1/_5$ (ein Fünftel)

➔ 0,166; 0,25; 20 [%]

0,2 [g] = ein Karat (Masse von Edelsteinen)

Karat ist zugleich das Maß für den Feingehalt einer Goldlegierung. Ein Karat entspricht einer Einheit auf einer 24-stufigen Skala: Hat eine Legierung einen Goldanteil von ${}^1/_{24}$, so ist sie einkarätig; reines Gold hat 24 Karat.

0,2 bis 0,4

etwa 0,2 bis 0,4 [mm]; tägliches Wachstum des menschlichen Haares

Haare haben eine Lebensdauer von sechs Monaten bis zu sechs Jahren. Ein Haarverlust von bis zu ca. 80 Haaren pro Tag gilt beim Erwachsenen als normal.

➔ 0,007 bis 0,17 [mm]; 0,05 bis 0,1 [mm]; ca. 2,1 bis 3,5 [mm]

0,24

0,24 [lx]; natürliche Beleuchtungsstärke: Licht vom Vollmond (Lesen möglich)

➔ 0,01 [lx]; 1 [lx]; 1000 bis 3000 [lx]

0,25

$0,25 = {}^1/_4$ (ein Viertel)

➔ 0,125; 0,2; 0,33; 25 [%]

${}^1/_4$ Jahr = ein Quartal (drei Monate)

➔ 3 Monate; 12, Anzahl der Monate eines Jahres; 365 Tage

0,25 [l]; (Wein-)Flaschengröße: Viertelliterflasche
➜ 0,187 [l]; 0,375 [l]

0,3

ab 0,3 [‰] Alkoholgehalt im Blut; Promillegrenze im Straßenverkehr: relative Fahruntüchtigkeit

Die relative Fahruntüchtigkeit wird individuell, das heißt bezogen auf den Einzelfall, beurteilt. Von relativer Fahruntüchtigkeit wird gesprochen, wenn alkoholbedingte Auffälligkeiten (z. B. Fahrfehler) festgestellt wurden oder ein Unfall geschehen ist.

Ab 0,3 Promille Alkoholgehalt im Blut lassen Aufmerksamkeit, Konzentration, Kritik- und Urteilsfähigkeit und das Reaktionsvermögen nach. Zudem vermindert sich die Sehleistung leicht und es ist ein Anstieg der Risikobereitschaft zu verzeichnen.

Die Einnahme von Medikamenten kann eine Fahruntüchtigkeit bewirken, entsprechende Hinweise im Beipackzettel sollten beachtet werden.
➜ ab 0,1 [‰] Alkoholgehalt im Blut; ab 0,5 [‰] Alkoholgehalt im Blut

0,33

$0,333... = {}^1/_3$ (ein Drittel)
➜ 0,166; 0,25; 0,375; 33,33 [%]

0,375

$0,375 = {}^3/_8$ (drei Achtel)
➜ 0,33; 0,4; 37,5 [%]

0,375 [l]; (Wein-)Flaschengröße: halbe Flasche
➜ 0,25 [l]; 0,5 [l]

0,4

$0,4 = {}^2/_5$ (zwei Fünftel)
➜ 0,375; 0,5; 40 [%]

0,44

0,44 [km^2]; Fläche von Vatikanstadt, dem kleinsten Land der Erde

Der Kirchenstaat Vatikanstadt (Sitz des Papstes) befindet sich im Stadtgebiet von Rom.

➜ 160 [km^2]

0,5

0,5 = $^1/_2$ (ein halb)

➜ 0,33; 0,4; 0,6; 0,66; 50 [%]

um ca. 0,5 [°C] erhöhte Körpertemperatur der Frau (Basaltemperatur) etwa ein bis zwei Tage nach dem Eisprung

Die Messung der Basaltemperatur (jeweils morgens vor dem Aufstehen) ist ein Hilfsmittel zur Abklärung von Zyklusstörungen, Unfruchtbarkeit sowie zur Ermittlung der fruchtbaren bzw. unfruchtbaren Tage.

Die Temperaturmethode besagt, dass vom zweiten Tag nach dem Temperaturanstieg bis zur nächsten Monatsblutung nicht mit einer Empfängnis zu rechnen ist.

Ist eine Schwangerschaft eingetreten, bleibt die Basaltemperatur erhöht.

➜ 28 Tage; ca. 266 bis 267 Tage (etwa neun Kalendermonate)

0,5 [kg] = ein Pfund (Gewichtsmaß)

➜ 1 [kg]; 50 [kg]; 500 [g]

0,5 [l]; (Wein-)Flaschengröße: Halbliterflasche

➜ 0,375 [l]; 0,75 [l]

0,5 [mA]; elektrische Stromstärke: Wahrnehmbarkeitsschwelle

➜ 50 [mA]

ab 0,5 [‰] Alkoholgehalt im Blut; Promillegrenze im Straßenverkehr: 0,5-Promillegrenze

Ordnungswidrig handelt, wer im Straßenverkehr ein Kraftfahrzeug führt, obwohl er 0,25 mg/l oder mehr Alkohol in der Atemluft oder 0,5 Promille oder mehr Alkohol im Blut oder eine Alkoholmenge im Körper hat, die zu einer solchen Atem- oder Blutalkoholkonzentration führt (§ 24a Straßenverkehrsgesetz).

Das Fahren unter Drogeneinfluss wird ebenfalls als Ordnungswidrigkeit geahndet.

In Österreich und in der Schweiz ist ab 0,5 Promille (für Fahranfänger und Berufskraftfahrer ab 0,1 Promille) gleichfalls mit einer Buße zu rechnen. In mehreren anderen europäischen Ländern gelten niedrigere Promillegrenzen (z. B. in Tschechien 0,0 ‰, in Polen 0,2 ‰).

Ab 0,5 Promille Alkoholgehalt im Blut vermindert sich die Sehleistung um ca. 15 Prozent, das Hörvermögen ist herabgesetzt, die Reizbarkeit steigt an. Geschwindigkeiten werden falsch eingeschätzt. Flüchtigkeitsfehler, wie Fahren ohne Licht oder falsches Blinkersetzen, nehmen zu. Es besteht ein doppeltes Unfallrisiko.

➜ ab 0,3 [‰] Alkoholgehalt im Blut; ab 0,8 [‰] Alkoholgehalt im Blut

0,5 bis 7

etwa 0,5 bis 7 [mm]; Niederschlag: Durchmesser von Regentropfen

➜ 1 bis 9 [m/s]; < 5 [mm]; etwa 5 bis 50 [mm]

0,6

$0,6 = {}^3/_5$ (drei Fünftel)
➜ 0,5; 0,625; 60 [%]

0,6 [W/kg]; SAR-Wert (spezifische Absorptionsrate), bis zu dem Handys als besonders strahlungsarm gelten
Der SAR-Grenzwert beträgt 2,0 W/kg.

0,625

$0,625 = {}^5/_8$ (fünf Achtel)
➜ 0,6; 0,66; 62,5 [%]

0,66

$0,666... = {}^2/_3$ (zwei Drittel)
➜ 0,625; 0,75; 66,66 [%]

etwa $^2/_3$; maximal mögliche Muskelkräfte von Frauen im Verhältnis zu maximal möglichen Muskelkräften von Männern (z. B. für das Bewegen von Lasten)

➔ 5 bis 10 [kg]; 10 [kg]; 15 [kg]; ca. 640 Muskeln

0,75

0,75 = $^3/_4$ (drei Viertel)

➔ 0,66; 0,8; 75 [%]

0,75 [l]; (Wein-)Flaschengröße: ganze Flasche

➔ 0,5 [l]; 1 [l]

0,8

0,8 = $^4/_5$ (vier Fünftel)

➔ 0,75; 0,833; 80 [%]

ab 0,8 [‰] Alkoholgehalt im Blut: ausgeprägte Konzentrationsschwäche, Einschränkung des Blickfeldes um 25 Prozent (Tunnelblick) und verminderte Sehfähigkeit, um 30 bis 50 Prozent verlängerte Reaktionszeit, zunehmende Enthemmung und Selbstüberschätzung, beginnende Gleichgewichtsstörungen

Bei 0,8 Promille liegt in Österreich der Grenzwert für das Radfahren unter Alkoholeinfluss.

➔ ab 0,5 [‰] Alkoholgehalt im Blut; ab 1 [‰] Alkoholgehalt im Blut

< 0,8; (Bauch-)Fettverteilung: „Birnentyp"

Frauen mit einem Körperbau vom „Typ Birne" sind weniger von Herz-Kreislauf-Erkrankungen betroffen als Männer.

Männer entsprechen mit ihrem Körperbau häufiger dem „Typ Apfel".

Um festzustellen, zu welchem Körperbau-Typ man gehört, wird der Taillenumfang (Bauchumfang) durch den Hüftumfang geteilt.

➔ > 1,0; > 88 [cm]

0,833

0,833... = $^5/_6$ (fünf Sechstel)

➔ 0,8; 1,2; 83,33 [%]

0,9

0,9 [mm/s]; Geschwindigkeit einer Weinbergschnecke

Die Weinbergschnecke „schafft" demnach etwas mehr als drei Meter in der Stunde.

➔ 1,4 bis 1,7 [m/s]; 6,5 [m/s]

0,92

0,92 $[g/cm^3]$; Dichte von Eis (bei 0 °C)

Wasser hat seine größte Dichte bei vier Grad Celsius (1 g/cm^3).

Pulvriger Schnee hat eine Dichte von 0,1 g/cm^3.

➔ 2,4 bis 2,7 $[g/cm^3]$

0,96

0,96 $[m^2]$; Grundfläche einer genormten Transportpalette (Euro-Palette)

Die Standardpalette ist 80 Zentimeter breit und 120 Zentimeter lang.

➔ 14,4 [cm]

1

1 [cal] = 4,1868 Joule (Kurzzeichen J; Einheit für die Energiemenge)

Der Energiegehalt von Nahrungsmitteln wurde traditionell in Kalorien gemessen.

Eine Kalorie ist die Menge an Wärmeenergie, die benötigt wird, um die Temperatur von 1 g Wasser um 1 °C (von 14,5 °C auf 15,5 °C) zu erhöhen.

Inzwischen gibt man den Energiegehalt in der Einheit Joule an.

➜ 1 [J]; 1 [kcal]; 1 [kJ]; ca. 4,2

1 [cm] = 0,01 m
       = 0,1 dm
       = 10 mm

➜ 1 [m]; 1 [mm]

1 [ct]; 1-Cent-Münze (0,01-Euro-Münze): Durchmesser 16,25 mm; Gewicht 2,3 g; rötlich; Rändelung glatt

➜ 1 [€]; 2 [ct]

1 [€]; 1-Euro-Münze: Durchmesser 23,25 mm; Gewicht 7,5 g; außen gelb, innen weiß; Rändelung gebrochen geriffelt

➜ 2 [€]

1 [€] = 100 Cent (abgekürzt c, ct; Untereinheit von Euro)

Der Cent ist zudem eine Untereinheit von Dollar und anderen Währungen.

➜ 100 Cent; 100 Cents

1 [°]; Winkeleinheit: 90. Teil eines rechten Winkels

➜ 90 [°]

1 [g] = 0,001 kg
      = 1000 mg

➜ 1 [kg]

1 [h] = 60 min
    = 3600 s

→ 1 ½ [h]; 60 [min]; 3600 [s]

1 [J] = 0,2388 cal

Als Einheit für die Energiemenge ersetzt das Joule die
Kalorie.

Ein Joule entspricht der Energiemenge, die benötigt wird,
um 100 Gramm einen Meter nach oben zu bewegen.

→ 1 [cal]; 1 [kcal]; 1 [kJ]; ca. 4,2

1 Jahr; Hochzeitstag: Baumwollene oder Papierene Hochzeit

Die Eheschließung wird als Weiße Hochzeit oder auch als
Grüne Hochzeit bezeichnet.

Die Jahrestage der Hochzeit tragen im deutschen Sprachraum
unterschiedliche Namen. Viele Bezeichnungen für Hochzeits-
tage sind mehrfach vergeben.

→ 2 Jahre

1 [kcal] = 1000 cal

Die meisten Nahrungsmittel enthalten viele tausend
Kalorien. Deshalb verwendet man zur Angabe des
Energiegehalts die Kilokalorie (1000 Kalorien).

Der Begriff Kilokalorie ist üblich und vertraut geworden.
Gemessen wird die Energiemenge inzwischen aber in der
Einheit Joule bzw. Kilojoule (1000 Joule).

→ 1 [cal]; 1 [J]; 1 [kJ]; ca. 4,2

1 [kg] = 1000 g

Das Kilogramm ist die Einheit der Masse; ein Kilogramm ist
gleich der Masse des Internationalen Kilogrammprototyps.

→ 1 [g]; 1000 [kg]

1 [kJ] = 1000 J

In der Einheit Kilojoule wird die bei der Verbrennung
(Verdauung) von Nährstoffen im Organismus frei werdende
Energie gemessen. Hieraus lässt sich der Energiegehalt
von Nährstoffen berechnen.

Auch der tägliche Energiebedarf des Körpers oder der
Energieverbrauch durch eine bestimmte Tätigkeit wird in
Kilojoule (bzw. in der älteren, aber noch gebräuchlichen
Maßeinheit Kilokalorien) angegeben.

→ 1 [cal]; 1 [J]; 1 [kcal]; ca. 4,2

1 [km] = 1000 m
➔ 1 [m]

1 [km/h] = 0,2777... m/s
Umrechnung von km/h in m/s: km/h : 3,6 = m/s
➔ 1 [m/s]; 3,6 [km/h]

1 [kW] = 1,36 PS
Die im 18. Jahrhundert in Bergwerken als Gegenwert zu den damals neuen Dampfmaschinen eingeführte Leistungseinheit Pferdestärke ist heute zwar zur Angabe der Leistung von Kraftfahrzeugen noch geläufig, aber im amtlichen Gebrauch nicht mehr zulässig.

1 Kilowatt = 1,359621 Pferdestärken (PS)
➔ 1 [kWh]; 1 [PS]

1 [kWh] = 1000 Wh
       = 3,6 MJ

Die Wattstunde ist eine Maßeinheit der Arbeit und der Energie, die zum Gebrauch mit dem internationalen Einheitensystem (SI) zugelassen und dadurch eine gesetzliche Maßeinheit ist.

Eine Wattstunde entspricht der Energie, die mit einer Leistung von einem Watt in einer Stunde aufgenommen oder abgegeben wird.

1 Wattstunde = 3600 Wattsekunden
             = 3600 Joule
             = 3,6 Kilojoule

Im Alltag gebräuchlich (vor allem zur Abrechnung der Strom-kosten) ist die Kilowattstunde (kWh), das Tausendfache der Wattstunde.
➔ 1 [J]; 1 [kW]

1 [l] = 1 dm^3
      = 1000 cm^3
➔ 1 [m^3]

1 [l] = 10 dl
      = 100 cl
      = 1000 ml
➔ 100 [l]; 1000 [l]

1 [l] = eine Maß (heutiges Biermaß in Bayern)
➔ 1 [l]

1 [l]; (Wein-)Flaschengröße: Literflasche/Ausschankflasche

➔ 0,75 [l]

1 [lx]; Beleuchtungsstärke: Helligkeit einer Kerze in ca. ein Meter Entfernung

➔ 0,01 [lx]; 100 [lx]

$$1 \; [m] = 10 \; dm$$
$$= 100 \; cm$$
$$= 1000 \; mm$$

Die Längeneinheit Meter wurde 1795 in Paris als der zehnmillionste Teil der Entfernung vom Nordpol zum Äquator festgelegt. Demnach entspricht ein Meter etwa dem vierzigmillionsten Teil eines Erdumfangs. Seit 1983 gilt ein Meter als die Länge der Strecke, die das Licht im Vakuum in der Zeit von 1/299792458 einer Sekunde zurücklegt.

Der (oder das) Meter ist die grundlegende Maßeinheit für die Länge im metrischen System.

➔ 1 $[m^2]$; 1 $[m^3]$

1 [m]; Mindestmaß für die Tiefe und die Breite der Bewegungsfläche an Arbeitsplätzen im Sitzen und Stehen (Arbeitsstättenregel Raumabmessungen und Bewegungsflächen)

➔ 1,5 $[m^2]$; 8 $[m^2]$

$$1 \; [m^2] = 1 \; m \times 1 \; m$$

➔ 1 [m]; 1 $[m^3]$

$$1 \; [m^2] = 100 \; dm^2$$
$$= 10 \; 000 \; cm^2$$
$$= 1 \; 000 \; 000 \; mm^2$$

➔ 1 $[m^2]$; 1 $[m^3]$

$$1 \; [m^3] = 1 \; m \times 1 \; m \times 1 \; m$$

➔ 1 [m]; 1 $[m^2]$

$$1 \; [m^3] = 1000 \; dm^3$$
$$= 1 \; 000 \; 000 \; cm^3$$
$$= 1 \; 000 \; 000 \; 000 \; mm^3$$

➔ 1 $[m^2]$; 1 $[m^3]$

1 $[m^3]$ = 1000 Liter (Kurzzeichen l; Hohl- und Flüssigkeitsmaß)

➔ 1 [l]

1 [min] = 60 s
➜ 60 [min]; 60 [s]

1 [mm] = 0,1 cm
       = 1000 µm
       = 1 000 000 nm
➜ 1 [cm]; 1 [m]

1 [m/s] = 3,6 km/h
Umrechnung von m/s in km/h: m/s * 3,6 = km/h
➜ 1 [km/h]; 3,6 [km/h]

1 [m/s]; Geschwindigkeit eines Schwimmers
➜ 1,4 bis 1,7 [m/s]

1 [ppm] = $^1/_{1\,000\,000}$ (ein Millionstel)
➜ 1 [‰]; 1 [%]

1 [‰] = $^1/_{1000}$ (ein Tausendstel)
➜ 0,001; 1 [%]; 2 [‰]

ab 1 [‰] Alkoholgehalt im Blut: Rauschstadium (Sprach- und
Gleichgewichtsstörungen, weitere Verschlechterung der Seh-
fähigkeit und des räumlichen Sehens, Orientierungsstörun-
gen, erheblich gestörte Reaktionsfähigkeit, gesteigerte
Enthemmung und Verlust der Kritikfähigkeit, aggressives
Verhalten)

1 ‰ Blutalkoholkonzentration (BAK) bedeutet, dass ein
Tausendstel des Blutes aus reinem Alkohol besteht.

Der BAK-Wert ist abhängig vom Geschlecht (bei Frauen eher
erhöht), Mageninhalt (auf nüchternen Magen eher erhöht),
Körpergewicht, Gesundheitszustand und der Geschwindigkeit
des Trinkens.

Als Faustregel gilt: Die Blutalkoholkonzentration wird bei
Männern um 0,1 bis 0,15 Promille pro Stunde, bei Frauen um
0,085 bis 0,1 Promille pro Stunde gleichmäßig von der Leber
abgebaut. Der Alkoholabbau lässt sich durch nichts
beschleunigen.

➜ ab 0,8 [‰] Alkoholgehalt im Blut; ab 1,1 [‰] Alkoholgehalt im
   Blut

1 [%] = $^1/_{100}$ (ein Hundertstel)
➜ 0,01; 2 [%]

1 [PS] = 0,7355 kW

Die ursprünglich von dem englischen Erfinder James Watt
definierte Pferdestärke entspricht der Leistung, die nötig
ist, um eine Masse von 75 Kilogramm mit einer Geschwindigkeit von einem Meter pro Sekunde hochzuheben.

1 Pferdestärke = 735,49875 Watt

Die Einheit Pferdestärke ist veraltet und im amtlichen
Gebrauch nicht mehr zulässig.

➜ 1 [kW]; 1765

1 Stern; einheitliches 5-Sterne-System der Hotelbewertung
in Deutschland: Tourist (Unterkunft für einfache Ansprüche)

Die „Deutsche Hotel-Klassifizierung" erfolgt auf frei-
williger Basis seit 1996. Sie wurde vom Deutschen Hotel-
und Gaststättenverband eingeführt. Seit 2010 gilt das
einheitliche Hotel-Klassifizierungssystem „Hotelstars
Union", an dem auch andere europäische Länder (u. a.
Österreich und die Schweiz) beteiligt sind.

➜ 2 Sterne

> 1,0; (Bauch-)Fettverteilung: „Typ Apfel" (dünne Beine,
dicker Bauch)

Männer mit einem Körperbau vom „Typ Apfel" sind häufiger
von Herz-Kreislauf-Erkrankungen betroffen als Frauen.

Frauen entsprechen mit ihrem Körperbau häufiger dem
ungefährlicheren „Birnentyp".

Um festzustellen, zu welchem Körperbau-Typ man gehört,
wird der Taillenumfang (Bauchumfang) durch den Hüftumfang
geteilt.

➜ < 0,8; > 102 [cm]

1; Codenummer auf dem Ei: Freilandhaltung

➜ 0, 2, 3; Codenummer auf dem Ei

1; Einmaleins (Multiplikation mit 1)

    1 x 1 = 1
    1 x 2 = 2
    1 x 3 = 3
    1 x 4 = 4
    1 x 5 = 5
    1 x 6 = 6
    1 x 7 = 7
    1 x 8 = 8
    1 x 9 = 9

➔ 2; Einmaleins

1; geometrischer Körper: Fläche einer Kugel

Eine Kugel hat weder Ecken noch Kanten.
➔ 2; geometrischer Körper

1; Nummer zur Kennzeichnung von Verpackungsmaterial (nach der Verpackungsverordnung): Polyethylenterephtalat (PET; Kunststoff)
➔ 2; Nummer zur Kennzeichnung von Verpackungsmaterial

1; Ordnungszahl von Wasserstoff (Hydrogenium; Symbol H) im Periodensystem der Elemente
Das Periodensystem der Elemente stellt alle chemischen Elemente mit steigender Ordnungszahl und entsprechend ihren chemischen Eigenschaften dar. Es wurde 1869 unabhängig voneinander und fast identisch von dem russischen Chemiker Mendelejew und dem deutschen Chemiker Meyer aufgestellt.
➔ 2; Ordnungszahl

01; Postleitzahl in Deutschland: Leitregion Dresden, Riesa, Meißen, Bischofswerda; Briefzentrum: Dresden
➔ 02; Postleitzahl

1 (erste Ziffer); RAL-Farbregister (vierstellig): Farbgruppe Gelb und Beige
➔ 2 (erste Ziffer); RAL-Farbregister

1; römisches Zahlzeichen: I
➔ 2, 2017; römische Zahlzeichen

1 (Ziffer beim Runden); Rundungsregel: Ist die betreffende Ziffer eine 1, so wird der Betrag abgerundet.
➔ 2; Rundungsregel

1; Schulnote „sehr gut" (in Deutschland und Österreich), „sehr schlecht" (in der Schweiz)
➔ 2, 3, 4, 5, 6; Schulnoten

1; Windstärke nach der Beaufortskala (0,3 bis 1,5 m/s;
1 bis 5 km/h): leiser Zug (Rauch steigt nicht ganz
senkrecht empor, Blätter aber noch unbewegt)

➔ 0, 2, 3, 4, 5, 6, 7, 8, 9, 10, 11, 12; Windstärken

Kapitelnummer I; Internationale statistische Klassifikation
der Krankheiten und verwandter Gesundheitsprobleme (ICD-10-
WHO): Bestimmte infektiöse und parasitäre Krankheiten
(Codebereich A00 bis B99)

➔ Kapitelnummern II, III, IV, V, VI, VII, VIII, IX, X, XI, XII,
   XIII, XIV, XV, XVI, XVII, XVIII, XIX, XX, XXI, XXII;
   22, Anzahl der ICD-Kapitelnummern

Maßstäbe:

1 : 1
Alle Längen stimmen mit der Wirklichkeit überein.

1 : 2
Die wirklichen Abmessungen sind doppelt so groß
wie die dargestellten.

➔ 2 : 1
1 : 3
Die wirklichen Abmessungen sind dreimal so groß
wie die dargestellten.

➔ 3 : 1
1 : 5
Die wirklichen Abmessungen sind fünfmal größer
als die dargestellten.

➔ 5 : 1
1 : 10
Die wirklichen Abmessungen sind zehnmal größer
als die dargestellten.

➔ 10 : 1
1 : 20
Die wirklichen Abmessungen sind zwanzig Mal größer
als die dargestellten.

➔ 20 : 1
1 : 50
Die wirklichen Abmessungen sind fünfzig Mal größer
als die dargestellten.

➔ 50 : 1
1 : 100
Die wirklichen Abmessungen sind hundert Mal größer
als die dargestellten.

➜ 100 : 1

1 : 1000
Die wirklichen Abmessungen sind tausend Mal größer
als die dargestellten.

1 : 10 000
1 cm auf der Karte entspricht
10 000 cm (= 100 m) in der Wirklichkeit.

1 : 100 000
1 cm auf der Karte entspricht
100 000 cm (= 1 km) in der Wirklichkeit.

1 : 1 000 000
Einer Länge von 1 cm auf der Karte entsprechen
1 000 000 cm (= 10 km) in der Wirklichkeit.

1 : 10 000 000
Einer Länge von 1 cm auf der Karte entsprechen
10 000 000 cm (= 100 km) in der Wirklichkeit.

1 : 75 000 000
Einer Länge von 1 cm auf der Karte entsprechen
75 000 000 cm (= 750 km) in der Wirklichkeit.

$1 : \sqrt{2}$
Verhältnis zwischen Breite und Höhe bei vielen
Papierformaten
$\sqrt{2} = 1{,}414...$

Beispiel:
Das Papierformat A4 ist 210 Millimeter breit.
Die Länge des A4-Formats beträgt 297 Millimeter.

1 bis 2

1 bis 2; UV-Index: geringe gesundheitliche Gefährdung

Maßnahmen zum Schutz der Haut sind nicht erforderlich.

Der UV-Index ist eine durch die Weltgesundheitsorganisation (WHO) und die Weltorganisation für Meteorologie (WMO) international standardisierte Maßzahl, um das gesundheitliche Risiko von UV-Strahlen der Sonne einschätzen zu können.

Es gilt: Je höher der Indexwert ist, desto größer ist die UV-Belastung und damit das Sonnenbrandrisiko.

➔ 3 bis 5, 6 bis 7, 8 bis 10, 11 bis 12; UV-Index

1 bis 3

1 bis 3 Punkte im Fahreignungsregister des Kraftfahrt-Bundesamtes; Fahreignungs-Bewertungssystem: Vormerkung (Bewertungsstufe Grün)

➔ 4 bis 5 Punkte

1 bis 9

1 bis 9 [m/s]; Niederschlag: Fallgeschwindigkeit von Regentropfen

Wie schnell Regentropfen zur Erde fallen, hängt von ihrer Größe ab. Zwar nimmt mit zunehmender Tropfengröße auch die Geschwindigkeit weiter zu, jedoch weicht die Form größerer Tropfen immer mehr von der Kugelform ab. Der somit stärker werdende Luftwiderstand führt dazu, dass ab einem Durchmesser der Tropfen von etwa vier Millimeter die Fallgeschwindigkeit kaum noch zunimmt. Die Regentropfen erreichen Geschwindigkeiten von etwa 9 m/s (mehr als 30 km/h).

➔ etwa 0,5 bis 7 [mm]; 750 [l/m^2]

1 bis 10

1 bis 10 [m]; elektromagnetische Wellen: Wellenlängen von Ultrakurzwellen (Frequenz: 30 bis 300 MHz)

VHF (Very High Frequency) ist die englische Bezeichnung für den Frequenzbereich der Ultrakurzwellen, genutzt u. a. zur Rundfunkübertragung, beim Fernsehen und Funktelefon.

➔ 0,1 bis 1 [m]; 10 bis 100 [m]; 87,5 bis 108 [MHz]

1,1

ab 1,1 [‰] Alkoholgehalt im Blut; Promillegrenze im Straßenverkehr: absolute Fahruntüchtigkeit

Für Radfahrer in Deutschland gilt momentan noch der Grenzwert von 1,6 Promille als absolute Fahruntüchtigkeit.

➔ ab 1 [‰] Alkoholgehalt im Blut; ab 2 [‰] Alkoholgehalt im Blut

1,2

$1,2 = {}^{6}/_{5}$ (sechs Fünftel)

➔ 0,833; 1,25; 120 [%]

mindestens 1,2 [mm]; vorgeschriebene Schriftgröße auf Lebensmittelverpackungen (nach der Lebensmittel-Informationsverordnung der EU)

Bei kleinen Verpackungen (kleiner als die Hälfte einer Postkarte) muss die Schrift mindestens 0,9 mm groß sein.

➔ 14; Anzahl der wichtigsten Stoffe oder Erzeugnisse, die Allergien oder Unverträglichkeiten auslösen können

über 1,2 [%]; Alkoholgehalt von Getränken

Auf alkoholischen Getränken mit einem Alkoholgehalt von über 1,2 % vol. (z. B. Bier, Wein, Spirituosen und andere Getränke) muss der tatsächliche Alkoholgehalt in % vol. angegeben sein.

Wird Alkohol bei abgepackten Lebensmitteln als Zutat verwendet, muss er in der Regel im Zutatenverzeichnis aufgeführt werden (entsprechend einer Information des Bundesministeriums für Ernährung und Landwirtschaft zur Kennzeichnung von Lebensmitteln).

➔ ca. 4,5 bis 6 [%]

1,2 bis 3

ca. 1,20 bis 3 [m]; Distanzzone: soziale Distanz (bevorzugter Bereich für Kontakte zu Menschen, die man weniger gut kennt)

➔ > 3 [m]; < 60 [cm]; ca. 60 bis 120 [cm]

1,24

1,24 * Körperhöhe = maximale Reichhöhe

Die maximal mögliche Reichhöhe ist für die Anordnung von Regalen, Abstellflächen, Handgriffen oder Stellelementen von Bedeutung.

➜ 30 [cm]; 50 [cm]

1,25

1,25 = $^5/_4$ (fünf Viertel)

➜ 1,2; 1,33; 125 [%]

1,28

1,28 [m^2]; einzuplanende Gesamtarbeitsfläche an Bürotischen (nach einer DGUV-Information zur Gestaltung von Bildschirm- und Büroarbeitsplätzen)

Bei sehr geringem Platzbedarf muss die nutzbare Arbeitsfläche mindestens 0,96 m^2 betragen. Empfohlen wird eine Arbeitsfläche von 1,44 m^2.

➜ 8 [m^2]; 74 (± 2) [cm]

1,33

1,333... = $^4/_3$ (vier Drittel)

➜ 1,25; 1,5; 133,33 [%]

1,4 bis 1,7

1,4 bis 1,7 [m/s]; Geschwindigkeit eines Fußgängers

➜ 5 bis 6 [km/h]

1,5

Mit der Bezeichnung „anderthalb" ist 1,5 eine sprachlich besonders hervorgehobene Zahl.

$1,5 = {}^3/_2$ (drei Halbe)

➔ 1,33; 150 [%]

$1\ {}^1/_2$ [h] = 90 min

➔ 1 [h]; 30 [min]

$1,5\ [m^2]$ muss die Bewegungsfläche am Arbeitsplatz mindestens betragen. Ist dies aus betriebstechnischen Gründen nicht möglich, muss den Beschäftigten in der Nähe des Arbeitsplatzes eine mindestens $1,5\ m^2$ große Bewegungsfläche zur Verfügung stehen (Arbeitsstättenregel Raumabmessungen und Bewegungsflächen).

➔ 1 [m]; 8 $[m^2]$

über 1,5 [%]; Salzgehalt eines Solebades

➔ 3,5 [%]

1,5 bis 2

1,5 bis 2 [m/s]; Geschwindigkeit einer Stubenfliege

➔ 1,4 bis 1,7 [m/s]; 6,5 [m/s]; 20 bis 30 [m/s]

1,5 bis 2,5

1,5 bis 2,5 [l]; täglicher Flüssigkeitsbedarf des Menschen

Der Flüssigkeitsbedarf aus Getränken sowie aus der Nahrung (enthält bereits reichlich Wasser: Brot bis zu 40 Prozent, Fleisch und Kartoffeln bis zu 70 Prozent und Früchte bis zu 90 Prozent) beträgt pro Tag mindestens 1,5 bis 2,5 Liter (davon mehr als ein Liter über getrunkene Flüssigkeiten).

Wasser ist lebensnotwendig. Der Mensch kann länger ohne feste Nahrung als ohne Wasser auskommen.

Bei körperlicher Schwerarbeit steigt der Flüssigkeitsbedarf wesentlich an. Besonders bei hochsommerlichen Temperaturen ist es wichtig, den durch Schwitzen erfolgten Wasserverlust alsbald auszugleichen.

➔ ca. 8400 [kJ]

1,6

1,6 [mm]; vorgeschriebene Mindestprofiltiefe bei Reifen von Kraftfahrzeugen (Straßenverkehrs-Zulassungs-Ordnung)

Bei Fahrrädern mit Hilfsmotor, Kleinkrafträdern und Leicht-krafträdern ist eine Profiltiefe von mindestens 1,0 mm erforderlich.

Reifen sollten nicht bis auf die Mindestprofiltiefe abgefahren, sondern bereits vorher erneuert werden.

➜ 2 bis 2,5 [mm]; 3 [mm]; 4 [mm]

1,609

1,609 [km/h] = 1 mph (mile per hour)

Miles per hour (Meilen pro Stunde) ist die anglo-amerikanische Einheit für die Geschwindigkeit.

0,621 Meilen pro Stunde ergeben umgerechnet einen Kilometer pro Stunde.

➜ 1609 [m]

1,73

1,73 [m]; Dartspiel: Höhe bis zum Mittelpunkt der Dartscheibe über dem Boden

➜ 2,37 [m]

1,852

1,852 [km/h] = ein Knoten (Kurzzeichen kn; Einheit für die Schiffsgeschwindigkeit)

Ein Knoten zeigt an, dass eine Seemeile pro Stunde zurück-gelegt wird.

➜ 1,852 [m]; 1852 [m]

1,852 [m] = ein Faden (Längen-, insbesondere Tiefenmaß in der Schifffahrt)

Ein Faden ist der eintausendste Teil einer Seemeile.

➜ 1,852 [km/h]; 185,2 [m]; 1852 [m]

1,95583

Umrechnung von Euro in D-Mark:

1,95583 * Euro-Betrag = DM-Betrag

Grundlage der Umrechnung zwischen Euro und D-Mark ist der festgelegte Kurs von 1 Euro = 1,95583 D-Mark.

Rundungen oder Kürzungen des sechsstelligen Faktors sind nicht richtig. Erst das Rechenergebnis darf auf zwei Stellen nach dem Komma gerundet werden.

Bei der Umrechnung von D-Mark in Euro wird der DM-Betrag durch den Euro-DM-Kurs geteilt: 1 D-Mark = 0,511291881 Euro.

→ 13,7603

2

$2 = 1 \times 2$
$ = 2!$

→ 6

$2^2 = 2 \times 2$
$ = 4$

→ 3^2

$2^3 = 2 \times 2 \times 2$
$ = 8$

→ 3^3

2 [ct]; 2-Cent-Münze (0,02-Euro-Münze): Durchmesser 18,75 mm; Gewicht 3 g; rötlich; Rändelung glatt mit Einkerbung

→ 1 [ct]; 2 [€]; 5 [ct]

2 [€]; 2-Euro-Münze: Durchmesser 25,75 mm; Gewicht 8,5 g; außen weiß, innen gelb; Schriftprägung auf dem Münzrand

➜ 1 [€]; 5 [€]

2 Jahre; Hochzeitstag: Baumwollene oder Lederne Hochzeit

➜ 1 Jahr; 3 Jahre

2 [‰] = $^{1}/_{500}$ (ein Fünfhundertstel)

➜ 1 [‰]; 2 [%]; 4 [‰]

ab 2 [‰] Alkoholgehalt im Blut: Betäubungsstadium (zunehmende Gleichgewichtsstörungen, nachlassendes Erinnerungsvermögen, teilweise schwere Vergiftungen)

➜ ab 1,1 [‰] Alkoholgehalt im Blut; ab 4 [‰] Alkoholgehalt im Blut

2 [%] = $^{1}/_{50}$ (ein Fünfzigstel)

➜ 0,02; 1 [%]; 2,5 [%]

2 Sterne; einheitliches 5-Sterne-System der Hotelbewertung in Deutschland: Standard (Unterkunft für mittlere Ansprüche)

➜ 1 Stern; 3 Sterne

2 (zusammengehörige) Stück = ein Paar (Zählmaß)

Im Unterschied zum großgeschriebenen „Paar" hat das kleingeschriebene „paar" in Verbindung mit einem Artikelwort die Bedeutung „einige wenige".

2; Anzahl der Punkte, um eine Gerade zu definieren

Geometrisch stellt eine Gerade die kürzeste Verbindung zweier Punkte dar, die beiderseits über diese beiden Punkte hinaus ins Unendliche verlängert wird.

Eine Strecke ist ein zweiseitig begrenztes Geradenstück.

➜ 3; Anzahl der Punkte

2; Codenummer auf dem Ei: Bodenhaltung

➜ 0, 1, 3; Codenummer auf dem Ei

2; Einmaleins (Multiplikation mit 2)

        2 x 1 = 2
        2 x 2 = 4
        2 x 3 = 6
        2 x 4 = 8
        2 x 5 = 10
        2 x 6 = 12

```
    2 x 7 = 14
    2 x 8 = 16
    2 x 9 = 18
```
➜ 1, 3; Einmaleins

2; geometrischer Körper: Flächen eines Kegels

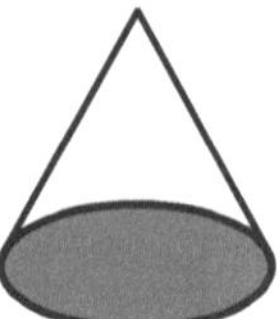

Ein Kegel hat eine Ecke und eine Kante.
➜ 1, 3; geometrische Körper

2; Nummer zur Kennzeichnung von Verpackungsmaterial (nach der Verpackungsverordnung): Polyethylen hoher Dichte (HDPE; Kunststoff)
➜ 1, 3; Nummern zur Kennzeichnung von Verpackungsmaterial

2; Ordnungszahl von Helium (He) im Periodensystem der Elemente
➜ 1, 3; Ordnungszahlen

02; Postleitzahl in Deutschland: Leitregion Oberlausitz – Görlitz, Bautzen, Hoyerswerda, Zittau; Briefzentren: Bautzen, Görlitz
➜ 01, 03; Postleitzahlen

2; Primzahl
```
    2 : 1 = 2
    2 : 2 = 1
```
Die 2 ist nicht nur die kleinste, sondern auch die einzige gerade Primzahl. Eine gerade Zahl ist eine durch 2 ohne Rest teilbare Zahl.
➜ 3; Primzahl

2 (erste Ziffer); RAL-Farbregister (vierstellig): Farbgruppe Orange
➜ 1, 3 (erste Ziffer); RAL-Farbregister

2; römisches Zahlzeichen: II
➜ 1, 3, 2017; römische Zahlzeichen

2 (Ziffer beim Runden); Rundungsregel:
Ist die betreffende Ziffer eine 2, so wird der Betrag
abgerundet.

➜ 1, 3; Rundungsregel

2; Schulnote „gut" (in Deutschland und Österreich),
„schlecht" (in der Schweiz)

➜ 1, 3, 4, 5, 6; Schulnoten

2; Windstärke nach der Beaufortskala (1,6 bis 3,3 m/s;
6 bis 11 km/h): leichte Brise (Wind im Gesicht spürbar,
Blätter säuseln)

➜ 0, 1, 3, 4, 5, 6, 7, 8, 9, 10, 11, 12; Windstärken

zweimal täglich Zähne putzen: morgens nach dem Aufstehen
und abends vor dem Schlafengehen; mindestens zwei Minuten
lang

➜ 20, Anzahl der Zähne im Milchgebiss; 32, Anzahl der Zähne im
   Erwachsenengebiss

Kapitelnummer II; Internationale statistische Klassifikation der Krankheiten und verwandter Gesundheitsprobleme
(ICD-10-WHO): Neubildungen (Codebereich C00 bis D48)

➜ Kapitelnummern I, III, IV, V, VI, VII, VIII, IX, X, XI, XII,
   XIII, XIV, XV, XVI, XVII, XVIII, XIX, XX, XXI, XXII;
   22, Anzahl der ICD-Kapitelnummern

Maßstäbe:
2 : 1
Alle Längen sind doppelt so groß
wie in der Wirklichkeit.

➜ 1 : 2
2 : 3
2 cm auf der Zeichnung entsprechen
3 cm in der Wirklichkeit.

➜ 3 : 2

Teilbarkeit:
Eine Zahl ist durch 2 teilbar, wenn ihre letzte Ziffer
gerade ist, das heißt, wenn sie eine 0, 2, 4, 6 oder 8 ist.

➜ 3, 4, 5, 6, 7, 8, 9, 10, 20, 25, 30, 40, 50, 100; Teilbarkeit

2 bis 2,5

2 bis 2,5 [mm]; empfohlene Mindestprofiltiefe von Sommerreifen (je nach Breite der Sommerreifen)

➔ 1,6 [mm]; 3 [mm]; 4 [mm]

2 bis 2,9

2 bis 2,9; Erdbebenstärke nach der Richterskala (entspricht Intensität II nach der Mercalliskala): kaum bemerkbar (nur von sensiblen Menschen bemerkbar)

➔ 0 bis 1,9; 3 bis 3,9

2,1 bis 3,5

ca. 2,1 bis 3,5 [mm]; Wachstum von Barthaaren pro Woche

➔ etwa 0,2 bis 0,4 [mm]

2,37

2,37 [m]; Dartspiel: Abstand der Wurflinie bis zur Oberfläche der Dartscheibe (2,44 m beim Automatendart mit Kunststoffpfeilspitze)

➔ 1,73 [m]

2,4 bis 2,7

2,4 bis 2,7 [g/cm^3]; Dichte von Glas (Fensterglas)

➔ 0,92 [g/cm^3]; 2,70 [g/cm^3]; 3,1 bis 3,2 [g/cm^3]

2,44

2,44 [m]; Fußballtor: Entfernung der Unterkante der Querlatte vom Boden

➔ 5,50 [m]; 7,32 [m]

2,5

2,5 [%] = $^1/_{40}$ (ein Vierzigstel)

➔ 0,025; 2 [%]; 4 [%]

2,5 [%]; ermäßigter Mehrwertsteuersatz in der Schweiz
(auf Güter des täglichen Bedarfs)

➔ 3,8 [%]; 8 [%]

2,54

2,54 [cm] = 1 inch (Zoll)
Die Maßeinheit Zoll ist beispielsweise noch für Gewinde und
Rohrdurchmesser gebräuchlich.

➔ 30,48 [cm]

2,70

2,70 [g/cm^3]; Dichte von Aluminium

➔ 2,4 bis 2,7 [g/cm^3]; 3,1 bis 3,2 [g/cm^3]; unter 4,5 [g/cm^3]

2,718

2,71828...; Eulersche Zahl e, Basis des natürlichen
Logarithmus

➔ 3,14

2,83

2,83 [m^3]; Registertonne: frühere Maßeinheit für die
Bestimmung des Rauminhalts von Schiffen
Die Größe eines Schiffes wird inzwischen mit der dimen-
sionslosen Raumzahl (Bruttoraumzahl, Nettoraumzahl)
angegeben.

➔ 1 [m^3]

Die 3 gilt seit eh und je als göttliche bzw. heilige Zahl. Viele Redensarten künden davon, zum Beispiel „Aller guten Dinge sind drei". In Fremdwörtern sowohl aus dem Lateinischen als auch aus dem Griechischen steht die Vorsilbe tri- für die Zahl 3. Während ein aus drei Teilen bestehendes künstlerisches Werk meist als Trilogie bezeichnet wird, ist die Herkunft des Wortes „trivial" recht trivial: Der Begriff bedeutet „drei Wege" und bezieht sich auf die Art von Gerede, welches an den Straßenkreuzungen ausgetauscht wurde.

$3^2 = 3 \times 3$
$\quad = 9$

➜ 2^2; 4^2

$3^3 = 3 \times 3 \times 3$
$\quad = 27$

➜ 2^3; 4^3

3 Jahre; Hochzeitstag: Lederne Hochzeit

➜ 2 Jahre; 4 Jahre

> 3 [m]; Distanzzone: öffentliche Distanz
(typisch für die Rolle eines Vortragenden während des Auftrittes vor seinem Publikum)

➜ ca. 1,20 bis 3 [m]; < 60 [cm]; ca. 60 bis 120 [cm]

3 [mm]; Messung der Profiltiefe von Reifen mit einer 1-Euro-Münze: Befindet sich das Profil mit dem Messingrand der Münze auf gleicher Höhe, ist das Profil noch etwa drei Millimeter tief. Wenn der Messingrand der Münze vollständig im Profil verschwindet, ist die Profiltiefe > 3 mm.

➜ 1,6 [mm]; 2 bis 2,5 [mm]; 4 [mm]

3 Monate = ein Quartal (ein Viertel eines Jahres)

➜ $^1/_4$ Jahr

3 Sterne; einheitliches 5-Sterne-System der Hotelbewertung in Deutschland: Komfort (Unterkunft für gehobene Ansprüche)

➜ 2 Sterne; 4 Sterne

gegen 3 Uhr nachts; menschliche Leistungsbereitschaft: absolutes Minimum

Die physiologische Leistungsbereitschaft des Menschen
ist die in Abhängigkeit von der Tages- und Nachtzeit
veränderliche Bereitschaft zu einer Leistung, die ohne
besondere Anstrengung erreicht werden kann.

➜ gegen 9 Uhr

3; Anzahl der Aggregatzustände (physikalische
Erscheinungsformen) von Stoffen

    fest
    flüssig
    gasförmig

➜ 0 [°C]; 100 [°C]

3; Anzahl der Grundfarben

    Rot
    Gelb
    Blau

Nach der Dreifarbentheorie lassen sich aus den drei
Grundfarben alle anderen Farben mischen.

➜ 213; Anzahl der RAL-Farbnummern

3; Anzahl der Punkte, um eine Ebene zu definieren

Die Fläche, ein zweidimensionales Gebilde des Raumes,
ist ein sich nach Länge und Breite erstreckendes Gebiet.
Zu den einfachsten Flächen gehören die Ebene und die
Kugeloberfläche.

➜ 2, 4; Anzahl der Punkte

3; Anzahl der Raumdimensionen

    Länge
    Brcite
    Höhe

In einem Koordinatensystem werden jedem Punkt im Raum drei
Koordinaten (x, y, z) zugeordnet. Somit lassen sich die
Lage und die Ortsveränderung der Punkte im Raum festlegen.

➜ 2, 3, 4; Anzahl der Punkte

3; Anzahl der Sportarten beim Triathlon („Dreikampf")

    Schwimmen
    Radfahren
    Laufen

Die Disziplinen bei diesem Ausdauer-Mehrkampf werden direkt
nacheinander ausgeführt.

➜ 7, 10; Leichtathletik

3; Codenummer auf dem Ei: Käfighaltung

→ 0, 1, 2; Codenummer auf dem Ei

3; Einmaleins (Multiplikation mit 3)

    3 x 1 = 3
    3 x 2 = 6
    3 x 3 = 9
    3 x 4 = 12
    3 x 5 = 15
    3 x 6 = 18
    3 x 7 = 21
    3 x 8 = 24
    3 x 9 = 27

→ 2, 4; Einmaleins

3; geometrischer Körper: Flächen eines Zylinders

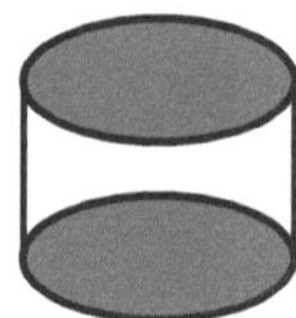

Ein Zylinder hat keine Ecken, aber zwei Kanten.

→ 2, 4; geometrische Körper

3; Nummer zur Kennzeichnung von Verpackungsmaterial (nach
der Verpackungsverordnung): Polyvinylchlorid (PVC; Kunststoff)

→ 2, 4; Nummern zur Kennzeichnung von Verpackungsmaterial

3; Ordnungszahl von Lithium (Li) im Periodensystem der
Elemente

→ 2, 4; Ordnungszahlen

03; Postleitzahl in Deutschland: Leitregion Niederlausitz –
Cottbus, Finsterwalde, Forst (Lausitz), Spremberg; Briefzentrum: Cottbus

→ 02, 04; Postleitzahlen

3; Primzahl

    3 : 1 = 3
    3 : 3 = 1

Die 3 ist die kleinste ungerade Primzahl. Eine ungerade
Zahl ist eine nicht durch 2 teilbare natürliche Zahl.

➜ 2, 5; Primzahlen

3 (erste Ziffer); RAL-Farbregister (vierstellig):
Farbgruppe Rot
➜ 2, 4 (erste Ziffer); RAL-Farbregister

3; römisches Zahlzeichen: III
➜ 2, 4, 2017; römische Zahlzeichen

3 (Ziffer beim Runden); Rundungsregel: Ist die betreffende
Ziffer eine 3, so wird der Betrag abgerundet.
➜ 2, 4; Rundungsregel

3; Schulnote „befriedigend" (in Deutschland und
Österreich), „ungenügend" (in der Schweiz)
➜ 1, 2, 4, 5, 6; Schulnoten

3; Windstärke nach der Beaufortskala (3,4 bis 5,4 m/s;
12 bis 19 km/h): schwacher Wind (Blätter und dünne Zweige
bewegen sich, Wimpel werden gestreckt)
➜ 0, 1, 2, 4, 5, 6, 7, 8, 9, 10, 11, 12; Windstärken

Kapitelnummer III; Internationale statistische Klassifika-
tion der Krankheiten und verwandter Gesundheitsprobleme
(ICD-10-WHO): Krankheiten des Blutes und der blutbildenden
Organe sowie bestimmte Störungen mit Beteiligung des
Immunsystems (Codebereich D50 bis D89)
➜ Kapitelnummern I, II, IV, V, VI, VII, VIII, IX, X, XI, XII,
   XIII, XIV, XV, XVI, XVII, XVIII, XIX, XX, XXI, XXII;
   22, Anzahl der ICD-Kapitelnummern

Maßstäbe:
3 : 1
3 cm auf der Zeichnung entsprechen
1 cm in der Wirklichkeit.
➜ 1 : 3
3 : 2
3 cm auf der Zeichnung entsprechen
2 cm in der Wirklichkeit.
➜ 2 : 3

Teilbarkeit:
Eine Zahl ist durch 3 teilbar, wenn ihre Quersumme (d. h.
die Summe ihrer Ziffern) durch 3 teilbar ist.
➜ 2, 4, 5, 6, 7, 8, 9, 10, 20, 25, 30, 40, 50, 100; Teilbarkeit

3 bis 3,9

3 bis 3,9; Erdbebenstärke nach der Richterskala (entspricht Intensität III nach der Mercalliskala): schwach (leichte Erschütterung)

➔ 2 bis 2,9; 4 bis 4,9

3 bis 4

3 bis 4 [g]; Menge von Pulver auf einem (gestrichen vollen) Teelöffel

➔ 5 [ml]; 9 bis 12 [g]

3 bis 4 [mm]; Bildschirmarbeit: empfohlene Buchstabengröße (Mindestgröße) auf Computerbildschirmen, je nach Sehabstand

➔ 15 ["]; 17 ["] und größer

3 bis 5

3 bis 5 [°C]; gemessene Lufttemperatur, bei der bereits Bodenfrost auftreten kann

➔ 0 bis -5 [°C]

3 bis 5 Minuten; Kochzeit für ein weich gekochtes Ei
Weich bezieht sich auf den Zustand des Eiweißes.
➔ 6 bis 8 Minuten; 8 bis 10 Minuten

3 bis 5; UV-Index: mittlere gesundheitliche Gefährdung
Als Schutzmaßnahmen vor zu viel UV-Strahlung sind in der Sonne körperbedeckende Kleidung, Sonnencreme, Sonnenbrille und ggf. Kopfbedeckung empfehlenswert.
➔ 1 bis 2, 6 bis 7, 8 bis 10, 11 bis 12; UV-Index

3,1 bis 3,2

3,1 bis 3,2 [g/cm^3]; Dichte von Zement
Beton als ein Baustoff, der aus Bindemitteln (u. a. Zement) und Zuschlagstoffen (u. a. Sand, Kies) besteht, weist eine Dichte von 1,8 bis 2,4 g/cm^3 auf.
➔ 2,4 bis 2,7 [g/cm^3]; 2,70 [g/cm^3]; 5,515 [g/cm^3]; 7,86 [g/cm^3]

3,14

etwa 3,14159; π (Pi)

Die Kreiszahl π (Pi) ist das Verhältnis des Umfangs eines Kreises zu seinem Durchmesser und wird bei einigen Berechnungsformeln verwendet.

$$A = \pi r^2$$
$$= {}^{\pi}/_4\ d^2$$
$$\approx 0,785\ d^2$$
$$U = 2\ \pi r$$
$$= \pi d$$

A = Flächeninhalt, U = Umfang
r = Radius, d = Durchmesser

Pi wird (nach dem Mathematiker Ludolph van Ceulen) auch als Ludolfsche Zahl bezeichnet.

Pi = 3,14159265358979323846264338327950288419716939937 51...
$$\approx {}^{22}/_7$$

➔ 2,718

3,5

3,5 [°C]; durchschnittliche Wassertemperatur der Weltmeere

➔ 3,5 [%]; 71 [%]

3,5 [%]; durchschnittlicher Salzgehalt des Meerwassers

Der mittlere Salzgehalt der Ostsee beträgt etwa 0,8 Prozent (zwischen 1,9 Prozent im Westen und 0,3 Prozent im nordöstlichen Teil).

➔ 3,5 [°C]; 71 [%]

3,5 [%]; Steuermesszahl: Faktor zur Ermittlung der Gewerbesteuer in Deutschland

Der nach Abzug eines Freibetrages vorhandene Gewerbeertrag wird mit der Steuermesszahl multipliziert und ergibt die Bemessungsgrundlage für die Gewerbesteuer, die entsprechend dem Hebesatz der jeweiligen Gemeinde ermittelt wird.

➔ 7 [%]; 19 [%]

3,6

3,6 [km/h] = 1 m/s

➔ 1 [km/h]; 1 [m/s]

3,6 [km/h]; mittlere Geschwindigkeit der Strömung deutscher Flüsse

Schnelle Flussströmungen erreichen Geschwindigkeiten von mehr als 15 Kilometer pro Stunde.

➜ 1 [km/h]; 1 [m/s]

3,8

3,8 [%]; ermäßigter Mehrwertsteuersatz in der Schweiz (auf Beherbergungsleistungen)

➜ 2,5 [%]; 8 [%]

4

Im Gegensatz zur göttlichen Zahl 3 galt die Zahl 4 im Mittelalter als die Zahl des Irdischen. Bereits die alten Griechen verknüpften diese Zahl mit dem Aufbau der Welt: Feuer, Wasser, Erde und Luft galten als die vier Grundelemente. Wortverbindungen mit der Zahl 4 werden oft durch die lateinischen Vorsilben quar- (zum Beispiel Quartal) und quadr- (zum Beispiel Quadrat) oder die griechische Vorsilbe tetra- (zum Beispiel Tetraeder) ausgedrückt. Die 4 ist die kleinste zusammengesetzte Zahl (eine natürliche Zahl größer als 1, die keine Primzahl ist).

$4 = 2 \times 2 = 2^2$

➜ 8; 9

$4^2 = 4 \times 4 = 16$

➜ 3^2; 5^2

$4^3 = 4 \times 4 \times 4 = 64$

➜ 3^3; 5^3

4 Jahre; Hochzeitstag: Leinen- oder Seidenhochzeit

➜ 3 Jahre; 5 Jahre

4 [mm]; empfohlene Restprofiltiefe von Winterreifen

Ab einer Profiltiefe von vier Millimetern nimmt die Haftung des Reifens besonders bei Nässe ab.

➜ 1,6 [mm]; 2 bis 2,5 [mm]; 3 [mm]

4 [‰] = $^1/_{250}$ (ein Zweihundertfünfzigstel)

➜ 2 [‰]; 4 [%]

ab 4 [%] Alkoholgehalt im Blut: gesundheitliche Schäden mit Todesfolge wahrscheinlich

BAK-Werte von fünf bis sechs Promille entsprechen mit Sicherheit einer tödlichen Dosis.

➜ ab 2 [%] Alkoholgehalt im Blut

4 [%] = $^1/_{25}$ (ein Fünfundzwanzigstel)

➜ 0,04; 2,5 [%]; 5 [%]

4 Sterne; einheitliches 5-Sterne-System der Hotelbewertung in Deutschland: First Class (Unterkunft für hohe Ansprüche)

➜ 3 Sterne; 5 Sterne

4; Anzahl der Geschmacksrichtungen

süß (Wahrnehmung besonders von der Zungenspitze)
salzig (Wahrnehmung besonders von den Zungenrändern)
sauer (Wahrnehmung besonders von den Zungenrändern)
bitter (Wahrnehmung besonders vom hinteren Teil der Zunge)

Die Geschmackswahrnehmung für „bitter" ist 10 000 Mal empfindlicher als jene für „süß".

4; Anzahl der Hauptblutgruppen des Menschen: A, B, AB, 0

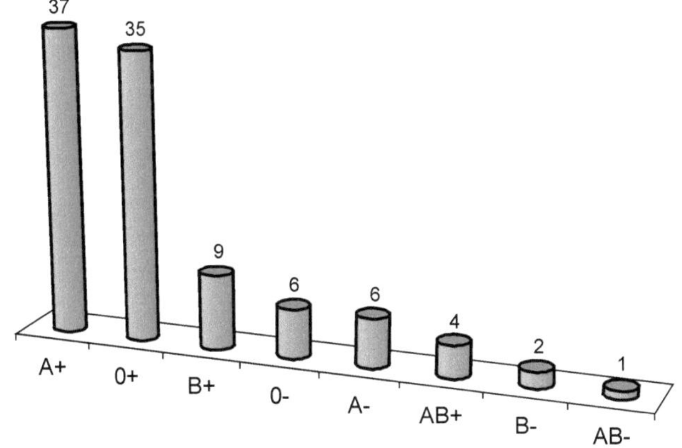

Werte in Prozent (nach Angaben des DRK)

Neben dem AB0-System gibt es noch weitere Untergruppen und
andere Bluteigenschaften. Für Blutübertragungen ist außer
der Blutgruppe der Rhesusfaktor (Rh, rh) von Bedeutung.

Am häufigsten kommen in Deutschland die Blutgruppen A und 0
vor (beide zusammen ca. 84 Prozent), am seltensten ist die
Blutgruppe AB.

Blut der Gruppe 0 verträgt sich mit allen anderen Blutgruppen und gilt daher als ideales Spenderblut.

➔ etwa 5 bis 6 [l]

4; Anzahl der Haupthimmelsrichtungen

    Norden
    Osten
    Süden
    Westen

Spruchweisheit zum Stand der Sonne:

    Im Osten geht die Sonne auf,
    im Süden ist ihr Mittagslauf,
    im Westen will sie untergeh'n,
    im Norden ist sie nie zu seh'n.

➔ 0 [°]; 90 [°]; 180 [°]; 270 [°]

4; Anzahl der Jahreszeiten in unseren gemäßigten Breiten

    Frühling
    Sommer
    Herbst
    Winter

Der meteorologische Frühling beginnt am 1. März
und endet am 31. Mai.
Der kalendarische Frühling beginnt am 20. oder 21. März
und endet am 20. Juni.

Der meteorologische Sommer beginnt am 1. Juni
und endet am 31. August.
Der kalendarische Sommer beginnt am 21. Juni
und endet am 21. oder 22. September.

Der meteorologische Herbst beginnt am 1. September
und endet am 30. November.
Der kalendarische Herbst beginnt am 22. oder 23. September
und endet am 20. oder 21. Dezember.

Der meteorologische Winter beginnt am 1. Dezember
und endet am 28. (29.) Februar.
Der kalendarische Winter beginnt am 21. oder 22. Dezember
und endet am 19. oder 20. März.

➜ 12, Anzahl der Monate eines Jahres; 52, Anzahl der Wochen eines Jahres

4; Anzahl der Kardinaltugenden

Weisheit
Gerechtigkeit
Tapferkeit
Besonnenheit (Mäßigung)

Die vier Kardinaltugenden wurden um 400 in die christliche Lehre aufgenommen. Sie wurden um die drei theologischen Tugenden Glaube, Liebe und Hoffnung ergänzt.

➜ 7, Anzahl der Todsünden; 10, Dekalog – Die Zehn Gebote

4; Anzahl der in einem Kartenspiel vorkommenden Kartenarten:

Kreuz (französisches) oder Eichel (deutsches Blatt)
Pik (französisches), Blatt oder Grün (deutsches Blatt)
Herz oder Rot (französisches und deutsches Blatt)
Karo (französisches) oder Schellen (deutsches Blatt)

Allgemein gebräuchlich sind die französischen Karten (mit 52 Blatt) und die deutschen Karten (mit 32 Blatt) zu je vier Kartenreihen.

➜ 32 Blatt; 52 Blatt

4; Anzahl der Mannschaften in einem Halbfinale (Final Four, Semifinale)

Die beiden Sieger aus den Halbfinalbegegnungen (Hin- und Rückspiel möglich) gelangen in das Finale (Endspiel).

➜ 8, 16; Anzahl der Mannschaften

4; Anzahl der Millionenstädte in der Bundesrepublik Deutschland

Berlin (rd. 3,5 Mio. Einwohner)
Hamburg (rd. 1,8 Mio. Einwohner)
München (rd. 1,5 Mio. Einwohner)
Köln (rd. 1,0 Mio. Einwohner)

➜ rund 83 000 000 Einwohner

4; Anzahl der Punkte, die mindestens vorhanden sein müssen, um einen Körper zu definieren

➜ 3; Anzahl der Punkte

4; Einmaleins (Multiplikation mit 4)

    4 x 1 = 4
    4 x 2 = 8
    4 x 3 = 12
    4 x 4 = 16
    4 x 5 = 20
    4 x 6 = 24
    4 x 7 = 28
    4 x 8 = 32
    4 x 9 = 36

➔ 3, 5; Einmaleins

4; geometrischer Körper: Flächen eines Tetraeders
(allgemein ein von vier Flächen begrenzter Körper, im
engeren Sinne von vier gleichseitigen Dreiecken begrenzt)

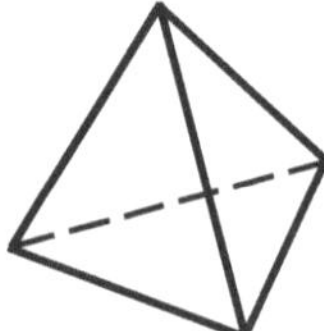

Ein Tetraeder hat vier Ecken und sechs Kanten.

➔ 3, 5; geometrische Körper

4; Nummer zur Kennzeichnung von Verpackungsmaterial (nach
der Verpackungsverordnung): Polyethylen niedriger Dichte
(LDPE; Kunststoff)

➔ 3, 5; Nummern zur Kennzeichnung von Verpackungsmaterial

4; Ordnungszahl von Beryllium (Be) im Periodensystem der
Elemente

➔ 3, 5; Ordnungszahlen

< 4; pH-Wert des Magenrückflusses, der Sodbrennen
verursacht

➔ zwischen 4 und 6,5; pH-Wert

04; Postleitzahl in Deutschland: Leitregion Leipzig,
Altenburg, Eilenburg, Torgau; Briefzentrum: Leipzig

➔ 03, 06; Postleitzahlen

4 (erste Ziffer); RAL-Farbregister (vierstellig):
Farbgruppe Violett

➔ 3, 5 (erste Ziffer); RAL-Farbregister

4; römisches Zahlzeichen: IV

➔ 3, 5, 2017; römische Zahlzeichen

4 (Ziffer beim Runden); Rundungsregel: Ist die betreffende Ziffer eine 4, so wird der Betrag abgerundet.

➔ 3, 5; Rundungsregel

4; Schulnote „ausreichend" (in Deutschland), „genügend" (in Österreich und der Schweiz)

➔ 1, 2, 3, 5, 6; Schulnoten

4; Windstärke nach der Beaufortskala (5,5 bis 7,9 m/s; 20 bis 28 km/h): mäßiger Wind (Zweige und dünnere Äste bewegen sich, loses Papier wird vom Boden aufgehoben)

➔ 0, 1, 2, 3, 5, 6, 7, 8, 9, 10, 11, 12; Windstärken

Kapitelnummer IV; Internationale statistische Klassifikation der Krankheiten und verwandter Gesundheitsprobleme (ICD-10-WHO): Endokrine, Ernährungs- und Stoffwechselkrankheiten (Codebereich E00 bis E90)

➔ Kapitelnummern I, II, III, V, VI, VII, VIII, IX, X, XI, XII, XIII, XIV, XV, XVI, XVII, XVIII, XIX, XX, XXI, XXII; 22, Anzahl der ICD-Kapitelnummern

Teilbarkeit:
Eine Zahl ist durch 4 teilbar, wenn ihre beiden letzten Stellen durch 4 teilbar sind bzw. 00 lauten.

➔ 2, 3, 5, 6, 7, 8, 9, 10, 20, 25, 30, 40, 50, 100; Teilbarkeit

4 bis 4,9

4 bis 4,9; Erdbebenstärke nach der Richterskala (entspricht Intensität IV bis V nach der Mercalliskala): deutlich bis stark (allgemein bemerkbar)

➔ 3 bis 3,9; 5 bis 5,9

4 bis 5

Ungefähr 4 bis 5 [km] können Erwachsene am Strand bis zum Horizont sehen. Bei einer Augenhöhe von 1,70 m beträgt die Sichtweite ca. 4,7 km.

Aufgrund ihrer niedrigeren Augenhöhe können Kinder den Horizont nur in etwas geringerer Entfernung erblicken.

Ein Kind mit einer Augenhöhe von einem Meter kann etwa 3,6 km weit blicken.

➔ 1 [km]

4 bis 5 Punkte im Fahreignungsregister des Kraftfahrt-Bundesamtes; Fahreignungs-Bewertungssystem: Ermahnung (Bewertungsstufe Gelb)

➔ 1 bis 3 Punkte; 6 bis 7 Punkte

4 bis 6,5

zwischen 4 und 6,5; pH-Wert der gesunden Hautoberfläche (im schwach sauren Bereich)

Als „idealer" Hautwert gilt ein pH-Wert von 5,5.

Der mittlere pH-Wert für Männerhaut wird mit 4,9 und der für Frauenhaut mit 5,6 angegeben.

Blut hat einen pH-Wert von ca. 7,4.

➔ < 4, < 7, 7, > 7; pH-Wert

4,2

ca. 4,2; Energiemenge: Umrechnungsfaktor zwischen den Einheiten Kalorie und Joule (bzw. Kilokalorie und Kilojoule)

Um von Kalorien in Joule umzurechnen, wird der Wert mit 4,2 multipliziert.

Um von Joule in Kalorien umzurechnen, wird der Wert durch 4,2 geteilt.

Eine Kalorie entspricht 4,1868 Joule.

➔ 1 [cal]; 1 [J]; 1 [kcal]; 1 [kJ]

4,5

unter 4,5 [g/cm^3]; Dichte von Leichtmetallen

Metalle mit einer Dichte von über 4,5 bis 5 g/cm^3 werden als Schwermetalle bezeichnet.

➔ 2,70 [g/cm^3]; 7,86 [g/cm^3]

4,5 bis 6

ca. 4,5 bis 6 [%]; Alkoholgehalt von Bier

Nach dem Reinheitsgebot von 1516 dürfen zum Bierbrauen nur die Bestandteile Wasser, Hopfen, Malz (künstlich zum Keimen gebrachtes Getreide) und Hefe verwendet werden.

Beim Bockbier (auch Starkbier genannt) kann der Alkoholgehalt etwas höher sein.

➜ über 1,2 [%], ca. 10 bis 12 [%], Alkoholgehalt;
   etwa 5000 bis 6000, Anzahl der Biersorten in Deutschland

4,8

4,8 [g] Wasser kann ein Kubikmeter Luft bei einer Temperatur von 0 °C binden. (Das entspricht einer Luftfeuchtigkeit von 100 Prozent.) Die Menge, die sich darüber befindet, wird zu Nebel oder Regen.

Mit steigender Temperatur wächst die Fähigkeit der Luft, Wasser aufzunehmen.

➜ 35 bis 62 [%]; 55 [%]

5

Die lateinische Vorsilbe quin- (zum Beispiel Quintett) weist auf die Zahl 5 hin. Sie ist auch in dem Begriff Quintessenz (der Äther als Urstoff, im Altertum als fünftes Element bezeichnet) enthalten. Die Quintessenz besagt den Hauptinhalt oder Wesenskern einer Sache. Dagegen bedeutet „fünfe grade sein lassen", die ungerade Zahl 5 für eine gerade Zahl zu halten, das heißt etwas nicht so genau zu nehmen. Die griechische Vorsilbe penta- ist im Pentagon (Fünfeck) enthalten.

$5^2 = 5 \times 5$
    $= 25$

➜ 4^2; 6^2

$5^3 = 5 \times 5 \times 5$
    $= 125$

➜ 4^3; 6^3

5 [ct]; 5-Cent-Münze (0,05-Euro-Münze): Durchmesser 21,25 mm; Gewicht 3,9 g; rötlich; Rändelung glatt

➜ 2 [ct]; 5 [€]; 10 [ct]

5 Dutzend = ein Schock (60 Stück)
➜ 12 Stück; 60 Stück

5 [€]; 5-Euro-Schein: Format 120 x 62 mm; grau; Klassik-Architektur
➜ 2 [€]; 5 [ct]; 10 [€]

5 [g]; Gewicht eines A4-Bogens Papier (80 g/m^2)
Das Papierformat A4 (Briefbogen/Standardgröße) beträgt 210 x 297 Millimeter.

Das Papierformat A5 (148 x 210 mm) ist halb so groß, das Papierformat A3 (297 x 420 mm) ist doppelt so groß wie das Papierformat A4.
➜ 7,5 [g]; 70 bis 80 [g/m^2]

5 Jahre; Hochzeitsjubiläum: (mit Kindern) Hölzerne Hochzeit; (ohne Kinder) Ochsenhochzeit
➜ 4 Jahre; 6 Jahre; 10 Jahre

5 [ml]; Menge von Flüssigkeit auf einem (gestrichen vollen) Teelöffel
➜ 3 bis 4 [g]; 15 [ml]

< 5 [mm]; Niederschlag: Durchmesser von Graupelkörnern
➜ etwa 0,5 bis 7 [mm]; etwa 5 bis 50 [mm]

bis etwa 5 [m/s]; Sinkgeschwindigkeit eines Fallschirms
Fünf Meter pro Sekunde entsprechen einer Geschwindigkeit von 18 km/h.
➜ 9,81 [m/s^2]

5 [%] = $^1/_{20}$ (ein Zwanzigstel)
➜ 0,05; 4 [%]; 6,25 [%]

5 [%]; Höhe des Finderlohns in Deutschland (nach dem Bürgerlichen Gesetzbuch)
Der Finderlohn beträgt von dem Wert der gefundenen Sache bis zu 500 Euro fünf Prozent des Wertes, von dem darüber hinausgehenden Wert und bei gefundenen Tieren drei Prozent des Wertes.

Wenn die verlorene Sache nur für den Empfangsberechtigten Wert hat, so ist der Finderlohn „nach billigem Ermessen"

zu bestimmen. Für Funde in öffentlichen Verkehrsmitteln und
Behörden gilt ab einem Mindestwert von 50 Euro die Hälfte
des normalen Finderlohnes.

In Österreich wird zwischen verlorenen und vergessenen
Sachen (zum Beispiel an einer Garderobe) unterschieden.
Bei verlorenen Sachen ist der Finderlohn doppelt so hoch.

5 [%]; Fünf-Prozent-Hürde: Sperrklausel, die eine zu starke
Zersplitterung der im Deutschen Bundestag und in den Landtagen vertretenen Parteien verhindern soll

In Österreich existiert eine Vier-Prozent-Hürde bei den
Wahlen zum Nationalrat und bei Wahlen zu drei Landtagen.
In der Mehrzahl der österreichischen Bundesländer gilt
hingegen eine 5-prozentige Sperrklausel.

5 Sterne; einheitliches 5-Sterne-System der Hotelbewertung
in Deutschland: De Luxe (Unterkunft für höchste Ansprüche)

➔ 4 Sterne

5; Anzahl der Finger an jeder Hand

    Daumen
    Zeigefinger
    Mittelfinger
    Ringfinger
    Kleiner Finger

Das Pendant zu den Fingern als Teile der Hand bilden an den
unteren Extremitäten die Zehen. Besonders benannt sind nur
die Große Zehe und die Kleine Zehe.

➔ 206; Anzahl der menschlichen Knochen

5; Anzahl der menschlichen Sinnesorgane

Sinnesorgane sind für die Reizaufnahme spezialisierte
Organe:
    Auge (Sehen)
    Ohr (Hören; Gleichgewichtssinn)
    Nase (Riechen)
    Zunge (Schmecken)
    Haut (Fühlen: Tast-, Temperatur- und Schmerzeindrücke)

Sinne sind physiologische Fähigkeiten des Menschen, Reize
durch die den verschiedenen Sinnen zugeordneten Sinnesorgane zu empfinden.

Der griechische Philosoph Aristoteles beschrieb fünf
menschliche Sinne: Sehen, Hören, Riechen, Schmecken und
Fühlen. In der modernen Physiologie werden weitere Sinne
und sensorische Fähigkeiten unterschieden.

Als sechster (oder auch siebter) Sinn wird gelegentlich das unbewusste (oder „außersinnliche") Wahrnehmen von Eindrücken bezeichnet.

➜ ca. 30 000 000 000

5; Anzahl der Nachbarstaaten der Schweizerischen Eidgenossenschaft (im Uhrzeigersinn, von Norden ausgehend)

    Deutschland
    Österreich
    Liechtenstein
    Italien
    Frankreich

➜ 8, Anzahl der Nachbarstaaten der Republik Österreich;
   9, Anzahl der Nachbarstaaten der Bundesrepublik Deutschland

5; Anzahl der Ringe auf der Olympischen Fahne, der offiziellen Flagge der olympischen Bewegung

Die Olympische Fahne zeigt fünf ineinandergreifende farbige Ringe auf weißem Grund, die die Erdteile symbolisieren: Europa, Asien, Afrika, Australien und Amerika.

Die Olympische Fahne wurde von Pierre de Coubertin, dem Gründer der modernen Olympischen Spiele, entworfen und erstmals bei den Olympischen Spielen 1920 in Antwerpen gehisst.

Die Olympischen Spiele wurden in der griechischen Antike alle vier Jahre in Olympia veranstaltet. 1896 fanden in Athen die ersten modernen Spiele statt.

➜ rund 7 440 000 000 Menschen

5; Anzahl der ständigen Mitglieder des UN-Sicherheitsrates

    China
    Frankreich
    Großbritannien
    Russland
    USA

Dem UN-Sicherheitsrat gehören insgesamt 15 Staaten an, davon fünf ständige sowie zehn nicht ständige, für jeweils zwei Jahre gewählte Mitglieder.

➜ 6, Anzahl der Amts- und Arbeitssprachen;
   193, Anzahl der Mitgliedsstaaten der Vereinten Nationen

5; Einmaleins (Multiplikation mit 5)

    5 x 1 = 5
    5 x 2 = 10
    5 x 3 = 15

        5 x 4 = 20
        5 x 5 = 25
        5 x 6 = 30
        5 x 7 = 35
        5 x 8 = 40
        5 x 9 = 45

➜ 4, 6; Einmaleins

5; geometrischer Körper: Flächen einer Pyramide

Eine Pyramide (mit quadratischer Grundfläche) hat fünf
Ecken und acht Kanten.

➜ 4, 6; geometrische Körper

5; Nummer zur Kennzeichnung von Verpackungsmaterial (nach
der Verpackungsverordnung): Polypropylen (PP; Kunststoff)

➜ 4, 6; Nummern zur Kennzeichnung von Verpackungsmaterial

5; Ordnungszahl von Bor (B) im Periodensystem der Elemente

➜ 4, 6; Ordnungszahlen

5; Primzahl

        5 : 1 = 5
        5 : 5 = 1

➜ 3, 7; Primzahlen

5 (erste Ziffer); RAL-Farbregister (vierstellig):
Farbgruppe Blau

➜ 4, 6 (erste Ziffer); RAL-Farbregister

5; römisches Zahlzeichen: V

➜ 4, 6, 2017; römische Zahlzeichen

5 (Ziffer beim Runden); Rundungsregel: Ist die betreffende
Ziffer eine 5, so wird der Betrag aufgerundet.

➜ 4, 6; Rundungsregel

5; Schulnote „mangelhaft“ (in Deutschland), „nicht
genügend“ (in Österreich), „gut“ (in der Schweiz)

→ 1, 2, 3, 4, 6; Schulnoten

5; Windstärke nach der Beaufortskala (8,0 bis 10,7 m/s; 29 bis 38 km/h): frischer Wind (kleine Laubbäume beginnen zu schwanken, Schaumköpfe bilden sich auf Seen)

→ 0, 1, 2, 3, 4, 6, 7, 8, 9, 10, 11, 12; Windstärken

Kapitelnummer V; Internationale statistische Klassifikation der Krankheiten und verwandter Gesundheitsprobleme (ICD-10-WHO): Psychische und Verhaltensstörungen (Codebereich F00 bis F99)

→ Kapitelnummern I, II, III, IV, VI, VII, VIII, IX, X, XI, XII, XIII, XIV, XV, XVI, XVII, XVIII, XIX, XX, XXI, XXII; 22, Anzahl der ICD-Kapitelnummern

Maßstab:
5 : 1
5 cm auf der Zeichnung entsprechen
1 cm in der Wirklichkeit.

→ 1 : 5

Teilbarkeit:
Eine Zahl ist durch 5 teilbar, wenn ihre letzte Ziffer eine 0 oder eine 5 ist.

→ 2, 3, 4, 6, 7, 8, 9, 10, 20, 25, 30, 40, 50, 100; Teilbarkeit

5 bis 5,9

5 bis 5,9; Erdbebenstärke nach der Richterskala (entspricht Intensität VI nach der Mercalliskala): leichte Gebäudeschäden

→ 4 bis 4,9; 6 bis 6,9

5 bis 6

5 bis 6 [°C]; kalte Servier- und Trinktemperaturen (z. B. für Colagetränke, Champagner)

→ 0 bis 4 [°C]; 5 bis 7 [°C]; 7 bis 8 [°C]

5 bis 6 [km/h]; Geschwindigkeit eines Fußgängers
Eine Distanz von rund fünf Kilometern war früher eine Wegstunde.

→ 1,4 bis 1,7 [m/s]; 7 bis 10 [m/s]; 9 bis 10 [km/h]

etwa 5 bis 6 [l]; Blutmenge des erwachsenen Menschen

➜ 4; Anzahl der Hauptblutgruppen

5 bis 7

5 bis 7 [°C]; empfohlene Temperaturen zur Aufbewahrung von
Lebensmitteln im Kühlschrank

Auf Lebensmitteln findet man oft Temperaturhinweise für
deren optimale Lagerung (z. B. „Bei unter +8 °C mindestens
haltbar bis ...").

➜ 5 bis 6 [°C]; -18 [°C]

5 bis 10

unter -5 bis -10 [°C]; mäßiger Frost

➜ 0 bis -5 [°C]; unter -10 bis -15 [°C]

5 bis 10 [kg] schwere Lasten am Arbeitsplatz:

Werdende Mütter dürfen nicht mit Arbeiten beschäftigt
werden, bei denen regelmäßig Lasten von mehr als 5 kg oder
gelegentlich Lasten von mehr als 10 kg ohne mechanische
Hilfsmittel von Hand gehoben, bewegt oder befördert werden.
Sollen größere Lasten mit mechanischen Hilfsmitteln von
Hand gehoben, bewegt oder befördert werden, so darf die
körperliche Beanspruchung der werdenden Mutter nicht größer
sein als bei Arbeiten ohne mechanische Hilfsmittel (Mutter-
schutzgesetz).

➜ 7,5 bis 10 [kg]; 10 [kg]; 15 [kg]

5 bis 10 [%] vom Rechnungsbetrag: übliche Höhe eines
Trinkgeldes (in Restaurants in Deutschland)

In Österreich beträgt die Höhe des Trinkgeldes etwa zehn
Prozent.

5 bis 50

etwa 5 bis 50 [mm]; Niederschlag: Durchmesser von
Hagelkörnern

➜ etwa 0,5 bis 7 [mm]; < 5 [mm]

5,50

5,50 [m]; Fußball: Begrenzung des Torraums

Im Abstand von jeweils 5,50 m zu den Innenkanten der Torpfosten verlaufen zwei Linien rechtwinklig zur Torlinie.
Diese Linien erstrecken sich 5,50 m in das Spielfeld hinein
und sind durch eine zur Torlinie parallele Linie miteinander verbunden (Erläuterungen des DFB).

➜ 2,44 [m]; 7,32 [m]; 16,50 [m]

5,515

5,515 [g/cm^3]; mittlere Dichte der Erde

Die Erde ist der dichteste Planet und durchschnittlich
5,517-mal dichter als Wasser.

Das spezifische Gewicht der äußeren Erdkruste, die nur etwa
50 bis 60 km stark ist, beträgt höchstens 2,8 g/cm^3.
Demzufolge muss der Erdkern aus wesentlich dichteren und
schwereren Stoffen bestehen als die Erdkruste.

➜ 3,1 bis 3,2 [g/cm^3]; 7,86 [g/cm^3]

6

Wortverbindungen mit der Zahl 6 werden durch die Vorsilben hexa- (griechisch) oder sex- (lateinisch) ausgedrückt. Der Würfel (aus dem Griechischen: Hexaeder) besitzt sechs gleiche Flächen; viele Kristalle bilden sechseckige (hexagonale) Strukturen, das Sechseck findet man in der Natur auch bei der Bienenwabe. Die Zahl 6 (als Produkt der geraden „weiblichen" Zahl 2 und der ungeraden „männlichen" Zahl 3) steht sinnbildlich für das Leben, demgemäß der Sex (lateinisch: sexus) für das Geschlechtliche. In der Mathematik gilt die 6 als erste perfekte Zahl: Die Summe ihrer Teiler 1, 2 und 3 ergibt 6.

6 = 1 + 2 + 3
➜ 28

6 = 1 x 2 x 3
  = 3!
➜ 2; 24

$6^2 = 6 \times 6$
   $= 36$

➜ 5^2; 7^2

$6^3 = 6 \times 6 \times 6$
   $= 216$

➜ 5^3; 7^3

6 Jahre; Hochzeitstag: Zinnerne oder Zuckerhochzeit

➜ 5 Jahre; 6 ½ Jahre; 7 Jahre

6 Stück = ein halbes Dutzend

➜ 12 Stück

6; Anzahl der Amts- und Arbeitssprachen in den Vereinten
Nationen

    Arabisch
    Chinesisch
    Englisch
    Französisch
    Russisch
    Spanisch

➜ 5, Anzahl der ständigen Mitglieder des UN-Sicherheitsrates;
   193, Anzahl der Mitgliedsstaaten der Vereinten Nationen;
   etwa 6500

6; Anzahl der Nullen nach der 1: Million
(als Zehnerpotenz: 10^6)

➜ 9, Anzahl der Nullen nach der 1; 1 000 000

6; Einmaleins (Multiplikation mit 6)

    6 x 1 = 6
    6 x 2 = 12
    6 x 3 = 18
    6 x 4 = 24
    6 x 5 = 30
    6 x 6 = 36
    6 x 7 = 42
    6 x 8 = 48
    6 x 9 = 54

➜ 5, 7; Einmaleins

6; geometrischer Körper: Flächen eines Quaders
Ein Quader besitzt sechs Rechtecke als Begrenzungsflächen.

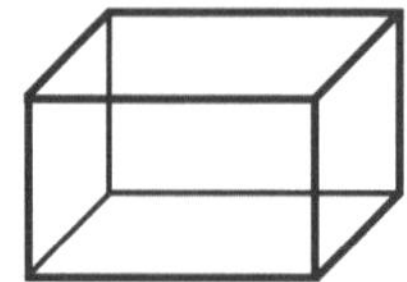

Ein Quader hat acht Ecken und zwölf Kanten.

→ 5, 6; geometrische Körper

6; geometrischer Körper: Flächen eines Würfels

Ein Würfel besitzt sechs gleich große Quadrate als Begrenzungsflächen.

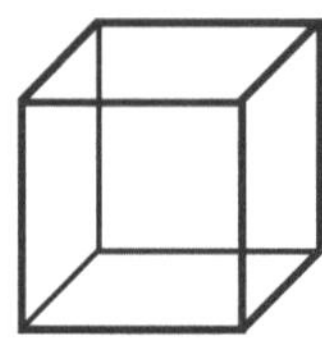

Ein Würfel hat acht Ecken und zwölf Kanten.

→ 5, 6; geometrische Körper

6; Nummer zur Kennzeichnung von Verpackungsmaterial (nach der Verpackungsverordnung): Polystyrol (PS; Kunststoff)

→ 5, 20; Nummern zur Kennzeichnung von Verpackungsmaterial

6; Ordnungszahl von Kohlenstoff (Carboneum; C) im Periodensystem der Elemente

→ 5, 7; Ordnungszahlen

06; Postleitzahl in Deutschland: Leitregion Sachsen-Anhalt Süd – Halle (Saale), Dessau-Roßlau, Quedlinburg, Zeitz; Briefzentrum: Halle (Saale)

→ 04, 07; Postleitzahlen

6 (erste Ziffer); RAL-Farbregister (vierstellig): Farbgruppe Grün

→ 5, 7 (erste Ziffer); RAL-Farbregister

6; römisches Zahlzeichen: VI

→ 5, 7, 2017; römische Zahlzeichen

6 (Ziffer beim Runden); Rundungsregel: Ist die betreffende Ziffer eine 6, so wird der Betrag aufgerundet.

→ 5, 7; Rundungsregel

6; Schulnote „ungenügend" (in Deutschland), „sehr gut" (in der Schweiz)

➔ 1, 2, 3, 4, 5; Schulnoten

6; Windstärke nach der Beaufortskala (10,8 bis 13,8 m/s; 39 bis 49 km/h): starker Wind (dicke Äste bewegen sich, hörbares Pfeifen an Hausecken und Freileitungen, Regenschirme schwierig zu benutzen)

➔ 0, 1, 2, 3, 4, 5, 7, 8, 9, 10, 11, 12; Windstärken

Kapitelnummer VI; Internationale statistische Klassifikation der Krankheiten und verwandter Gesundheitsprobleme (ICD-10-WHO): Krankheiten des Nervensystems (Codebereich G00 bis G99)

➔ Kapitelnummern I, II, III, IV, V, VII, VIII, IX, X, XI, XII, XIII, XIV, XV, XVI, XVII, XVIII, XIX, XX, XXI, XXII; 22, Anzahl der ICD-Kapitelnummern

Teilbarkeit:
Eine Zahl ist durch 6 teilbar, wenn sie durch 2 und durch 3 teilbar ist.

➔ 2, 3, 4, 5, 7, 8, 9, 10, 20, 25, 30, 40, 50, 100; Teilbarkeit

6 bis 6,9

6 bis 6,9; Erdbebenstärke nach der Richterskala (entspricht Intensität VII bis IX nach der Mercalliskala): Gebäudeschäden bis Gebäudezerstörungen

➔ 5 bis 5,9; 7 bis 7,9

6 bis 7

6 bis 7 Punkte im Fahreignungsregister des Kraftfahrt-Bundesamtes; Fahreignungs-Bewertungssystem: Verwarnung (Bewertungsstufe Rot)

➔ 4 bis 5 Punkte; 8 Punkte

6 bis 7; UV-Index: hohe gesundheitliche Gefährdung
Als Schutzmaßnahmen vor zu viel UV-Strahlung sind in der Sonne körperbedeckende Kleidung, Sonnencreme, Sonnenbrille und Kopfbedeckung erforderlich. Wenn möglich, sollte in der Mittagszeit Schatten gesucht werden.

➔ 1 bis 2, 3 bis 5, 8 bis 10, 11 bis 12; UV-Index

6 bis 8

6 bis 8 [°C]; empfohlener maximaler Unterschied zur Außenlufttemperatur bei der Einstellung von Klimaanlagen

Um Erkältungen zu vermeiden, sollten Klimaanlagen nicht zu
kalt eingestellt sein. Die Differenz zwischen Raumluft- und
Außenlufttemperatur sollte nicht mehr als sechs bis acht
Grad betragen.

Für die Einstellung von Klimaanlagen in Kraftfahrzeugen
gelten Temperaturwerte von 21 bis 23 Grad Celsius als
optimal.

➜ 20 [°C]

6 bis 8 Minuten; Kochzeit für ein kernweich gekochtes Ei
Weich bezieht sich auf den Zustand des Eigelbs.

➜ 3 bis 5 Minuten; 8 bis 10 Minuten

6 bis 8 Stunden; durchschnittliches Schlafbedürfnis von
Erwachsenen und älteren Menschen pro Tag

➜ 7 bis 8 Stunden; mehr als 8 Stunden

6,25

6,25 [%] = $^1/_{16}$ (ein Sechzehntel)
➜ 0,0625; 5 [%]; 6,66 [%]

6 ½

6 $^1/_2$ Jahre; Hochzeitstag: Zinnerne Hochzeit
➜ 6 Jahre; 7 Jahre

6,5 [m/s]; Geschwindigkeit einer Honigbiene
➜ 1,5 bis 2 [m/s]; 20 bis 30 [m/s]

6,66

6,66 [%] = $^1/_{15}$ (ein Fünfzehntel)
➜ 0,066; 6,25 [%]; 10 [%]

In vielen Märchen, Spruchweisheiten und Redewendungen findet sich die „magische Zahl" 7. Im Alltag wird man manchmal nach seinen Siebensachen gefragt oder ob man die sieben Sinne beisammen habe. Abgesehen vom „verflixten 7. Jahr", gilt die Zahl 7 heute noch überwiegend als Glücksbringer.

7^2 = 7 x 7
   = 49
➔ 6^2; 8^2

7^3 = 7 x 7 x 7
   = 343
➔ 6^3; 8^3

7 Jahre; Hochzeitstag: Kupferne oder Messinghochzeit
➔ 6 Jahre; 6 ½ Jahre; 8 Jahre

7 [%]; ermäßigter Umsatzsteuersatz in Deutschland
(z. B. auf die meisten Lebensmittel, auf Bücher, Zeitungen und Zeitschriften u. a.)
➔ 3,5 [%]; 19 [%]

7; Anzahl der Euro-Scheine
   5-Euro-Schein
   ➔ 5 [€]
   10-Euro-Schein
   ➔ 10 [€]
   20-Euro-Schein
   ➔ 20 [€]
   50-Euro-Schein
   ➔ 50 [€]
   100-Euro-Schein
   ➔ 100 [€]
   200-Euro-Schein
   ➔ 200 [€]
   500-Euro-Schein
   ➔ 500 [€]
➔ 8; Anzahl der Euro-Münzen

7; Anzahl der G7-Staaten (Gruppe der Sieben; Welt-
wirtschaftsgipfel)

    Deutschland
    Frankreich
    Großbritannien
    Italien
    Japan
    Kanada
    USA

Russland war von 1998 bis 2014 Mitglied (= G8), jedoch von
den Gremien der Finanzpolitik ausgeschlossen.

→ 20; Anzahl der G20-Staaten

7; Anzahl der Tage einer Woche

    Montag
    Dienstag
    Mittwoch
    Donnerstag
    Freitag
    Samstag/Sonnabend
    Sonntag

Die Zeiteinteilung von sieben Tagen war bereits im zweiten
Jahrtausend v. Chr. bekannt. Sie resultierte aus der Beob-
achtung der Mondphasen (Vierteilung des Monats). Im alten
Rom setzte sich im dritten Jahrhundert n. Chr. die 7-Tage-
Woche gegenüber der 8-Tage-Woche (Nundinum) durch.

Nach christlichem Brauch ist der Sonntag Ruhe- und Feiertag
und erster Tag der Woche. Seit 1976 gilt in Deutschland der
Montag als erster Wochentag. 1978 bestimmte die UNO den
Montag international als ersten Tag der Woche.

→ 52; Anzahl der Wochen eines Jahres

7; Anzahl der Todsünden

    Hochmut
    Geiz (Habsucht)
    Neid
    Zorn
    Völlerei (Unmäßigkeit)
    Wollust
    Trägheit

Nach der klassischen Theologie entstehen Sünden aus den
sieben schlechten Charaktereigenschaften, die auch als
Hauptlaster bezeichnet werden.

→ 4, Anzahl der Kardinaltugenden; 10, Dekalog - Die Zehn Gebote

7; Einmaleins (Multiplikation mit 7)

    7 x 1 = 7
    7 x 2 = 14
    7 x 3 = 21
    7 x 4 = 28
    7 x 5 = 35
    7 x 6 = 42
    7 x 7 = 49
    7 x 8 = 56
    7 x 9 = 63

→ 6, 8; Einmaleins

7; Leichtathletik: Anzahl der Disziplinen im Siebenkampf
der Frauen

    100-Meter-Hürdenlauf
    Hochsprung
    Kugelstoßen
    200-Meter-Lauf
    Weitsprung
    Speerwerfen
    800-Meter-Lauf

→ 10; Leichtathletik

7 ± 2; Millersche Zahl: bezeichnet die von dem amerikanischen Psychologen George Miller festgestellte Tatsache,
dass ein Mensch gleichzeitig nur 7 ± 2 Informationseinhei-
ten (z. B. Zahlen) im Kurzzeitgedächtnis behalten kann.

→ 85 bis 115 Punkte

7; Ordnungszahl von Stickstoff (Nitrogenium; N) im
Periodensystem der Elemente

→ 6, 8; Ordnungszahlen

< 7
pH-Wert; saure Reaktion einer Lösung
7
pH-Wert; neutrale Reaktion einer Lösung
> 7
pH-Wert; basische (alkalische) Reaktion einer Lösung

Der pH-Wert (lat. potentia hydrogenii) ist die Maßzahl für
die Wasserstoffionen-Konzentration und damit für die Stärke
der sauren oder alkalischen Reaktion einer Lösung. Er bezieht sich auf den Gehalt in einem Liter reinen Wassers bei
24 °C, in dem 10^{-7} g Wasserstoffionen enthalten sind. Der

pH-Wert ist gleich dem negativen dekadischen Logarithmus der Wasserstoffionen-Konzentration.

Entsprechend der logarithmischen pH-Skala ist beispielsweise eine Flüssigkeit mit dem Wert pH 4 zehnmal so sauer wie eine Flüssigkeit mit dem Wert pH 5 und hundert Mal so sauer wie eine mit pH 6.

Die pH-Wert-Skala reicht von 0 (stark sauer) bis 14 (stark alkalisch).

➜ < 4, zwischen 4 und 6,5; pH-Wert

07; Postleitzahl in Deutschland: Leitregion Ostthüringen – Gera, Jena, Saalfeld/Saale, Greiz; Briefzentrum: Gera

➜ 06, 08; Postleitzahlen

7; Primzahl

    7 : 1 = 7
    7 : 7 = 1

➜ 5, 11; Primzahlen

7 (erste Ziffer); RAL-Farbregister (vierstellig): Farbgruppe Grau

➜ 6, 8 (erste Ziffer); RAL-Farbregister

7; römisches Zahlzeichen: VII

➜ 6, 8, 2017; römische Zahlzeichen

7 (Ziffer beim Runden); Rundungsregel: Ist die betreffende Ziffer eine 7, so wird der Betrag aufgerundet.

➜ 6, 8; Rundungsregel

7; Sieben Weltwunder; Aufzählung der sieben berühmten Bau- und Kunstwerke des Altertums (aus dem dritten Jahrhundert v. Chr.):
    1. Pyramiden von Gizeh in Ägypten
       (2500 v. Chr.)
    2. Hängende Gärten der Semiramis in Babylon
       (600 v. Chr.)
    3. Tempel der Artemis (Artemision) in Ephesos
       (6. Jh. v. Chr.)
    4. Zeus-Statue im Tempel zu Olympia
       (um 430 v. Chr.)
    5. Mausoleum (Grabmal des Königs Mausolos) in
       Halikarnassos
       (4. Jh. v. Chr.)

6. um 35 m hoher Koloss von Rhodos
   (Statue des griechischen Sonnengotts Helios,
   um 300 v. Chr.)
7. Leuchtturm auf der Insel Pharos vor Alexandria
   (vollendet 279 v. Chr.)

Die Zahl 7 galt in der Antike als vollkommen. Die festgelegte Anzahl von sieben Sehenswürdigkeiten sollte die
Bedeutsamkeit der genannten Bau- und Kunstwerke erhöhen.

Von den sieben Weltwundern existieren heute nur noch die
Pyramiden von Gizeh. Die anderen Bauwerke wurden durch
Erdbeben und Kriege zerstört oder zerfielen im Laufe der
Zeit.

➔ 7, Sieben Weltwunder der Neuzeit; bis etwa 500

7; Sieben Weltwunder der Neuzeit:
   1. Chichén Itzá
      (Maya-Ruinen auf der mexikanischen Halbinsel Yucatán,
      vermutlich um 440 n. Chr. entstanden)
   2. Grenzbefestigungsanlage Chinesische Mauer
      (rund 6700 km lang, erbaut von 1368 bis 1644)
   3. Christusstatue Cristo Redentor in Rio de Janeiro
      (1931 in der brasilianischen Küstenstadt eingeweiht)
   4. Amphitheater Kolosseum in Rom
      (erbaut von 72 bis 80 n. Chr.)
   5. Machu Picchu
      (Ruinenstadt in den Anden Perus, von den Inkas
      um 1450 erbaut)
   6. Felsenstadt Petra in Jordanien
      (3. Jh. v. Chr.)
   7. Palastdenkmal Taj Mahal in Indien
      (erbaut von 1631 bis 1648)

Die sieben neuen Weltwunder wurden 2007 nach einem mehr-
jährigen internationalen Wettbewerb bekannt gegeben. Fast
100 Millionen Menschen hatten sich per Internet, SMS oder
Telefon an der weltweiten Abstimmung beteiligt.

➔ 7; Sieben Weltwunder

7; Windstärke nach der Beaufortskala (13,9 bis 17,1 m/s;
50 bis 61 km/h): steifer Wind (ganze Bäume bewegen sich,
spürbarer Widerstand beim Gehen gegen den Wind)

➔ 0, 1, 2, 3, 4, 5, 6, 8, 9, 10, 11, 12; Windstärken

Kapitelnummer VII; Internationale statistische Klassifikation der Krankheiten und verwandter Gesundheitsprobleme
(ICD-10-WHO): Krankheiten des Auges und der Augenanhangs-
gebilde (Codebereich H00 bis H59)

→ Kapitelnummern I, II, III, IV, V, VI, VIII, IX, X, XI, XII,
XIII, XIV, XV, XVI, XVII, XVIII, XIX, XX, XXI, XXII;
22, Anzahl der ICD-Kapitelnummern

Teilbarkeit:
Um die Teilbarkeit durch 7 herauszufinden, wird die ver-
doppelte letzte Ziffer von der Ausgangszahl ohne diese
Ziffer abgezogen. Wenn das Ergebnis durch 7 teilbar ist,
so ist auch die Ausgangszahl durch 7 teilbar. Erforder-
lichenfalls wird dieser Vorgang mit dem neuen Ergebnis
wiederholt.
→ 2, 3, 4, 5, 6, 8, 9, 10, 20, 25, 30, 40, 50, 100; Teilbarkeit

7 bis 7,9

7 bis 7,9; Erdbebenstärke nach der Richterskala (entspricht
Intensität X bis XI nach der Mercalliskala): sehr zerstö-
rend bis verwüstend
→ 6 bis 6,9; 8 bis 8,6

7 bis 8

7 bis 8 [°C]; Servier- und Trinktemperaturen: gut gekühlt
(z. B. für Limonaden, Mineralwasser, Bier im Sommer,
Schaumweine, Sekt)
→ 5 bis 6 [°C]; 9 bis 11 [°C]

7 bis 8 Stunden; empfohlene tägliche Schlafzeit für
Erwachsene
Das individuelle Schlafbedürfnis von Erwachsenen schwankt
etwa zwischen sechs und zehn Stunden pro Tag.
Das individuelle Bedürfnis nach Schlaf kann nicht durch
„Training" ausgeschaltet oder längerfristig ignoriert
werden, ohne dass der Organismus Schaden erleidet.
→ 6 bis 8 Stunden; mehr als 8 Stunden; 9 bis 10 Stunden

7 bis 10

7 bis 10 [m/s]; Geschwindigkeit eines Kurzstreckenläufers
10 Meter pro Sekunde entsprechen 36 km/h.
→ 1 [m/s]; 9 bis 10 [km/h]; 18 bis 20 [km/h]

7,32

7,32 [m]; Fußballtor: Abstand zwischen den Innenkanten der Pfosten

➔ 2,44 [m]; 5,50 [m]

7,42

7,42 [km] = eine geografische Meile (das Vierfache einer Seemeile)

➔ 1 [km]; 1852 [m]

7,5

7,5 [g]; Gewicht eines A4-Bogens Papier (100 g/m^2)

➔ 5 [g]

7,5 bis 10

7,5 bis 10 [kg] schwere Lasten:

Eine Beschäftigung mit Arbeiten ist nicht leicht und für Kinder (über 13 Jahre) nicht geeignet, wenn sie mit einer manuellen Handhabung von Lasten verbunden ist, die regelmäßig das maximale Lastgewicht von 7,5 kg oder gelegentlich das maximale Lastgewicht von 10 kg überschreiten; manuelle Handhabung in diesem Sinne ist jedes Befördern oder Abstützen einer Last durch menschliche Kraft, unter anderem das Heben, Absetzen, Schieben, Ziehen, Tragen und Bewegen einer Last (Kinderarbeitsschutzverordnung).

➔ 5 bis 10 [kg]; 10 [kg]; 15 [kg]

7,86

7,86 [g/cm^3]; Dichte von Eisen

Stahl (schmied- und walzbares Eisen mit einem Kohlenstoffgehalt bis zu 1,7 Prozent) hat eine Dichte von 7,85 g/cm^3.

➔ 3,1 bis 3,2 [g/cm^3]; 5,515 [g/cm^3]; 8,96 [g/cm^3]

7,9

7,9 [km/s]; erste kosmische Geschwindigkeit (der Erde)

Ein von der Erde startender Körper erreicht dann eine Kreisbahn um die Erde.

➜ 11,2 [km/s]

8

Mit der Vorsilbe okt-, die aus dem Griechischen wie aus dem Lateinischen stammt, werden Achtergruppen bezeichnet: So ist ein Oktogon ein Achteck. Der Ausdruck „heute in acht Tagen", der einen Zeitraum von einer Woche meint, bezieht den ersten und den letzten Tag mit ein.

$8 = 2 \times 2 \times 2$
$\quad = 2^3$

➜ 4; 16; 27

$8^2 = 8 \times 8$
$\quad = 64$

➜ 7^2; 9^2

$8^3 = 8 \times 8 \times 8$
$\quad = 512$

➜ 7^3; 9^3

8 Bit = ein Byte (abgekürzt B; kleinste adressierbare Informationseinheit in der elektronischen Datenverarbeitung)

Ein Byte entspricht einer Datenmenge von acht Bit. Ein Byte war die Anzahl der Bits zur Kodierung eines einzelnen Text-Schriftzeichens im jeweiligen Computersystem (ursprünglich noch sechs Bit umfassend). Es stellt daher das kleinste adressierbare Element in vielen Rechnerarchitekturen dar. Für eine Anzahl von acht Bit wird auch der normkonforme Begriff Oktett verwendet.

Bit (ein zusammengesetztes Wort aus binary und digit) heißt zweiwertige Ziffer (0 oder 1). Mit acht Bit lassen sich 256 (2^8) verschiedene Zustände darstellen.

➜ 256; 1000 Byte

8 Jahre; Hochzeitstag: Blecherne oder Bronzene Hochzeit

→ 7 Jahre; 9 Jahre

8 [m^2]; geforderte Mindestfläche für Arbeitsräume

Als Arbeitsräume dürfen nach der Arbeitsstättenregel Raumabmessungen und Bewegungsflächen nur Räume genutzt werden, deren Grundflächen mindestens 8 m^2 für einen Arbeitsplatz zuzüglich mindestens 6 m^2 für jeden weiteren Arbeitsplatz betragen.

Für Büro- und Bildschirmarbeitsplätze ergibt sich ein Flächenbedarf von 8 bis 10 m^2 je Arbeitsplatz. Für Großraumbüros ist von 12 bis 15 m^2 je Arbeitsplatz auszugehen.

→ 1 [m]; 1,5 [m^2]

8 [%]; Mehrwertsteuersatz in der Schweiz

→ 2,5 [%]; 3,8 [%]

8 Punkte im Fahreignungsregister des Kraftfahrt-Bundesamtes; Fahreignungs-Bewertungssystem: Entziehung der Fahrerlaubnis (Bewertungsstufe Schwarz)

→ 6 bis 7 Punkte

8 Stunden; maximale Dauer der werktäglichen Arbeitszeit der Arbeitnehmer (Arbeiter und Angestellten sowie der zu ihrer Berufsausbildung Beschäftigten)

Die Arbeitszeit darf auf bis zu zehn Stunden nur verlängert werden, wenn innerhalb von sechs Kalendermonaten oder innerhalb von 24 Wochen (bei Arbeitnehmern, die Nachtarbeit leisten: innerhalb von einem Kalendermonat oder innerhalb von vier Wochen) im Durchschnitt acht Stunden werktäglich nicht überschritten werden (Arbeitszeitgesetz).

Nach dem Jugendarbeitsschutzgesetz dürfen Jugendliche (von 15 bis unter 18 Jahren) in der Regel nicht mehr als acht Stunden täglich und nicht mehr als 40 Stunden wöchentlich beschäftigt werden. In der Regel dürfen Jugendliche nur an fünf Tagen in der Woche beschäftigt werden.

Kinder, wenn sie über 13 Jahre alt sind, dürfen nur in Ausnahmefällen mit leichten und für sie geeigneten Tätigkeiten in der Regel nicht mehr als zwei Stunden pro Tag (in landwirtschaftlichen Familienbetrieben nicht mehr als drei Stunden pro Tag) beschäftigt werden. Für Veranstaltungen, Praktika und die Berufsausbildung gelten besondere Regelungen.

→ mindestens 30 Minuten

mehr als 8 Stunden; tägliches Schlafbedürfnis von
schwangeren Frauen

➔ 6 bis 8 Stunden; 7 bis 8 Stunden; bis zu 18 Stunden

8; Anzahl der Euro-Münzen (Kursmünzen für den Euroraum)

    0,01-Euro-Münze (1 Cent)

    ➔ 1 [ct]

    0,02-Euro-Münze (2 Cent)

    ➔ 2 [ct]

    0,05-Euro-Münze (5 Cent)

    ➔ 5 [ct]

    0,10-Euro-Münze (10 Cent)

    ➔ 10 [ct]

    0,20-Euro-Münze (20 Cent)

    ➔ 20 [ct]

    0,50-Euro-Münze (50 Cent)

    ➔ 50 [ct]

    1-Euro-Münze

    ➔ 1 [€]

    2-Euro-Münze

    ➔ 2 [€]

Die von der Bundesbank herausgegebene 5-Euro-Münze ist
vorerst nur in Deutschland als Zahlungsmittel zugelassen.

➔ 7; Anzahl der Euro-Scheine

8; Anzahl der Ganztonschritte einer Oktave (musikalisch der
achte Ton vom Grundton an: z. B. C bis c, umfasst die Töne
C, D, E, F, G, A, H, c; c bis c′, umfasst die Töne c, d, e,
f, g, a, h, c′).

Das Schwingungsverhältnis des achten Tons zum Grundton
beträgt 2 : 1.

➔ 440 [Hz]

8; Anzahl der Mannschaften in einem Viertelfinale

Die vier Sieger aus den Viertelfinalbegegnungen (Hin- und
Rückspiel möglich) gelangen in das Halbfinale.

➔ 4, 16; Anzahl der Mannschaften

8; Anzahl der Nachbarstaaten der Republik Österreich
(im Uhrzeigersinn, von Norden ausgehend)

Tschechien
Slowakei
Ungarn
Slowenien
Italien
Schweiz
Liechtenstein
Deutschland

➜ 5, Anzahl der Nachbarstaaten der Schweizerischen Eidgenossenschaft; 9, Anzahl der Nachbarstaaten der Bundesrepublik
Deutschland

8; Anzahl der Planeten in unserem Sonnensystem

Merkur
Venus
Erde
Mars
Jupiter
Saturn
Uranus
Neptun

Merksatz: Mein Vater erklärt mir jeden Sonntag unseren
Nachthimmel. Die Anfangsbuchstaben der Wörter in diesem
Satz sind die Anfangsbuchstaben der acht Planeten innerhalb
unseres Sonnensystems (geordnet nach der zunehmenden
Entfernung von der Sonne).

Pluto (früher der neunte Planet) gilt seit 2006 nur noch
als Zwergplanet.

US-Astronomen haben jüngst Hinweise auf die Existenz eines
neunten, am weitesten entfernten Planeten in unserem
Sonnensystem entdeckt.

➜ 57 909 175 [km]; 108 208 930 [km]; 149 597 890 [km];
227 936 640 [km]; 778 412 020 [km]; 1 426 725 400 [km];
2 870 972 200 [km]; 4 498 252 900 [km]; 5 900 000 000 [km]

8; Einmaleins (Multiplikation mit 8)

8 x 1 = 8
8 x 2 = 16
8 x 3 = 24
8 x 4 = 32
8 x 5 = 40
8 x 6 = 48
8 x 7 = 56
8 x 8 = 64
8 x 9 = 72

➜ 7, 9; Einmaleins

8; Kartenspiel: Anzahl aller Karten derselben Farbe bei
einem Spiel mit 32 Blatt

7, 8, 9, 10, Bube, Dame, König, Ass

➜ 4, Anzahl der in einem Kartenspiel vorkommenden Kartenarten;
   32 Blatt

8; Ordnungszahl von Sauerstoff (Oxygenium; O) im
Periodensystem der Elemente

➜ 7, 9; Ordnungszahlen

08; Postleitzahl in Deutschland: Leitregion Vogtland –
Plauen, Zwickau, Aue, Klingenthal; Briefzentrum: Zwickau

➜ 07, 09; Postleitzahlen

8 (erste Ziffer); RAL-Farbregister (vierstellig):
Farbgruppe Braun

➜ 7, 9 (erste Ziffer); RAL-Farbregister

8; römisches Zahlzeichen: VIII

➜ 7, 9, 2017; römische Zahlzeichen

8 (Ziffer beim Runden); Rundungsregel: Ist die betreffende
Ziffer eine 8, so wird der Betrag aufgerundet.

➜ 7, 9; Rundungsregel

8; Windstärke nach der Beaufortskala (17,2 bis 20,7 m/s;
62 bis 74 km/h): stürmischer Wind (Zweige brechen von
Bäumen, Gehen im Freien erheblich behindert)

➜ 0, 1, 2, 3, 4, 5, 6, 7, 9, 10, 11, 12; Windstärken

Kapitelnummer VIII; Internationale statistische Klassifikation der Krankheiten und verwandter Gesundheitsprobleme
(ICD-10-WHO): Krankheiten des Ohres und des Warzenfort-
satzes (Codebereich H60 bis H95)

➜ Kapitelnummern I, II, III, IV, V, VI, VII, IX, X, XI, XII,
   XIII, XIV, XV, XVI, XVII, XVIII, XIX, XX, XXI, XXII;
   22, Anzahl der ICD-Kapitelnummern

Teilbarkeit:
Eine Zahl ist durch 8 teilbar, wenn ihre drei letzten
Stellen durch 8 teilbar sind bzw. 000 lauten.

➜ 2, 3, 4, 5, 6, 7, 9, 10, 20, 25, 30, 40, 50, 100; Teilbarkeit

8 bis 8,6

8 bis 8,6; Erdbebenstärke nach der Richterskala (entspricht
Intensität XII nach der Mercalliskala): vollständig
(flächendeckend) verwüstend

➜ 7 bis 7,9; 8,6 bis 9,0

8 bis 10

8 bis 10 Minuten; Kochzeit für ein hart gekochtes Ei
Hart bezieht sich auf den Zustand des Eigelbs.

➜ 3 bis 5 Minuten; 6 bis 8 Minuten

8 bis 10; UV-Index: sehr hohe gesundheitliche Gefährdung
Als Schutzmaßnahmen vor zu viel UV-Strahlung sind in der
Sonne körperbedeckende Kleidung, Sonnencreme, Sonnenbrille
und Kopfbedeckung unbedingt erforderlich. Wenn möglich,
sollte in der Zeit zwischen elf und 15 Uhr Schatten gesucht
oder im Schutz eines Hauses geblieben werden. Schutzmaßnahmen sind auch beim Aufenthalt im Schatten zu empfehlen.

➜ 1 bis 2, 3 bis 5, 6 bis 7, 11 bis 12; UV-Index

8,6 bis 9,0

8,6 bis 9,0; höchste Erdbebenstärke nach der Richterskala
2004 hatte ein Seebeben der Stärke 9,0 vor der
indonesischen Insel Sumatra einen Tsunami ausgelöst.
Eine Erdbebenstärke von 9,5 gilt nach heutigen
Erkenntnissen als höchster zu erreichender Wert.

➜ 8 bis 8,6

8,96

8,96 [g/cm^3]; Dichte von Kupfer

➜ 7,86 [g/cm^3]; 11,35 [g/cm^3]

9

Die Zahl 9 ist die höchste einstellige Zahl im Dezimal-system. Die 9 gilt in der Zahlensymbolik auch als voll-kommene Zahl, da sie dreimal die als „göttlich" angesehene Zahl 3 enthält.

$9 = 3 \times 3$
  $= 3^2$

➜ 4; 16

$9^2 = 9 \times 9$
  $= 81$

➜ 8^2; 10^2

$9^3 = 9 \times 9 \times 9$
  $= 729$

➜ 8^3; 10^3

höchstens 9 [g] Restzucker pro Liter Wein; Geschmack des Weines: trocken (sec, asciutto, dry)

➜ höchstens 18 [g]

9 Jahre; Hochzeitstag: Keramik- oder Töpferhochzeit

➜ 8 Jahre; 10 Jahre

gegen 9 Uhr vormittags; menschliche Leistungsbereitschaft: absolutes Maximum

Die Verlaufskurve der physiologischen Leistungsbereitschaft des Menschen kann individuell etwas zeitlich verschoben sein. Sie ist über den Tag verteilt verschieden hoch (An-stieg am Vormittag, leichtes Absinken in der Mittagszeit, nochmaliger leichter Anstieg in den Nachmittags- und Abend-stunden, starkes Absinken in den späten Abendstunden bis nachts gegen drei Uhr).

➜ gegen 3 Uhr

9; Anzahl der Bundesländer in der Republik Österreich
  Burgenland (Landeshauptstadt: Eisenstadt)
    ➜ 3962 [km^2]
  Kärnten (Landeshauptstadt: Klagenfurt)
    ➜ 9538 [km^2]
  Niederösterreich (Landeshauptstadt: St. Pölten)
    ➜ 19 186 [km^2]

Oberösterreich (Landeshauptstadt: Linz)

➔ 11 980 [km^2]

Salzburg (Landeshauptstadt: Salzburg)

➔ 7156 [km^2]

Steiermark (Landeshauptstadt: Graz)

➔ 16 401 [km^2]

Tirol (Landeshauptstadt: Innsbruck)

➔ 12 640 [km^2]

Vorarlberg (Landeshauptstadt: Bregenz)

➔ 2601 [km^2]

Wien

➔ 415 [km^2]

9; Anzahl der Nachbarstaaten der Bundesrepublik Deutschland
(im Uhrzeigersinn, von Norden ausgehend)

Dänemark
Polen
Tschechien
Österreich
Schweiz
Frankreich
Luxemburg
Belgien
Niederlande

Deutschland ist das europäische Land mit den meisten
Nachbarn.

➔ 5, Anzahl der Nachbarstaaten der Schweizerischen Eidgenossenschaft; 8, Anzahl der Nachbarstaaten der Republik Österreich

9; Anzahl der Nullen nach der 1: Milliarde
(als Zehnerpotenz: 10^9)

➔ 12, Anzahl der Nullen nach der 1; 1 000 000 000

9; Anzahl der verwendeten Zahlen im Sudoku

Das Sudoku ist ein japanisches Rätselspiel mit Zahlen-
quadraten.

Die Zahlen von 1 bis 9 sind so einzutragen, dass sich jede
Zahl nur einmal in jeder Horizontalen, jeder Vertikalen und
jedem kleinen Neuner-Quadrat befindet.

Beispiel für ein Sudoku:

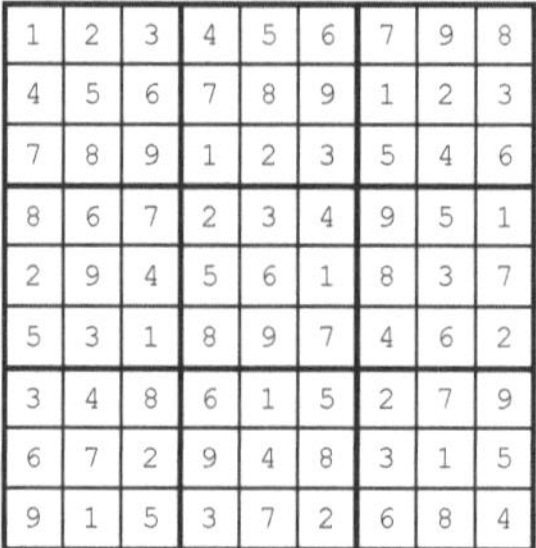

Auflösung des
Sudoku-Rätsels:

➔ 15, 34; magische Quadrate

9; Einmaleins (Multiplikation mit 9)

    9 x 1 = 9
    9 x 2 = 18
    9 x 3 = 27
    9 x 4 = 36
    9 x 5 = 45
    9 x 6 = 54
    9 x 7 = 63
    9 x 8 = 72
    9 x 9 = 81

➔ 8, 10; Einmaleins

9; Kegelsport: Anzahl der Kegel

Das Kegeln wurde in Deutschland bereits Ende des 19. Jahrhunderts zum Volkssport.

➔ 10; Bowling

9; Ordnungszahl von Fluor (F) im Periodensystem der Elemente

➜ 8, 10; Ordnungszahlen

09; Postleitzahl in Deutschland: Leitregion Erzgebirge – Chemnitz, Annaberg-Buchholz, Zschopau, Freiberg; Briefzentrum: Chemnitz

➜ 08, 10; Postleitzahlen

9 (erste Ziffer); RAL-Farbregister (vierstellig): Farbgruppe Weiß und Schwarz

➜ 8 (erste Ziffer); RAL-Farbregister

9; römisches Zahlzeichen: IX

➜ 8, 10, 2017; römische Zahlzeichen

9 (Ziffer beim Runden); Rundungsregel: Ist die betreffende Ziffer eine 9, so wird der Betrag aufgerundet.

➜ 8; Rundungsregel

9; Windstärke nach der Beaufortskala (20,8 bis 24,4 m/s; 75 bis 88 km/h): Sturm (Äste brechen von Bäumen, kleinere Schäden an Häusern)

➜ 0, 1, 2, 3, 4, 5, 6, 7, 8, 10, 11, 12; Windstärken

Kapitelnummer IX; Internationale statistische Klassifikation der Krankheiten und verwandter Gesundheitsprobleme (ICD-10-WHO): Krankheiten des Kreislaufsystems (Codebereich I00 bis I99)

➜ Kapitelnummern I, II, III, IV, V, VI, VII, VIII, X, XI, XII, XIII, XIV, XV, XVI, XVII, XVIII, XIX, XX, XXI, XXII; 22, Anzahl der ICD-Kapitelnummern

Teilbarkeit:
Eine Zahl ist durch 9 teilbar, wenn ihre Quersumme (d. h. die Summe ihrer Ziffern) durch 9 teilbar ist.

➜ 2, 3, 4, 5, 6, 7, 8, 10, 20, 25, 30, 40, 50, 100; Teilbarkeit

9 bis 10

9 bis 10 [km/h]; Geschwindigkeit eines Dauerläufers
➜ 1 [km/h]; 5 bis 6 [km/h]; 7 bis 10 [m/s]

9 bis 10 Stunden; durchschnittliches Schlafbedürfnis von
13- bis 17-jährigen Kindern und Jugendlichen pro Tag

➔ 7 bis 8 Stunden; 9 bis 11 Stunden

9 bis 11

9 bis 11 [°C]; Servier- und Trinktemperaturen: gekühlt
(z. B. für Bier im Winter, Roséweine, Weißweine)

➔ 7 bis 8 [°C]; 10 bis 13 [°C]

9 bis 11 Stunden; durchschnittliches Schlafbedürfnis von
fünf- bis zwölfjährigen Kindern pro Tag

➔ 9 bis 10 Stunden; 11 bis 13 Stunden

9 bis 12

9 bis 12 [g]; Menge von Pulver auf einem (gestrichen
vollen) Esslöffel

1 Esslöffel (EL) = 3 Teelöffel (TL)

➔ 3 bis 4 [g]; 15 [ml]

9,15

9,15 [m]; Freistoß beim Fußball: mindestens einzuhaltender
Abstand aller Gegenspieler zum Ball

Der Radius des Mittelkreises auf dem Spielfeld beträgt
9,15 m.

Außerhalb des Strafraums befindet sich ein Teilkreis mit
einem Radius von 9,15 m vom Mittelpunkt der Strafstoßmarke
aus.

Beim Eckstoß sind die Gegenspieler ebenfalls mindestens
9,15 m vom Viertelkreis der Eckfahne entfernt (Markierung
außerhalb des Spielfelds als Anhaltspunkt), bis der Ball im
Spiel ist.

➔ 5,50 [m]; 11, Anzahl der Spieler einer Fußballmannschaft;
   16,50 [m]

9,81

9,81 [m/s^2]; Fallbeschleunigung

Freier Fall: Fällt ein Körper frei nach unten, dann gilt
für den zurückgelegten Weg (ohne Luftwiderstand):

$s = {}^1\!/_2\, gt^2$

s = Weg, g = Fallbeschleunigung, t = Zeit

Im luftleeren Raum haben alle Körper am gleichen Ort die
gleiche Fallbeschleunigung.

→ 0,166

10

*Die 10 (lateinisch: decem) bildet die Grundlage des Dezi-
malsystems, das auch Zehnersystem oder dekadisches System
genannt wird. Es umfasst die zehn Ziffern 0, 1, 2, 3, 4, 5,
6, 7, 8 und 9. Die Vorsilben deka- (lateinisch und griechisch) und dezi- (lateinisch) bezeichnen Zehnergruppen.*

$10^2 = 10 \times 10$
$ = 100$

→ 9^2; 11^2

$10^3 = 10 \times 10 \times 10$
$ = 1000$

→ 9^3; 11^3

< 10 Beschäftigte und ≤ 2 Millionen Euro Jahresumsatz
oder Bilanzsumme; Unternehmensgröße (nach EU-Definition):
Kleinstunternehmen

→ < 50 Beschäftigte; < 250 Beschäftigte

10 [ct]; 10-Cent-Münze (0,10-Euro-Münze): Durchmesser 19,75
mm; Gewicht 4,1 g; gelb; Randprägung mit feiner Wellen-
struktur

→ 5 [ct]; 10 [€]; 20 [ct]

um 10 [dB] höhere Schallpegel: Verdoppelung der Hörempfin-
dung, d. h. vom Menschen subjektiv als „doppelt so laut"
empfunden

Die Schallintensität verdoppelt sich bereits bei einem
um 3 dB (A) höheren Schallpegel.

Das Dezibel (dB) ist das logarithmische Maß für die Schallintensität. Die Messgröße wird gewöhnlich „A-bewertet" in
dB (A) angegeben, was bedeutet, dass der Schallpegel das
Frequenzspektrum des menschlichen Gehörs berücksichtigt.

→ 80 [dB]; 85 [dB]

10 [dm] = 1 m
       = 100 cm
       = 1000 mm

➔ 1 [m]

10 [€]; 10-Euro-Schein: Format 127 x 67 mm; rot; Romanik-
Architektur

➔ 5 [€]; 10 [ct]; 20 [€]

10 [g] Kohlenhydrate entsprechen einer Kohlenhydrateinheit
(abgekürzt KE oder KHE), einer Rechengröße bei der Diabetesernährung. Gebräuchlich ist auch der ältere Begriff
Broteinheit, der eine Menge von zwölf Gramm Kohlenhydrate
beinhaltet.

➔ 12 [g]

10 Jahre; Hochzeitsjubiläum: Gläserne, Hölzerne oder
Rosenhochzeit

➔ 9 Jahre; 11 Jahre; 15 Jahre

10 [kg]; Lastgewicht, das bei regelmäßigem Heben oder
Tragen ein erhöhtes Risiko für die Entwicklung band-
scheibenbedingter Erkrankungen der Lendenwirbelsäule von
weiblichen Jugendlichen unter 18 Jahren und Frauen ab 40
Jahren bedeutet (Merkblatt zur BK Nr. 2108: Bandscheibenbedingte Erkrankungen der Lendenwirbelsäule durch langjähriges Heben oder Tragen schwerer Lasten oder durch
langjährige Tätigkeiten in extremer Rumpfbeugehaltung)
Bei weit vom Körper entfernt getragenen Lasten können auch
geringere Lastgewichte ein erhöhtes Risiko bedeuten.

➔ 5 bis 10 [kg]; 7,5 bis 10 [kg]; 15 [kg]; 50 [kg] und mehr;
  ≥ 90 [°]

10 [mm] = 1 cm
        = 10 000 µm

➔ 1 [cm]; 1 [mm]

10 [%] = $^1/_{10}$ (ein Zehntel)

➔ 0,1; 6,66 [%]; 12,5 [%]

10 [%]; ermäßigter Umsatzsteuersatz in Österreich
(z. B. auf Nahrungsmittel, Arzneimittel, Bücher, Zeitungen
und Zeitschriften u. a.)

➔ 12 [%]; 20 [%]

10 Stück = ein Decher (altes Zählmaß)

➔ 12 Stück; 20 Stück

10; Bowling: Anzahl der Bowling-Kegel

Bowling ist die amerikanische Variante des Kegelns. Die Kugel wird hierbei nicht aus der hohlen Hand gerollt, sondern mit drei Fingern in drei ausgesparten Löchern gegriffen.

➔ 9; Kegelsport

10; Dekalog – Die Zehn Gebote:

1) Ich bin der Herr, dein Gott. Du sollst keine anderen Götter haben neben mir.
2) Du sollst den Namen des Herrn, deines Gottes, nicht missbrauchen.
3) Du sollst den Feiertag heiligen.
4) Du sollst deinen Vater und deine Mutter ehren.
5) Du sollst nicht töten.
6) Du sollst nicht ehebrechen.
7) Du sollst nicht stehlen.
8) Du sollst nicht falsch Zeugnis reden wider deinen Nächsten.
9) Du sollst nicht begehren deines Nächsten Haus.
10) Du sollst nicht begehren deines Nächsten Weib, Knecht, Magd, Vieh noch alles, was dein Nächster hat.

Die Zehn Gebote der Bibel (auch Dekalog genannt) nehmen in der christlichen Ethik einen zentralen Platz ein. Sie haben die Kirchengeschichte und die europäische Kulturgeschichte mitgeprägt.

➔ 4, Anzahl der Kardinaltugenden; 7, Anzahl der Todsünden

10; Einmaleins (Multiplikation mit 10)

    10 x 1 = 10
    10 x 2 = 20
    10 x 3 = 30
    10 x 4 = 40
    10 x 5 = 50
    10 x 6 = 60
    10 x 7 = 70
    10 x 8 = 80
    10 x 9 = 90

➔ 9, 11; Einmaleins

10; Leichtathletik: Anzahl der Disziplinen im Zehnkampf der
Männer

    100-Meter-Lauf
    Weitsprung
    Kugelstoßen
    Hochsprung
    400-Meter-Lauf
    110-Meter-Hürdenlauf
    Diskuswerfen
    Stabhochsprung
    Speerwerfen
    1500-Meter-Lauf

Der Zehnkampf gilt als Königsdisziplin der Leichtathletik,
da Zehnkämpfer große Vielseitigkeit und Ausdauer benötigen.

➔ 7; Leichtathletik

10; Ordnungszahl von Neon (Ne) im Periodensystem der
Elemente

➔ 9, 11; Ordnungszahlen

10; Postleitzahl in Deutschland: Leitregion Berlin-Zentrum

➔ 09, 11; Postleitzahlen

10; römisches Zahlzeichen: X

➔ 9, 11, 2017; römische Zahlzeichen

10; Windstärke nach der Beaufortskala (24,5 bis 28,4 m/s;
89 bis 102 km/h): schwerer Sturm (Bäume werden entwurzelt,
größere Schäden an Häusern)

➔ 0, 1, 2, 3, 4, 5, 6, 7, 8, 9, 11, 12; Windstärken

Kapitelnummer X; Internationale statistische Klassifika-
tion der Krankheiten und verwandter Gesundheitsprobleme
(ICD-10-WHO): Krankheiten des Atmungssystems (Codebereich
J00 bis J99)

➔ Kapitelnummern I, II, III, IV, V, VI, VII, VIII, IX, XI, XII,
   XIII, XIV, XV, XVI, XVII, XVIII, XIX, XX, XXI, XXII;
   22, Anzahl der ICD-Kapitelnummern

Maßstab:

10 : 1
10 cm auf der Zeichnung entsprechen
1 cm in der Wirklichkeit.

➔ 1 : 10

Teilbarkeit:
Eine Zahl ist durch 10 teilbar, wenn ihre letzte Ziffer
eine 0 ist.

→ 2, 3, 4, 5, 6, 7, 8, 9, 20, 25, 30, 40, 50, 100; Teilbarkeit

Zehnerpotenzen und Vorsätze für Einheiten:
10^0 = 1 (Eins)
10^1 = 10 (Zehn)
    Vorsatzsilben Deka; Vorsatzzeichen da
10^{-1} = 0,1 (Zehntel)
    Vorsatzsilben Dezi; Vorsatzzeichen d
10^2 = 100 (Hundert)
    Vorsatzsilben Hekto; Vorsatzzeichen h
10^{-2} = 0,01 (Hundertstel)
    Vorsatzsilben Zenti; Vorsatzzeichen c
10^3 = 1000 (Tausend)
    Vorsatzsilben Kilo; Vorsatzzeichen k
10^{-3} = 0,001 (Tausendstel)
    Vorsatzsilben Milli; Vorsatzzeichen m
10^6 = 1 000 000 (Million)
    Vorsatzsilben Mega; Vorsatzzeichen M
10^{-6} = 0,000 001 (Millionstel)
    Vorsatzsilben Mikro; Vorsatzzeichen µ
10^9 = 1 000 000 000 (Milliarde)
    Vorsatzsilben Giga; Vorsatzzeichen G
10^{-9} = 0,000 000 001 (Milliardstel)
    Vorsatzsilben Nano; Vorsatzzeichen n
10^{12} = 1 000 000 000 000 (Billion)
    Vorsatzsilben Tera; Vorsatzzeichen T
10^{-12} = 0,000 000 000 001 (Billionstel)
    Vorsatzsilben Piko; Vorsatzzeichen p
10^{15} = 1 000 000 000 000 000 (Billiarde)
    Vorsatzsilben Peta; Vorsatzzeichen P
10^{-15} = 0,000 000 000 000 001 (Billiardstel)
    Vorsatzsilben Femto; Vorsatzzeichen f
10^{18} = 1 000 000 000 000 000 001 (Trillion)
    Vorsatzsilben Exa; Vorsatzzeichen E
10^{-18} = 0,000 000 000 000 000 001 (Trillionstel)
    Vorsatzsilben Atto; Vorsatzzeichen a
10^{21} = 1 000 000 000 000 000 000 000 (Trilliarde)
    Vorsatzsilben Zetta; Vorsatzzeichen Z
10^{-21} = 0,000 000 000 000 000 000 001 (Trilliardstel)
    Vorsatzsilben Zepto; Vorsatzzeichen z
10^{24} = 1 000 000 000 000 000 000 000 000 (Quadrillion)
    Vorsatzsilben Yotta; Vorsatzzeichen Y
10^{-24} = 0,000 000 000 000 000 000 000 000 (Quadrillionstel)
    Vorsatzsilben Yokto; Vorsatzzeichen y

Die Vorsätze für Einheiten werden angewendet, wenn es zweckmäßig ist, dass der Zahlenwert einer Größe zwischen 0,1 und 1000 liegen soll. Der Zahlenwert wird damit besser überschaut.

Beispiel:
Anstelle von F = 12 600 N
$\qquad$ = 12,6 * 10^3 N
kann geschrieben werden:
$\qquad$ F = 12,6 kN

Das Vorsatzzeichen steht ohne Zwischenraum vor dem Einheitenzeichen.

➜ 6, 9, 12, 15, 18, 21, 24; Anzahl der Nullen nach der 1

10^{100} (eine 1 mit 100 Nullen) heißt Googol. Das Wort wurde 1938 von dem neunjährigen Neffen des amerikanischen Mathematikers Edward Kasner geprägt, als dieser einen Zahlnamen hierfür suchte.

```
10^100 =    10 x 10 x 10 x 10 x 10 x 10 x 10 x 10 x 10 x 10
         x 10 x 10 x 10 x 10 x 10 x 10 x 10 x 10 x 10 x 10
         x 10 x 10 x 10 x 10 x 10 x 10 x 10 x 10 x 10 x 10
         x 10 x 10 x 10 x 10 x 10 x 10 x 10 x 10 x 10 x 10
         x 10 x 10 x 10 x 10 x 10 x 10 x 10 x 10 x 10 x 10
         x 10 x 10 x 10 x 10 x 10 x 10 x 10 x 10 x 10 x 10
         x 10 x 10 x 10 x 10 x 10 x 10 x 10 x 10 x 10 x 10
         x 10 x 10 x 10 x 10 x 10 x 10 x 10 x 10 x 10 x 10
         x 10 x 10 x 10 x 10 x 10 x 10 x 10 x 10 x 10 x 10
         x 10 x 10 x 10 x 10 x 10 x 10 x 10 x 10 x 10 x 10
       =    10 000 000 000 000 000 000 000 000 000 000 000
            000 000 000 000 000 000 000 000 000 000 000
            000 000 000 000 000 000 000 000 000 000 000
```

Von der Bezeichnung Googol leitete die Suchmaschine Google ihren Namen ab, um damit das Bestreben zum Ausdruck zu bringen, viele Internetseiten anzuzeigen.

➜ 99, 102; Anzahl der Nullen nach der 1

10 bis 12

ca. 10 bis 12 [%]; Alkoholgehalt von Wein und Sekt

➜ ca. 4,5 bis 6 [%], ca. 15 bis 18 [%]; Alkoholgehalt

10 bis 13

10 bis 13 [°C]; Servier- und Trinktemperaturen: Keller-
temperatur (z. B. für trockene Weine, Liköre, Wermut)

➜ 9 bis 11 [°C]; 14 bis 16 [°C]

10 bis 15

unter -10 bis -15 [°C]; strenger (starker) Frost

➜ unter -5 bis -10 [°C]; unter -15 [°C]

10 bis 15; durchschnittliche Anzahl der Wörter, die in
einem Atemzug gesprochen werden können

➜ 10,6 Buchstaben; 12 000 bis 16 000 Wörter

10 bis 22

10 bis 22 [mmHg]; normaler Augeninnendruck

Die durchschnittlichen Werte betragen 15 bis 18 mmHg.

Beim Glaukom (grüner Star) ist der Augeninnendruck erhöht.

➜ ca. 60 Dioptrien

10 bis 100

10 bis 100 [m]; elektromagnetische Wellen: Wellenlängen von
Kurzwellen (Frequenz: 3 bis 30 MHz)

Kurzwellen haben eine sehr große Reichweite, da sie in den
höheren Schichten der Atmosphäre (Ionosphäre) reflektiert
werden.

Kurzwellen werden auch als Behandlungsform in der Medizin
verwendet.

➜ 1 bis 10 [m]; 5900 bis 6200 [kHz]

10 bis 300

10 [kHz] bis 300 [MHz]; Frequenzbereich elektromagnetischer Wellen: Hochfrequenz

Elektromagnetische Schwingungen mit Frequenzen von über 300 Megahertz werden meist als Höchstfrequenz bezeichnet.

➜ 0 bis 10 [kHz]

10,6

10,6 Buchstaben; durchschnittliche Länge eines deutschen Wortes (als Stichwort im Duden)

Das Wort „Deutschland" enthält elf Buchstaben.

➜ 1800 Zeichen

11

$11^2 = 11 \times 11$
$\quad\ = 121$

➜ 10^2; 12^2

$11^3 = 11 \times 11 \times 11$
$\quad\ = 1331$

➜ 10^3; 12^3

11 Jahre; Hochzeitstag: Fastnachts-, Korallen- oder Stählerne Hochzeit

➜ 10 Jahre; 12 Jahre

11; Anzahl der Spieler einer Fußballmannschaft (Elf)

Seit 1870 bestehen Fußballmannschaften regelmäßig aus elf Spielern, von denen einer der Torwart ist. Bis zu drei Spieler dürfen bei Spielen eines offiziellen Wettbewerbs ausgewechselt werden.

11 ist aber nicht nur die Anzahl der Spieler einer Fußballmannschaft, sondern bedeutet auch (in Metern) die Entfernung zum Tor beim Strafstoß. Die Bezeichnung Elfmeter stammt von den ursprünglich in angelsächsischen Maßen

definierten Abmessungen des Spielfeldes. Es handelt sich
exakt um 10,9728 Meter (zwölf Yards).

➔ 2,44 [m]; 7,32 [m]; 9,15 [m]; 18, Anzahl der Mannschaften in der
  Fußball-Bundesliga; 68 bis 70 [cm]

11; Einmaleins (Multiplikation mit 11)

    11 x 1 = 11
    11 x 2 = 22
    11 x 3 = 33
    11 x 4 = 44
    11 x 5 = 55
    11 x 6 = 66
    11 x 7 = 77
    11 x 8 = 88
    11 x 9 = 99

➔ 10, 12; Einmaleins

11; Ordnungszahl von Natrium (Na) im Periodensystem der
Elemente

➔ 10, 12; Ordnungszahlen

11; Postleitzahl in Deutschland: Leitregion von Bundes-
institutionen in Berlin

➔ 10, 12; Postleitzahlen

11; Primzahl

    11 : 1 = 11
    11 : 11 = 1

➔ 7, 13; Primzahlen

11; römisches Zahlzeichen: XI

➔ 10, 12, 2017; römische Zahlzeichen

11; Windstärke nach der Beaufortskala (28,5 bis 32,6 m/s;
103 bis 117 km/h): orkanartiger Sturm (verbreitete schwere
Sturmschäden)

➔ 0, 1, 2, 3, 4, 5, 6, 7, 8, 9, 10, 12; Windstärken

Kapitelnummer XI; Internationale statistische Klassifikation der Krankheiten und verwandter Gesundheitsprobleme
(ICD-10-WHO): Krankheiten des Verdauungssystems (Codebereich K00 bis K93)

➔ Kapitelnummern I, II, III, IV, V, VI, VII, VIII, IX, X, XII,
  XIII, XIV, XV, XVI, XVII, XVIII, XIX, XX, XXI, XXII;
  22, Anzahl der ICD-Kapitelnummern

11 bis 12

11 bis 12; UV-Index: extrem hohe gesundheitliche Gefährdung

Als Schutzmaßnahmen vor zu viel UV-Strahlung sind auch beim Aufenthalt im Schatten körperbedeckende Kleidung, Sonnencreme, Sonnenbrille und Kopfbedeckung unentbehrlich. Wenn möglich, sollte mindestens in der Zeit zwischen elf und 15 Uhr Schatten gesucht oder im Schutz eines Hauses geblieben und auch außerhalb dieser Zeit möglichst Schatten aufgesucht werden.

➜ 1 bis 2, 3 bis 5, 6 bis 7, 8 bis 10; UV-Index

11 bis 13

11 bis 13 Stunden; durchschnittliches Schlafbedürfnis von drei- bis fünfjährigen Kindern pro Tag

➜ 9 bis 11 Stunden; 12 bis 15 Stunden

11,2

11,2 [kg]; durchschnittliche Zunahme der Masse von Mutter und Kind am Ende der Schwangerschaft

➜ ca. 266 bis 267 Tage (etwa neun Kalendermonate); ca. 280 bis 282 Tage (40 Wochen)

11,2 [km/s]; zweite kosmische Geschwindigkeit (der Erde)

Um das Schwerefeld der Erde zu verlassen und eine parabolische Bahn zu erreichen, muss die Fluchtgeschwindigkeit mindestens 11,2 km/s betragen.

Zum Verlassen des Sonnensystems auf einer hyperbolischen Bahn muss die dritte kosmische Geschwindigkeit ($\geq$ 16,7 km/s) erreicht werden.

➜ 7,9 [km/s]

11,35

11,35 [g/cm^3]; Dichte von Blei

➜ 8,96 [g/cm^3]; 21,45 [g/cm^3]

Das Zahlwort zwölf ist ähnlich wie das Wort elf entstanden. Zwölf (aus dem Althochdeutschen: zwelif) bedeutet „zwei bleibt übrig", das heißt „zwei über zehn". Das früher übliche Duodezimalsystem (lateinisch: duodecim = zwölf) nutzte die Zahl 12 als Zählmaß (mittelhochdeutsch: tozen = Dutzend; Zwölfzahl).

12^2 = 12 x 12
    = 144

➜ 11^2; 13^2

12^3 = 12 x 12 x 12
    = 1728

➜ 11^3; 13^3

12 Dutzend = ein Gros (144 Stück)

Ein Dutzend Gros (zwölf mal zwölf mal zwölf gleich 1728 Stück) ergibt die alte Zähleinheit Maß (auch als „Großes Gros" oder „Großgros" bezeichnet).

➜ 12 Stück; 144 Stück

12 [°C]; Mindestwert der Lufttemperatur in Arbeitsräumen bei schwerer Arbeit im Stehen oder Gehen (Arbeitsstätten-regel Raumtemperatur)

➜ 17 [°C]

12 [g] Kohlenhydrate entsprechen einer Broteinheit. Die Broteinheit (BE) dient der vereinfachenden Berechnung von Mahlzeiten bei der Diabetesernährung. Synonym existiert der Begriff Kohlenhydrateinheit, die eine Menge von zehn Gramm Kohlenhydrate umfasst.

➜ 10 [g]; ca. 70 bis 120 [mg/dl]

12 Jahre; Hochzeitstag: Nickelhochzeit

➜ 11 Jahre; 12 ½ Jahre; 13 Jahre

12 Monate = ein Jahr
        = 52 Wochen
        = 365 Tage

➜ 12, Anzahl der Monate eines Jahres; 24 Monate;
   52, Anzahl der Wochen eines Jahres; 365 Tage

12 [%]; ermäßigter Umsatzsteuersatz in Österreich
(auf Wein aus eigener Erzeugung)

➜ 10 [%]; 20 [%]

12 Stück = ein Dutzend (Zählmaß)

Die Mengenangabe „Dutzend" bedeutet „zwölf Stück von der gleichen Art". Die Mehrzahlform „Dutzende" wird dagegen ohne Artikel geschrieben und steht für eine unbestimmte Anzahl.

➜ 5 Dutzend; 12 Dutzend; 120 Stück; 1200 Stück

12 ["]; empfohlene Radgröße von Fahrrädern (in Zoll) für Kinder, die ca. 85 bis 105 cm groß sind

➜ 16 ["]

12; Anzahl der Monate eines Jahres

    Januar (erster Monat des Jahres seit 153 v. Chr.)
    Februar
    März (einst erster Monat im altrömischen Kalender)
    April
    Mai
    Juni
    Juli
    August
    September
    Oktober
    November
    Dezember

Monate sind aus der Umlaufzeit des Mondes um die Erde abgeleitet. Ein synodischer Monat, der sich auf zwei gleiche Mondphasen bezieht, dauert genau 29,53 Tage. Er entspricht damit etwa dem Kalendermonat (zwölfter Teil eines Jahres), dessen Länge zwischen 28 und 31 Tagen liegt.

➜ 12 Monate; 28 bis 31 Tage; 52, Anzahl der Wochen eines Jahres; 365 Tage

12; Anzahl der Nullen nach der 1: Billion
(als Zehnerpotenz: 10^{12})

➜ 15, Anzahl der Nullen nach der 1; 1 000 000 000 000

12; Anzahl der Sterne auf der Flagge der Europäischen Union (EU)

Als Symbol der Vollkommenheit, Vollständigkeit und Einheit sind zwölf goldene Sterne auf blauem Grund abgebildet. Die Anzahl der Sterne ist nicht veränderlich. Die Europäische Flagge wurde zum Emblem der Europäischen Union.

➜ 27; Anzahl der Mitgliedsstaaten der Europäischen Union

12; Anzahl der Tierkreiszeichen

    Widder: 21. März bis 20. April
    Stier: 21. April bis 20. Mai
    Zwillinge: 21. Mai bis 21. Juni
    Krebs: 22. Juni bis 22. Juli
    Löwe: 23. Juli bis 23. August
    Jungfrau: 24. August bis 23. September
    Waage: 24. September bis 23. Oktober
    Skorpion: 24. Oktober bis 22. November
    Schütze: 23. November bis 21. Dezember
    Steinbock: 22. Dezember bis 20. Januar
    Wassermann: 21. Januar bis 19. Februar
    Fische: 20. Februar bis 20. März

Tierkreiszeichen werden die Symbolbilder genannt, die den einzelnen Abschnitten des in zwölf Teile unterteilten Tierkreises zugeordnet sind. Die bis heute bekannten und gebräuchlichen Tierkreis-Abschnitte entstanden durch eine gedachte Teilung der Ekliptik in zwölf gleiche Teile, ausgehend vom Frühlingspunkt. Als Tierkreiszeichen eines Menschen wird dasjenige bezeichnet, in dem die Sonne zum Zeitpunkt seiner Geburt stand.

➔ 12; Anzahl der Monate eines Jahres

12; Einmaleins (Multiplikation mit 12)

    12 x 1 = 12
    12 x 2 = 24
    12 x 3 = 36
    12 x 4 = 48
    12 x 5 = 60
    12 x 6 = 72
    12 x 7 - 84
    12 x 8 = 96
    12 x 9 = 108

➔ 11, 13; Einmaleins

12; Ordnungszahl von Magnesium (Mg) im Periodensystem der Elemente

➔ 11, 13; Ordnungszahlen

12; Postleitzahl in Deutschland: Leitregion Südliches und südöstliches Berlin; Briefzentrum: Berlin-Südost

➔ 11, 13; Postleitzahlen

12; römisches Zahlzeichen: XII

➔ 11, 13, 2017; römische Zahlzeichen

12; Windstärke nach der Beaufortskala (> 32,6 m/s;
> 117 km/h): Orkan (schwerste Verwüstungen)
➜ 0, 1, 2, 3, 4, 5, 6, 7, 8, 9, 10, 11; Windstärken

Kapitelnummer XII; Internationale statistische Klassifikation der Krankheiten und verwandter Gesundheitsprobleme
(ICD-10-WHO): Krankheiten der Haut und der Unterhaut
(Codebereich L00 bis L99)
➜ Kapitelnummern I, II, III, IV, V, VI, VII, VIII, IX, X, XI,
   XIII, XIV, XV, XVI, XVII, XVIII, XIX, XX, XXI, XXII;
   22, Anzahl der ICD-Kapitelnummern

12 bis 14

12 bis 14 Jahre; Höchstalter von Tieren: Wellensittich
➜ 12 bis 20 Jahre, bis 20 Jahre, bis 40 Jahre; Höchstalter von
   Tieren

12 bis 15

12 bis 15 Stunden; durchschnittliches Schlafbedürfnis von
ein- bis dreijährigen Kindern pro Tag
➜ 11 bis 13 Stunden; 14 bis 18 Stunden

12 bis 20

12 bis 20 Jahre; Höchstalter von Tieren: Hund (je nach
Rasse)
➜ 12 bis 14 Jahre, bis 20 Jahre, bis 40 Jahre; Höchstalter von
   Tieren

12 ½

12 $^{1}/_{2}$ Jahre; Hochzeitstag: Bronzene, Nickel- oder
Petersilienhochzeit
➜ 12 Jahre; 13 Jahre; 25 Jahre

12,5 [%] = $^{1}/_{8}$ (ein Achtel)
➜ 0,125; 10 [%]; 16,66 [%]

Die Zahl 13 gilt in vielen Ländern als Unglückszahl. Die nicht erklärbare Furcht vor der Zahl 13 wird Triskaidekaphobie genannt. Der Ausspruch „Jetzt schlägt's dreizehn!" bedeutet einen Einwand oder Protest.

$13^2 = 13 \times 13$
$ = 169$

➜ 12^2; 14^2

$13^3 = 13 \times 13 \times 13$
$ = 2197$

➜ 12^3; 14^3

13 Jahre; Hochzeitstag: Maiglöckchen- oder Spitzenhochzeit

➜ 12 Jahre; 12 ½ Jahre; 14 Jahre

13; Einmaleins (Multiplikation mit 13)

$$13 \times 1 = 13$$
$$13 \times 2 = 26$$
$$13 \times 3 = 39$$
$$13 \times 4 = 52$$
$$13 \times 5 = 65$$
$$13 \times 6 = 78$$
$$13 \times 7 = 91$$
$$13 \times 8 = 104$$
$$13 \times 9 = 117$$

➜ 12, 14; Einmaleins

13; Kartenspiel: Anzahl aller Karten derselben Farbe bei einem Spiel mit 52 Blatt

2, 3, 4, 5, 6, 7, 8, 9, 10, Bube, Dame, König, Ass

➜ 4, Anzahl der in einem Kartenspiel vorkommenden Kartenarten; 52 Blatt

13; Ordnungszahl von Aluminium (Al) im Periodensystem der Elemente

➜ 12, 14; Ordnungszahlen

13; Postleitzahl in Deutschland: Leitregion Nördliches Berlin; Briefzentrum: Berlin-Nord

➜ 12, 14; Postleitzahlen

13; Primzahl

    13 : 1 = 13
    13 : 13 = 1

➜ 11, 17; Primzahlen

13; römisches Zahlzeichen: XIII

➜ 12, 14, 2017; römische Zahlzeichen

Kapitelnummer XIII; Internationale statistische Klassifikation der Krankheiten und verwandter Gesundheitsprobleme (ICD-10-WHO): Krankheiten des Muskel-Skelett-Systems und des Bindegewebes (Codebereich M00 bis M99)

➜ Kapitelnummern I, II, III, IV, V, VI, VII, VIII, IX, X, XI, XII, XIV, XV, XVI, XVII, XVIII, XIX, XX, XXI, XXII; 22, Anzahl der ICD-Kapitelnummern

13,7603

Umrechnung von Euro in Österreichische Schilling:

13,7603 * Euro-Betrag = Schilling-Betrag

1 Schilling = 0,072672834 Euro

➜ 1,95583

14

Die Zahl 14 – als Verdopplung der „magischen" Zahl 7 – gilt im Allgemeinen als vorteilhaft. Im Deutschen gebräuchlich ist die Zeitangabe „in vierzehn Tagen" für einen Zeitraum von zwei Wochen. So lange braucht der Mond, um von der Neumond- in die Vollmondphase zu wechseln.

14^2 = 14 x 14
    = 196

➜ 13^2; 15^2

14^3 = 14 x 14 x 14
    = 2744

➜ 13^3; 15^3

14 Jahre; Hochzeitstag: Elfenbeinhochzeit
➜ 13 Jahre; 15 Jahre

14; Anzahl der wichtigsten Stoffe oder Erzeugnisse, die
Allergien oder Unverträglichkeiten auslösen können (nach
Angaben des Bundesministeriums für Ernährung und Landwirt-
schaft zur Kennzeichnung von Lebensmitteln)

   1. Glutenhaltiges Getreide, namentlich zu nennen:
      Weizen (wie Dinkel und Khorasan-Weizen), Roggen,
      Gerste, Hafer oder Hybridstämme davon
   2. Krebstiere
   3. Eier
   4. Fische
   5. Erdnüsse
   6. Sojabohnen
   7. Milch (einschließlich Laktose)
   8. Schalenfrüchte, namentlich zu nennen:
      Mandeln, Haselnüsse, Walnüsse, Kaschunüsse,
      Pecannüsse, Paranüsse, Pistazien, Macadamia- oder
      Queenslandnüsse
   9. Sellerie
 10. Senf
 11. Sesamsamen
 12. Schwefeldioxid und Sulphite
     (ab 10 mg pro kg oder l)
 13. Lupinen
 14. Weichtiere

Die 14 genannten Stoffe und Erzeugnisse, die Allergien oder
Unverträglichkeiten auslösen können, müssen im Zutatenverzeichnis von Lebensmittelverpackungen hervorgehoben werden.

➔ mindestens 1,2 [mm]

14; Einmaleins (Multiplikation mit 14)

   14 x 1 =   14
   14 x 2 =   28
   14 x 3 =   42
   14 x 4 =   56
   14 x 5 =   70
   14 x 6 =   84
   14 x 7 =   98
   14 x 8 = 112
   14 x 9 = 126

➔ 13, 15; Einmaleins

14; Ordnungszahl von Silicium (Si) im Periodensystem der
Elemente

➔ 13, 15; Ordnungszahlen

14; Postleitzahl in Deutschland: Leitregion Potsdam und
südwestliches Berlin, Rathenow, Luckenwalde, Brandenburg an
der Havel; Briefzentrum: Berlin-Südwest

➜ 13, 15; Postleitzahlen

14; römisches Zahlzeichen: XIV

➜ 13, 15, 2017; römische Zahlzeichen

Kapitelnummer XIV; Internationale statistische Klassifikation der Krankheiten und verwandter Gesundheitsprobleme
(ICD-10-WHO): Krankheiten des Urogenitalsystems (Codebereich N00 bis N99)

➜ Kapitelnummern I, II, III, IV, V, VI, VII, VIII, IX, X, XI, XII,
   XIII, XV, XVI, XVII, XVIII, XIX, XX, XXI, XXII;
   22, Anzahl der ICD-Kapitelnummern

14 bis 16

14 bis 16 [°C]; Servier- und Trinktemperaturen: Zwischen-
temperatur (z. B. für Rotweine, Dessertweine, Whisky)

➜ 10 bis 13 [°C]; 17 bis 20 [°C]

14 bis 18

14 bis 18 Stunden; durchschnittliches Schlafbedürfnis von
Säuglingen (ein bis zwölf Monate jung) pro Tag

➜ 12 bis 15 Stunden; bis zu 18 Stunden

14,4

14,4 [cm]; genormte Transportpalette: Höhe einer
Flachpalette (Euro-Palette)

Europool-Palettenformate:

EUR1-Flachpalette 80 x 120 x 14,4 cm (Standardpalette)
EUR2-Flachpalette 120 x 100 x 14,4 cm
EUR3-Flachpalette 100 x 120 x 14,4 cm
EUR6-Flachpalette 80 x 60 x 14,4 cm (Halbpalette)

➜ 0,96 [m^2]

15

$15^2 = 15 \times 15$
$ = 225$

➜ 14^2; 16^2

$15^3 = 15 \times 15 \times 15$
$ = 3375$

➜ 14^3; 16^3

15 [°C]; Bezugstemperatur für Heizöl

Die Menge bei der Abnahme von Heizöl bezieht sich auf eine Temperatur von 15 °C (nach der Mess- und Eichverordnung).

➜ 159 [l]

15 [°C]; mittlere Temperatur auf der Erde

Die höchste Temperatur (58 °C) wurde 1922 in Azizia (Libyen) gemessen.

Als kältester Ort (-89 °C, gemessen 1983) gilt die Wostok-Station in der Antarktis.

unter -15 [°C]; sehr strenger (sehr starker) Frost

➜ unter -10 bis -15 [°C]

15 Jahre; Hochzeitsjubiläum: Gläserne, Kristallene oder Veilchenhochzeit

➜ 14 Jahre; 20 Jahre

15 [kg]; Lastgewicht, das bei regelmäßigem Heben oder Tragen ein erhöhtes Risiko für die Entwicklung band-scheibenbedingter Erkrankungen der Lendenwirbelsäule von männlichen Jugendlichen unter 18 Jahren und Frauen von 18 bis 39 Jahren bedeutet (Merkblatt zur BK Nr. 2108: Band-scheibenbedingte Erkrankungen der Lendenwirbelsäule durch langjähriges Heben oder Tragen schwerer Lasten oder durch langjährige Tätigkeiten in extremer Rumpfbeugehaltung)

Bei weit vom Körper entfernt getragenen Lasten können auch geringere Lastgewichte ein erhöhtes Risiko bedeuten.

➔ 5 bis 10 [kg]; 7,5 bis 10 [kg]; 10 [kg]; 20 [kg]; 50 [kg] und
  mehr; ≥ 90 [°]

15 [min] = eine Viertelstunde
➔ 1 [min]; 30 [min]

15 [MJ/kg]; Heizwert von Brennstoffen: Holz (trocken)
➔ 20 [MJ/kg]

15 [ml]; Menge von Flüssigkeit auf einem (gestrichen
vollen) Esslöffel
1 Esslöffel (EL) = 3 Teelöffel (TL)
➔ 5 [ml]; 9 bis 12 [g]

15 Stück = eine kleine Mandel (altes Zählmaß)
➔ 12 Stück; 16 Stück

15 ["]; Bildschirmarbeit: empfohlene Bildschirmgröße
(Bildschirmdiagonale) für Textverarbeitung
15 Zoll entsprechen 38 Zentimetern.
➔ 2,54 [cm]; 3 bis 4 [mm]; 17 ["] und größer

15; Anzahl der beim Lachen beteiligten Muskeln
Kinder lachen bis zu 400-mal am Tag, Erwachsene im
Durchschnitt nur 15 Mal.
➔ 43 Muskeln; ca. 640 Muskeln

15; Anzahl der Nullen nach der 1: Billiarde
(als Zehnerpotenz: 10^{15})
➔ 18, Anzahl der Nullen nach der 1; 1 000 000 000 000 000

15; Arbeitszeit: Mindestanzahl der Sonntage im Jahr, die
beschäftigungsfrei bleiben müssen (Arbeitszeitgesetz)
Für bestimmte Berufsgruppen gelten Ausnahmeregelungen.
➔ mindestens 24 Werktage

15; Einmaleins (Multiplikation mit 15)

```
15 x 1 =  15
15 x 2 =  30
15 x 3 =  45
15 x 4 =  60
15 x 5 =  75
15 x 6 =  90
15 x 7 = 105
```

```
15 x 8 = 120
15 x 9 = 135
```

→ 14, 16; Einmaleins

15; Ordnungszahl von Phosphor (P) im Periodensystem der Elemente

→ 14, 16; Ordnungszahlen

15; Postleitzahl in Deutschland: Leitregion Frankfurt (Oder), Eisenhüttenstadt, Fürstenwalde/Spree, Königs Wusterhausen; Briefzentrum: Berlin-Südost

→ 14, 16; Postleitzahlen

15; römisches Zahlzeichen: XV

→ 14, 16, 2017; römische Zahlzeichen

15; Summe eines alten chinesischen magischen Quadrats (Lo-Shu) mit den Ziffern 1 bis 9

4	9	2
3	5	7
8	1	6

Als magische Quadrate werden schachbrettartige Quadrate mit Zahlen bezeichnet, deren Summe in jeder Reihe, jeder Spalte und jeder Diagonalen dieselbe Zahl ergibt.

→ 9, Sudoku; 34, magisches Quadrat; 64, Schachbrett

Kapitelnummer XV; Internationale statistische Klassifikation der Krankheiten und verwandter Gesundheitsprobleme (ICD-10-WHO): Schwangerschaft, Geburt und Wochenbett (Codebereich O00 bis O99)

→ Kapitelnummern I, II, III, IV, V, VI, VII, VIII, IX, X, XI, XII, XIII, XIV, XVI, XVII, XVIII, XIX, XX, XXI, XXII; 22, Anzahl der ICD-Kapitelnummern

15 bis 18

15 bis 18 Atemzüge pro Minute; normale menschliche Atemfrequenz

Die mittlere Atemfrequenz beträgt 17 Atemzüge in einer
Minute. Abweichungen der Atmung sind vom Alter und von der
Körperaktivität abhängig. Bei Säuglingen und Kindern ist
die Atemfrequenz höher als bei Erwachsenen.

➜ 60 bis 80 Schläge pro Minute; 90 Schläge pro Minute;
   130 bis 140 Schläge pro Minute; 180 – Lebensalter

15 bis 18 [°C]; empfohlene Raumtemperaturen für Flure und
Dielen in Wohnhäusern

➜ 17 bis 20 [°C]; 18 bis 20 [°C]; 20 bis 23 [°C]; 21 bis 24 [°C]

ca. 15 bis 18 [%]; Alkoholgehalt von Wermut

➜ ca. 10 bis 12 [%], ca. 15 bis 40 [%]; Alkoholgehalt

15 bis 35

ca. 15 bis 35 [°C]; Temperaturbereich, in dem sich Holzschädlinge entwickeln können

Bei niedrigeren Temperaturen verlangsamt sich die Entwicklung. Gegen höhere Temperaturen sind alle Holzschädlinge
sehr empfindlich.

Für die Entwicklung von Schadorganismen bedeutsam sind auch
die im Holz vorhandenen Feuchtigkeitsverhältnisse (für die
einzelnen Schädlingsarten sehr unterschiedlich).

➜ 20 bis 55 [°C]

15 bis 40

ca. 15 bis 40 [%]; Alkoholgehalt von Likör

➜ ca. 15 bis 18 [%], ca. 35 bis 40 [%]; Alkoholgehalt

Im Hexadezimalsystem (Mischwort aus der Zahl 6 und der Zahl 10) werden Zahlen alternativ zum Dezimal- oder Dualsystem zur Basis 16 dargestellt. Im Italienischen und Französischen haben die Zahlen bis 16 eigene Namen (zum Beispiel im Französischen: seize), erst ab 17 wird mit -zehn (im Französischen: dix-sept) weitergezählt.

$16 = 4 \times 4$
$\quad = 4^2$

➜ 9; 25

$16 = 2 \times 2 \times 2 \times 2$
$\quad = 2^4$

➜ 8; 32

$16^2 = 16 \times 16$
$\quad\ = 256$

➜ 15^2; 17^2

$16^3 = 16 \times 16 \times 16$
$\quad\ = 4096$

➜ 15^3; 17^3

16 [°C] entspricht 61 °F

Merkhilfe für die ungefähre Umrechnung von Grad Celsius in Grad Fahrenheit: Die 1 wird mit der 6 bzw. die 6 mit der 1 vertauscht.

➜ 28 [°C]; 32 [°F]; 61 [°F]

etwa 16 Scoville-Grad; durchschnittliche untere Wahrnehmungsschwelle für Schärfe

Die Scoville-Skala dient der Abschätzung der Schärfe von Früchten der Paprikapflanze. Der Schärfegrad ist abhängig vom Anteil des in der getrockneten Frucht enthaltenen Capsaicins. Das Alkaloid reizt Schmerzrezeptoren der Schleimhäute und löst so die Schärfeempfindung aus.

Gemüsepaprika hat einen Scoville-Grad von 0 bis 10.

➜ 100 bis 500 Scoville-Grad

16 Stück = eine große Mandel (altes Zählmaß)

➜ 15 Stück; 20 Stück

16 ["]; empfohlene Radgröße von Fahrrädern (in Zoll) für
Kinder, die ca. 100 bis 115 cm groß sind

➜ 12 ["]; 18 ["]

16; Anzahl der Bundesländer in der Bundesrepublik
Deutschland

   Baden-Württemberg (Landeshauptstadt: Stuttgart)

   ➜ 35 751 [km^2]

   Bayern (Landeshauptstadt: München)

   ➜ 70 550 [km^2]

   Berlin

   ➜ 892 [km^2]

   Brandenburg (Landeshauptstadt: Potsdam)

   ➜ 29 654 [km^2]

   Bremen

   ➜ 419 [km^2]

   Hamburg

   ➜ 755 [km^2]

   Hessen (Landeshauptstadt: Wiesbaden)

   ➜ 21 115 [km^2]

   Mecklenburg-Vorpommern (Landeshauptstadt: Schwerin)

   ➜ 23 212 [km^2]

   Niedersachsen (Landeshauptstadt: Hannover)

   ➜ 47 614 [km^2]

   Nordrhein-Westfalen (Landeshauptstadt: Düsseldorf)

   ➜ 34 110 [km^2]

   Rheinland-Pfalz (Landeshauptstadt: Mainz)

   ➜ 19 854 [km^2]

   Saarland (Landeshauptstadt: Saarbrücken)

   ➜ 2569 [km^2]

   Sachsen (Landeshauptstadt: Dresden)

   ➜ 18 420 [km^2]

   Sachsen-Anhalt (Landeshauptstadt: Magdeburg)

   ➜ 20 452 [km^2]

   Schleswig-Holstein (Landeshauptstadt: Kiel)

   ➜ 15 800 [km^2]

   Thüringen (Landeshauptstadt: Erfurt)

   ➜ 16 173 [km^2]

16; Anzahl der Mannschaften in einem Achtelfinale

Die acht Sieger aus den Achtelfinalbegegnungen (Hin- und Rückspiel möglich) gelangen in das Viertelfinale.

➔ 4, 8; Anzahl der Mannschaften

16; Einmaleins (Multiplikation mit 16)

    16 x 1 = 16
    16 x 2 = 32
    16 x 3 = 48
    16 x 4 = 64
    16 x 5 = 80
    16 x 6 = 96
    16 x 7 = 112
    16 x 8 = 128
    16 x 9 = 144

➔ 15, 17; Einmaleins

16; Ordnungszahl von Schwefel (Sulfur; S) im Periodensystem der Elemente

➔ 15, 17; Ordnungszahlen

16; Postleitzahl in Deutschland: Leitregion Oranienburg, Eberswalde, Pritzwalk, Schwedt/Oder; Briefzentrum: Berlin-Nord

➔ 15, 17; Postleitzahlen

16; römisches Zahlzeichen: XVI

➔ 15, 17, 2017; römische Zahlzeichen

Kapitelnummer XVI; Internationale statistische Klassifikation der Krankheiten und verwandter Gesundheitsprobleme (ICD-10-WHO): Bestimmte Zustände, die ihren Ursprung in der Perinatalperiode haben (Codebereich P00 bis P96)

➔ Kapitelnummern I, II, III, IV, V, VI, VII, VIII, IX, X, XI, XII, XIII, XIV, XV, XVII, XVIII, XIX, XX, XXI, XXII; 22, Anzahl der ICD-Kapitelnummern

16 bis 16

16 [Hz] bis 16 [kHz]; Frequenzbereich, in dem vom menschlichen Gehör Schallwellen wahrgenommen werden können (als Hörschall)

Die Empfindlichkeit des menschlichen Gehörs ist nicht im gesamten Hörbereich von 16 bis 16 000 Hertz gleich. Sie nimmt mit steigender Frequenz bis etwa 1000 Hertz zu, bleibt im Bereich von 1000 bis 4000 Hertz annähernd konstant und nimmt mit höherer Frequenz wieder ab.

Schallwellen mit Frequenzen < 16 Hz (unterhalb des menschlichen Wahrnehmungsbereiches) nennt man Infraschall (Schallschwingungen, die zum Beispiel bei Erdbebenwellen auftreten).

Schallwellen mit Frequenzen > 16 kHz (oberhalb des menschlichen Wahrnehmungsbereiches) werden Ultraschall genannt. Ultraschallwellen werden beispielsweise zur Diagnostik in der Medizin und zur Werkstoffprüfung eingesetzt.

➔ um 10 [dB] höhere Schallpegel

16,5

16,50 [m]; Fußball: Begrenzung des Strafraums

Im Abstand von 16,50 m zu den Innenkanten der Torpfosten verlaufen zwei Linien rechtwinklig zur Torlinie. Diese Linien erstrecken sich 16,50 m in das Spielfeld hinein und werden durch eine zur Torlinie parallele Linie miteinander verbunden (Erläuterungen des DFB).

➔ 5,50 [m]; 68 bis 70 [m]; 105 [m]

16,5 [mm]; Spurweite der häufigsten Modelleisenbahn: H0 (Maßstab 1 : 87)

Weitere Modelleisenbahn-Spuren (Standardgrößen):
Spur Z (Spurweite 6,5 mm; Maßstab 1 : 220)
Spur N (Spurweite 9 mm; Maßstab 1 : 160)
Spur TT (Spurweite 12 mm; Maßstab 1 : 120)
Spur 00 (Spurweite 16,5 mm; Maßstab 1 : 76)
Spur 0 (Spurweite 32 mm; Maßstab 1 : 45)
Spur 1 (Spurweite 45 mm; Maßstab 1 : 32)
Spur IIm oder G für Gartenbahn (Spurweite 45 mm; Maßstab 1 : 22,5)

➔ 600 [mm]; 1435 [mm]; 1524 bis 1676 [mm]

16,66

16,66 [%] = $^1/_6$ (ein Sechstel)

➔ 0,166; 12,5 [%]; 20 [%]

In einigen Ländern gilt die Zahl 17 als Unglückszahl. Mit „Trick 17" werden originelle oder verblüffende Lösungswege für Probleme umschrieben.

$17^2 = 17 \times 17$
$ = 289$

➔ 16^2; 18^2

$17^3 = 17 \times 17 \times 17$
$ = 4913$

➔ 16^3; 18^3

17 [°C]; Mindestwert der Lufttemperatur in Arbeitsräumen bei mittlerer Arbeitsschwere im Stehen oder Gehen (Arbeitsstättenregel Raumtemperatur)

➔ 12 [°C]; 19 [°C]

17 [kJ]; Nährstoffe: Energiewert von einem Gramm Eiweiß

17 Kilojoule entsprechen 4,1 Kilokalorien.

➔ ca. 4,2; 18 [kJ]; 39 [kJ]; 100 [g] oder 100 [ml]

17 ["] und größer; Bildschirmarbeit: empfohlene Bildschirmgröße (Bildschirmdiagonale) für Zeichnen/Konstruieren

17 Zoll entsprechen 43 Zentimetern.

➔ 2,54 [cm]; 3 bis 4 [mm]; 15 ["]

17; Einmaleins (Multiplikation mit 17)

```
17 x 1 =  17
17 x 2 =  34
17 x 3 =  51
17 x 4 =  68
17 x 5 =  85
17 x 6 = 102
17 x 7 = 119
17 x 8 = 136
17 x 9 = 153
```

➔ 16, 18; Einmaleins

17; Ordnungszahl von Chlor (Cl) im Periodensystem der Elemente

➔ 16, 18; Ordnungszahlen

17; Postleitzahl in Deutschland: Leitregion Vorpommern –
Neubrandenburg, Greifswald, Neustrelitz, Usedom; Briefzentrum: Neubrandenburg

→ 16, 18; Postleitzahlen

17; Primzahl

    17 : 1 = 17
    17 : 17 = 1

→ 13, 19; Primzahlen

17; römisches Zahlzeichen: XVII

→ 16, 18, 2017; römische Zahlzeichen

Kapitelnummer XVII; Internationale statistische Klassifika-
tion der Krankheiten und verwandter Gesundheitsprobleme
(ICD-10-WHO): Angeborene Fehlbildungen, Deformitäten und
Chromosomenanomalien (Codebereich Q00 bis Q99)

→ Kapitelnummern I, II, III, IV, V, VI, VII, VIII, IX, X, XI, XII,
  XIII, XIV, XV, XVI, XVIII, XIX, XX, XXI, XXII;
  22, Anzahl der ICD-Kapitelnummern

17 bis 20

17 bis 20 [°C]; empfohlene Raumtemperaturen für Schlafzimmer

Menschen, die generell an Schlafstörungen leiden, sollten
besonders auf ein gut gelüftetes Schlafzimmer achten. Die
Idealwerte hierfür liegen zwischen 15 und 18 Grad Celsius.

Von manchen Menschen werden noch etwas niedrigere
Temperaturen zum Schlafen bevorzugt.

→ 15 bis 18 [°C]; 18 bis 20 [°C]; 20 [°C], Mindesttemperatur;
  20 bis 23 [°C]; 21 bis 24 [°C]

17 bis 20 [°C]; Servier- und Trinktemperaturen: Zimmer-
temperatur (z. B. für Rotweine, Rum, Weinbrand)

→ 14 bis 16 [°C]

Mit 18 ist in vielen Ländern das Alter der Volljährigkeit erreicht, in dem traditionell das Leben als Erwachsener beginnt.

$18^2 = 18 \times 18$
$\quad = 324$

➜ 17^2; 19^2

$18^3 = 18 \times 18 \times 18$
$\quad = 5832$

➜ 17^3; 19^3

-18 [°C]; bevorzugte Temperatur zur Aufbewahrung von Lebensmitteln im Gefrierschrank

➜ 5 bis 7 [°C]

höchstens 18 [g] Restzucker pro Liter Wein; Geschmack des Weines: halbtrocken (demi-sec, abboccato, medium dry)

➜ höchstens 9 [g]; höchstens 45 [g]

18 [kJ]; Nährstoffe: Energiewert von einem Gramm Kohlenhydrat
18 Kilojoule entsprechen 4,3 Kilokalorien.

➜ ca. 4,2; 17 [kJ]; 39 [kJ]; 100 [g] oder 100 [ml]

bis zu 18 Stunden; durchschnittliches Schlafbedürfnis von Neugeborenen pro Tag

➜ 14 bis 18 Stunden

18 ["]; empfohlene Radgröße von Fahrrädern (in Zoll) für Kinder, die ca. 110 bis 125 cm groß sind

➜ 16 ["]; 20 ["]

18; Anzahl der Mannschaften in der Fußball-Bundesliga

Die höchste Spielklasse im deutschen Fußball wurde zur Saison 1963/64 eingeführt. Zuvor wurde der deutsche Fußballmeister in einer Endrunde ermittelt.

In der Bundesliga tritt jeder Verein in Hin- und Rückspielen gegen jeden anderen Verein an. Während die drittletzte Mannschaft Relegationsspiele gegen den Drittplatzierten der 2. Bundesliga bestreitet, steigen die beiden letzten Mannschaften in die zweithöchste Spielklasse ab.

In der österreichischen Bundesliga spielen zehn Vereine,
die in zwei Meisterschaftsdurchgängen mit Hin- und Rückspielen aufeinandertreffen. Der Tabellenletzte steigt in
die zweitklassige Erste Liga ab.

Die schweizerische Fußballmeisterschaft wird ebenfalls mit
zehn Mannschaften in einer Doppelrunde ausgetragen. Die
letztplatzierte Mannschaft steigt aus der Super League in
die Challenge League, die zweithöchste Spielklasse, ab.

→ 11; Anzahl der Spieler einer Fußballmannschaft

18; Anzahl der Nullen nach der 1: Trillion
(als Zehnerpotenz: 10^{18})

→ 21, Anzahl der Nullen nach der 1; 1 000 000 000 000 000 000

18; Einmaleins (Multiplikation mit 18)

    18 x 1 = 18
    18 x 2 = 36
    18 x 3 = 54
    18 x 4 = 72
    18 x 5 = 90
    18 x 6 = 108
    18 x 7 = 126
    18 x 8 = 144
    18 x 9 = 162

→ 17, 19; Einmaleins

18; Ordnungszahl von Argon (Ar) im Periodensystem der
Elemente

→ 17, 19; Ordnungszahlen

18; Postleitzahl in Deutschland: Leitregion Mecklenburger
Bucht – Rostock, Stralsund, Güstrow, Bergen auf Rügen;
Briefzentrum: Rostock

→ 17, 19; Postleitzahlen

18; römisches Zahlzeichen: XVIII

→ 17, 19, 2017; römische Zahlzeichen

Kapitelnummer XVIII; Internationale statistische Klassifikation der Krankheiten und verwandter Gesundheitsprobleme
(ICD-10-WHO): Symptome und abnorme klinische und Laborbe-
funde, die anderenorts nicht klassifiziert sind (Codebereich R00 bis R99)

→ Kapitelnummern I, II, III, IV, V, VI, VII, VIII, IX, X, XI, XII,
   XIII, XIV, XV, XVI, XVII, XIX, XX, XXI, XXII;
   22, Anzahl der ICD-Kapitelnummern

18 bis 20

18 bis 20 [°C]; empfohlene Raumtemperaturen für Küchen

➜ 15 bis 18 [°C]; 17 bis 20 [°C]; 20 bis 23 [°C]; 21 bis 24 [°C]

18 bis 20 [km/h]; Geschwindigkeit eines Radfahrers

➜ 1 [km/h]; 9 bis 10 [km/h]; 20 bis 30 [m/s]; rund 30 [km/h]

18,5

< 18,5; BMI (Body-Mass-Index): Untergewicht
(Einstufung der Weltgesundheitsorganisation WHO)

Die BMI-Einstufung bezieht sich auf Erwachsene. Für Kinder
und Jugendliche unter 18 Jahren werden zur Beurteilung des
Gewichts sogenannte BMI-Perzentilkurven (Wachstumskurven)
verwendet.

➜ 18,5 bis 25

18,5 bis 25

18,5 bis < 25; BMI (Body-Mass-Index): Normalgewicht
(Einstufung der Weltgesundheitsorganisation WHO)

Um den Body-Mass-Index zu errechnen, wird das Körpergewicht
(in Kilogramm) durch das Quadrat der Körpergröße (in Meter)
geteilt.

Beispiel:
Körpergröße: 1,65 m
Gewicht: 60 kg
BMI = 60 kg : (1,65 m x 1,65 m) = 22

Die BMI-Einstufung bezieht sich auf Erwachsene. Für Kinder
und Jugendliche unter 18 Jahren werden zur Beurteilung des
Gewichts sogenannte BMI-Perzentilkurven (Wachstumskurven)
verwendet.

➜ 18,5; 25 bis 30

Das englische Wort decennoval meint einen Zeitraum von 19 Jahren. Es geht auf den vollen Zyklus der Mondphasen (Metonischer Zyklus) zurück, der 19 Jahre dauert.

19^2 = 19 x 19
$\quad$ = 361

➜ 18^2; 20^2

19^3 = 19 x 19 x 19
$\quad$ = 6859

➜ 18^3; 20^3

19 [°C]; Mindestwert der Lufttemperatur in Arbeitsräumen bei leichter Arbeit im Stehen oder Gehen und bei mittlerer Arbeitsschwere im Sitzen (Arbeitsstättenregel Raumtemperatur)

➜ 17 [°C]; 20 [°C]

19 [%]; derzeitiger Umsatzsteuersatz in Deutschland

Umsatzsteuer = Nettopreis * Umsatzsteuersatz

Beispiel: Der Nettopreis beträgt 1000 Euro.
1000 Euro * 19/100 = 190 Euro
19/100 = 0,19
Die Umsatzsteuer beträgt 190 Euro.

Bruttopreis = Nettopreis + Umsatzsteuer

Beispiel: 1000 Euro + 190 Euro = 1190 Euro
Der Bruttopreis beträgt 1190 Euro.

Durch das Umstellen der Formel kann der Nettopreis aus dem Bruttopreis wie folgt errechnet werden:

1000 Euro (Nettopreis) = 1190 Euro (Bruttopreis) : 1,19
Anmerkung: Der Bruttopreis entspricht 119 Prozent. Berechnet werden sollen aber 100 Prozent, was dem Nettowert entspricht. Das bedeutet: geteilt durch 119, multipliziert mit 100.

Bei einer 7-prozentigen Umsatzsteuer würde der Bruttopreis durch 107 geteilt und mit 100 malgenommen werden. Der Dezimalwert würde 1,07 betragen.

➜ 3,5 [%]; 7 [%]

19; Anzahl der Mitgliedsstaaten der Europäischen Union (EU), in denen der Euro gemeinsame Währung ist (Euroraum)

Belgien

Deutschland

Estland

Finnland

Frankreich

Griechenland

Irland

Italien

Lettland

Litauen

Luxemburg

Malta

Niederlande

Österreich

Portugal

Slowakei

Slowenien

Spanien

Zypern

➔ 7, Anzahl der Euro-Scheine; 8, Anzahl der Euro-Münzen;
27, Anzahl der Mitgliedsstaaten der Europäischen Union

19; Einmaleins (Multiplikation mit 19)

$$19 \times 1 = 19$$
$$19 \times 2 = 38$$
$$19 \times 3 = 57$$
$$19 \times 4 = 76$$
$$19 \times 5 = 95$$
$$19 \times 6 = 114$$
$$19 \times 7 = 133$$
$$19 \times 8 = 152$$
$$19 \times 9 = 171$$

➔ 18, 20; Einmaleins

19; Ordnungszahl von Kalium (K) im Periodensystem der
Elemente

➔ 18, 20; Ordnungszahlen

19; Postleitzahl in Deutschland: Leitregion Mecklenbur-
gische Seenplatte - Schwerin, Ludwigslust, Wittenberge,
Parchim; Briefzentrum: Schwerin

➔ 18, 20; Postleitzahlen

19; Primzahl

$$19 : 1 = 19$$
$$19 : 19 = 1$$

➜ 17, 23; Primzahlen

19; römisches Zahlzeichen: XIX

➜ 18, 20, 2017; römische Zahlzeichen

Kapitelnummer XIX; Internationale statistische Klassifikation der Krankheiten und verwandter Gesundheitsprobleme
(ICD-10-WHO): Verletzungen, Vergiftungen und bestimmte
andere Folgen äußerer Ursachen (Codebereich S00 bis T98)

➜ Kapitelnummern I, II, III, IV, V, VI, VII, VIII, IX, X, XI, XII,
  XIII, XIV, XV, XVI, XVII, XVIII, XX, XXI, XXII;
  22, Anzahl der ICD-Kapitelnummern

20

*Das Zahlwort zwanzig (althochdeutsch: zweinzig) besteht aus
zwein und der Endsilbe -zig („Zehner"), was zweimal zehn
bedeutet. Früher wurden die zehn Finger und die zehn Zehen
des menschlichen Körpers zum Zählen verwendet. Beispiele
für die Zahl 20 in unserem Zahlensystem sind das französi-
sche Wort quatre-vingts (viermal zwanzig) für achtzig und
das englische Wort score für 20 Stück.*

20^2 = 20 x 20
   = 400

➜ 19^2; 21^2

20^3 = 20 x 20 x 20
   = 8000

➜ 19^3; 21^3

20 [ct]; 20-Cent-Münze (0,20-Euro-Münze): Durchmesser 22,25
mm; Gewicht 5,7 g; gelb; ohne Randprägung

➜ 10 [ct]; 20 [€]; 50 [ct]

20 [€]; 20-Euro-Schein: Format 133 x 72 mm; blau; Gotik-
Architektur

➜ 10 [€]; 20 [ct]; 50 [€]

20 [°C]; Maßbezugstemperatur (nach internationalen Normen)
Messmittel müssen bei einer Temperatur von 20 Grad Celsius
kalibriert werden, um die Vergleichbarkeit von Messungen zu
gewährleisten.

➜ 15 [°C]

20 [°C]; Mindesttemperatur, die in allen Räumen der Wohnung tagsüber von morgens sechs Uhr bis abends 24 Uhr erreicht werden muss (nach der geltenden Rechtsprechung)

Der Vermieter muss demnach 24 Stunden am Tag dafür sorgen, dass die Wohnung ausreichend temperiert ist. Zwischen null Uhr und sechs Uhr morgens kann die Heizung zur Energieeinsparung heruntergefahren werden. Auch in dieser Zeit darf die Temperatur jedoch 16 Grad Celsius nicht unterschreiten.

➔ 17 bis 20 [°C]; 18 bis 20 [°C]; 20 bis 23 [°C]; 21 bis 24 [°C]

20 [°C]; Mindestwert der Lufttemperatur in Arbeitsräumen bei leichter Arbeit im Sitzen (Arbeitsstättenregel Raumtemperatur)

➔ 19 [°C]; 21 [°C]

mindestens 20 [°C]; Temperatur eines Thermalbades

➔ ca. 50 bis 75 [°C]

nicht unter 20 [°C]; niedrigste nächtliche Lufttemperatur: in der deutschsprachigen Meteorologie „Tropennacht" genannt

➔ 25 [°C]

20 [g] reiner Alkohol (= 0,25 l Wein oder 0,5 l Bier; 0,8 g = 1 ml reiner Alkohol); Höchstgrenze pro Tag zur Vermeidung von Alkoholmissbrauch und -abhängigkeit bei Frauen

Empfohlen wird eine Tagesmenge von maximal 12 Gramm reinem Alkohol.

Um Gewöhnung zu vermeiden, sollte an mindestens zwei bis drei Tagen pro Woche ganz auf Alkohol verzichtet werden. Während der Schwangerschaft und des Stillens sollte kein Alkoholkonsum erfolgen.

➔ 40 [g] reiner Alkohol

bis 20 [g]; Standardbrief der Deutschen Post
Länge: 140 bis 235 mm
Breite: 90 bis 125 mm
Höhe: bis 5 mm

Die Länge muss mindestens das 1,4-Fache der Breite betragen.

Standardbriefe (und Postkarten) müssen so beschaffen sein, dass sie sich maschinell verarbeiten lassen.

➔ bis 50 [g]

20 Jahre; Hochzeitsjubiläum: Porzellanhochzeit

➜ 15 Jahre; 25 Jahre

bis 20 Jahre; Höchstalter von Tieren: Katze

➜ 12 bis 14 Jahre, 12 bis 20 Jahre, bis 40 Jahre; Höchstalter von
  Tieren

20 [kg]; Lastgewicht, das bei regelmäßigem Heben oder
Tragen ein erhöhtes Risiko für die Entwicklung bandscheibenbedingter Erkrankungen der Lendenwirbelsäule von Männern
ab 40 Jahren bedeutet (Merkblatt zur BK Nr. 2108: Bandscheibenbedingte Erkrankungen der Lendenwirbelsäule durch
langjähriges Heben oder Tragen schwerer Lasten oder durch
langjährige Tätigkeiten in extremer Rumpfbeugehaltung)
Bei weit vom Körper entfernt getragenen Lasten können auch
geringere Lastgewichte ein erhöhtes Risiko bedeuten.

➜ 15 [kg]; 25 [kg]; 50 [kg] und mehr; ≥ 90 [°]

20 [MJ/kg]; Heizwert von Brennstoffen: Braunkohlenbriketts

➜ 15 [MJ/kg]; 28 [MJ/kg]

20 [%] = $^1/_5$ (ein Fünftel)

➜ 0,2; 16,66 [%]; 25 [%]

20 [%]; Umsatzsteuersatz in Österreich

➜ 10 [%]; 12 [%]

20 Stück = eine Stiege (altes Zählmaß)

➜ 12 Stück; 15 Stück; 24 Stück

20 ["]; empfohlene Radgröße von Fahrrädern (in Zoll) für
Kinder, die ca. 115 bis 140 cm groß sind

➜ 18 ["]; 24 ["]

20; Anzahl der G20-Staaten
Die Gruppe der zwanzig wichtigsten Industrie- und
Schwellenländer (G20 genannt) stellt einen informellen
Zusammenschluss aus 19 Staaten und der Europäischen Union
dar.

  Argentinien
  Australien
  Brasilien
  China
  Deutschland
  Europäische Union

Frankreich
Großbritannien
Indien
Indonesien
Italien
Japan
Kanada
Mexiko
Russland
Saudi-Arabien
Südafrika
Südkorea
Türkei
USA

➔ 7, Anzahl der G7-Staaten; 27, Anzahl der Mitgliedsstaaten der
Europäischen Union

20; Anzahl der Zähne im Milchgebiss

Das Milchgebiss besteht aus acht Schneidezähnen, vier Eckzähnen und acht Milchbackenzähnen.

Im Alter von sechs bis zwölf Jahren fallen die Milchzähne
wieder aus.

➔ zweimal täglich Zähne putzen; 32, Anzahl der Zähne im
Erwachsenengebiss

20; Einmaleins (Multiplikation mit 20)

    20 x 1 = 20
    20 x 2 = 40
    20 x 3 = 60
    20 x 4 = 80
    20 x 5 = 100
    20 x 6 = 120
    20 x 7 = 140
    20 x 8 = 160
    20 x 9 = 180

➔ 19, 25; Einmaleins

20; Mindestanzahl von Drehungen, die nötig sind, um Rubiks
Zauberwürfel aus jeder beliebigen Stellung heraus in seine
Ausgangslage zu bringen

➔ 43 252 003 274 489 856 000 Möglichkeiten

20; Nummer zur Kennzeichnung von Verpackungsmaterial (nach
der Verpackungsverordnung): Wellpappe (PAP)

➔ 6, 21; Nummern zur Kennzeichnung von Verpackungsmaterial

20; Ordnungszahl von Calcium (Ca) im Periodensystem der
Elemente

➜ 19, 21; Ordnungszahlen

20; Postleitzahl in Deutschland: Leitregion Hamburg-Zentrum

➜ 19, 21; Postleitzahlen

20; römisches Zahlzeichen: XX

➜ 19, 21, 2017; römische Zahlzeichen

Kapitelnummer XX; Internationale statistische Klassifika-
tion der Krankheiten und verwandter Gesundheitsprobleme
(ICD-10-WHO): Äußere Ursachen von Morbidität und Mortalität
(Codebereich V01 bis Y98)

➜ Kapitelnummern I, II, III, IV, V, VI, VII, VIII, IX, X, XI, XII,
   XIII, XIV, XV, XVI, XVII, XVIII, XIX, XXI, XXII;
   22, Anzahl der ICD-Kapitelnummern

Maßstab:

20 : 1
Die wirklichen Abmessungen sind zwanzig Mal kleiner
als die dargestellten.

➜ 1 : 20

Teilbarkeit:
Eine Zahl ist durch 20 teilbar, wenn ihre vorletzte Ziffer
gerade und ihre letzte Ziffer eine 0 ist.

➜ 2, 3, 4, 5, 6, 7, 8, 9, 10, 25, 30, 40, 50, 100; Teilbarkeit

20 bis 23

20 bis 23 [°C]; empfohlene Raumtemperaturen für Wohnzimmer
sowie für Arbeits- und Kinderzimmer

Eine angenehme Raumtemperatur und Luftfeuchtigkeit in den
Wohn- und Aufenthaltsräumen ist wichtig für das Wohlbefin-
den und die Gesundheit.

Die Luftfeuchtigkeit sollte zwischen 35 und 62 Prozent
betragen. Gewöhnlich werden Werte zwischen 40 und 50
Prozent bevorzugt.

➜ 15 bis 18 [°C]; 17 bis 20 [°C]; 18 bis 20 [°C]; 20 [°C], Mindesttemperatur; 21 bis 24 [°C]; 35 bis 62 [%]

20 bis 30

20 bis 30 [m/s]; Geschwindigkeit einer Brieftaube

➔ 7 bis 10 [m/s]; 70 bis 108 [km/h]

20 bis 55

20 bis 55 [°C]; Trinkwasser-Temperaturbereich, in dem sich Legionellen auf gesundheitlich bedenkliche Konzentrationen vermehren können

Nach Informationen des Umweltbundesamtes können lange Aufenthaltszeiten des Wassers in Installationsrohren und Wasserspeichern die Vermehrung der Bakterien begünstigen.

Bei der Bekämpfung von Legionelleninfektionen ist zwischen dem Verhindern des Wachstums (ab 55 bis 60 Grad Celsius) und dem Abtöten bereits vorhandener Legionellenbesiedlungen (erfordert mindestens 70 Grad Celsius) zu unterscheiden.

➔ ca. 15 bis 35 [°C]

21

Die Summe der Augen auf einem Spielwürfel (1 + 2 + 3 + 4 + 5 + 6) ergibt die Zahl 21.

21^2 = 21 x 21
    = 441

➔ 20^2; 22^2

21^3 = 21 x 21 x 21
    = 9261

➔ 20^3; 22^3

21 [°C]; Lufttemperatur, die während der Nutzungsdauer in Pausen-, Bereitschafts-, Sanitär-, Kantinen- und Erste-Hilfe-Räumen mindestens herrschen muss (Arbeitsstättenregel Raumtemperatur)

Abweichend für Baustellen ist es in Pausen-, Bereitschafts-, Sanitär- und Kantinenräumen, sofern sie nicht gleichzeitig als Sanitärräume für Unterkünfte genutzt werden, ausreichend, wenn eine Lufttemperatur von 18 °C vorhanden und sichergestellt ist, dass eine Lufttemperatur von 21 °C während der Nutzungsdauer erreicht werden kann.

➔ 20 [°C]; 24 [°C]; 26 [°C]

21; Anzahl der Nullen nach der 1: Trilliarde
(als Zehnerpotenz: 10^{21})

➜ 24, Anzahl der Nullen nach der 1; 1 000 000 000 000 000 000 000

21; Nummer zur Kennzeichnung von Verpackungsmaterial (nach
der Verpackungsverordnung): Sonstige Pappe (PAP)

➜ 20, 22; Nummern zur Kennzeichnung von Verpackungsmaterial

21; Ordnungszahl von Scandium (Sc) im Periodensystem der
Elemente

➜ 20, 22; Ordnungszahlen

21; Postleitzahl in Deutschland: Leitregion Südliches und
östliches Hamburg und Umland, Lüneburg, Buxtehude, Stade,
Reinbek; Briefzentrum: Hamburg-Süd

➜ 20, 22; Postleitzahlen

21; römisches Zahlzeichen: XXI

➜ 20, 22, 2017; römische Zahlzeichen

Kapitelnummer XXI; Internationale statistische Klassifikation der Krankheiten und verwandter Gesundheitsprobleme
(ICD-10-WHO): Faktoren, die den Gesundheitszustand beein-
flussen und zur Inanspruchnahme des Gesundheitswesens
führen (Codebereich Z00 bis Z99)

➜ Kapitelnummern I, II, III, IV, V, VI, VII, VIII, IX, X, XI, XII,
   XIII, XIV, XV, XVI, XVII, XVIII, XIX, XX, XXII;
   22, Anzahl der ICD-Kapitelnummern

21 bis 24

21 bis 24 [°C]; empfohlene Raumtemperaturen für Badezimmer
➜ 15 bis 18 [°C]; 17 bis 20 [°C]; 18 bis 20 [°C]; 20 bis 23 [°C];
   37 [°C]

21,45

21,45 [g/cm^3]; Dichte von Platin
Gold hat eine Dichte von 19,32 g/cm^3, Silber von 10,50 g/cm^3
und Bronze von 8,7 bis 8,9 g/cm^3.
➜ 11,35 [g/cm^3]

22

$$22^2 = 22 \times 22$$
$$= 484$$

➔ 21^2; 23^2

$$22^3 = 22 \times 22 \times 22$$
$$= 10\ 648$$

➔ 21^3; 23^3

22; Anzahl der Kapitelnummern der Internationalen statistischen Klassifikation der Krankheiten und verwandter Gesundheitsprobleme, 10. Revision (ICD-10, nach der Weltgesundheitsorganisation WHO)

Die ICD-10 der WHO ist eine amtliche Diagnosenklassifikation, die in Deutschland vor allem für die Verschlüsselung der Todesursachen angewendet wird. Für die Kodierung in der ambulanten und stationären Versorgung wird die ICD-10-GM (International Statistical Classification of Diseases and Related Health Problems, German Modification) verwendet, die an die Erfordernisse des deutschen Gesundheitswesens angepasst wurde. Aufgebaut ist sie wie die Systematik der ICD-10 der WHO.

In Österreich wird die ICD-10-WHO nicht nur bei der Verschlüsselung der Todesursachen, sondern auch bei der Abrechnung stationärer und ambulanter Leistungen eingesetzt. In der Schweiz kommt neben der ICD-10-WHO auch die ICD-10-GM zum Einsatz.

➔ Kapitelnummern I, II, III, IV, V, VI, VII, VIII, IX, X, XI, XII, XIII, XIV, XV, XVI, XVII, XVIII, XIX, XX, XXI, XXII

22; Anzahl der Zeichen der internationalen Bankkontonummer IBAN (International Bank Account Number) in Deutschland

Die internationale Bankkontonummer setzt sich aus der Bankleitzahl und der bisherigen nationalen Kontonummer zusammen, ergänzt um den Ländercode (für Deutschland DE, für Österreich AT, für die Schweiz CH) und eine zweistellige Prüfzahl. Die IBAN kann maximal 34 Stellen umfassen. In den meisten Staaten ist sie jedoch kürzer (für Deutschland 22 Zeichen, für Österreich 20 Zeichen, für die Schweiz 21 Zeichen).

Hintergrund der Einführung der neuen internationalen Kontonummer in Deutschland war es, den Zahlungsverkehr im Euroraum zu vereinheitlichen.

➔ 12 Monate; 36 Monate

22; Nummer zur Kennzeichnung von Verpackungsmaterial (nach der Verpackungsverordnung): Papier (PAP)

→ 21, 40; Nummern zur Kennzeichnung von Verpackungsmaterial

22; Ordnungszahl von Titan (Ti) im Periodensystem der Elemente

→ 21, 23; Ordnungszahlen

22; Postleitzahl in Deutschland: Leitregion Hamburg Nord/West, Norderstedt, Ahrensburg, Wedel; Briefzentrum: Hamburg-Zentrum

→ 21, 23; Postleitzahlen

22; römisches Zahlzeichen: XXII

→ 21, 23, 2017; römische Zahlzeichen

Kapitelnummer XXII; Internationale statistische Klassifikation der Krankheiten und verwandter Gesundheitsprobleme (ICD-10-WHO): Schlüsselnummern für besondere Zwecke (Codebereich U00 bis U99)

→ Kapitelnummern I, II, III, IV, V, VI, VII, VIII, IX, X, XI, XII, XIII, XIV, XV, XVI, XVII, XVIII, XIX, XX, XXI; 22, Anzahl der ICD-Kapitelnummern

22 bis 28

etwa 22 bis 28 [cm] = eine Spanne (altes Längenmaß, abgeleitet vom Abstand zwischen der Daumenspitze und der Mittelfingerspitze bzw. zwischen der Daumenspitze und der Spitze des kleinen Fingers bei gespreizter Hand - als kleine bzw. große Spanne)

→ etwa 45 bis 65 [cm]

23

$23^2 = 23 \times 23$
$\quad = 529$

→ 22^2; 24^2

$23^3 = 23 \times 23 \times 23$
$\quad = 12\ 167$

→ 22^3; 24^3

23; Anzahl der Bandscheiben des Menschen

Bandscheiben haben die Funktion eines Puffers zwischen den Wirbelkörpern der Wirbelsäule. Die 23 Bandscheiben verteilen sich wie folgt: sechs Bandscheiben in der Halswirbelsäule (zwischen dem ersten und zweiten Halswirbel gibt es keine Bandscheibe), zwölf Bandscheiben in der Brustwirbelsäule und fünf Bandscheiben in der Lendenwirbelsäule.

Ein Bandscheibenvorfall bedeutet das Heraustreten einer Bandscheibe mit schmerzhaftem Druck auf die Nervenwurzeln. Erste Warnhinweise können sich in Form von Rückenschmerzen, Schulter- und Nackenbeschwerden oder gar Kopfschmerzen äußern.

➜ 33; Anzahl der Knochen der menschlichen Wirbelsäule

23; Ordnungszahl von Vanadium (V) im Periodensystem der Elemente

➜ 22, 24; Ordnungszahlen

23; Postleitzahl in Deutschland: Leitregion Lübecker Bucht – Lübeck, Bad Segeberg, Wismar, Mölln; Briefzentrum: Lübeck

➜ 22, 24; Postleitzahlen

23; Primzahl

$$23 : 1 = 23$$
$$23 : 23 = 1$$

➜ 19, 29; Primzahlen

23; römisches Zahlzeichen: XXIII
➜ 22, 30, 2017; römische Zahlzeichen

24

Die Zahl 24 – als das Doppelte der Zahl 12 – gilt als ein Symbol von Vollständigkeit. Ein Beispiel hierfür ist die Einteilung des Tages in 24 Stunden.

$$24 = 1 \times 2 \times 3 \times 4$$
$$= 4!$$

➜ 6; 120

$$24^2 = 24 \times 24$$
$$= 576$$

➜ 23^2; 25^2

$24^3 = 24 \times 24 \times 24$
$= 13\ 824$

➜ 23^3; 25^3

24 [°C]; Lufttemperatur, die während der Nutzungsdauer in Waschräumen, in denen Duschen installiert sind, mindestens erreicht werden soll (Arbeitsstättenregel Raumtemperatur)

➜ 21 [°C]; 26 [°C]

24 [h] = ein Tag (Kalendertag)
Die Erde dreht sich in 24 Stunden einmal um ihre eigene Achse.

➜ 48 Stunden; 1440 [min]

24 Monate = zwei Jahre

➜ 12 Monate; 36 Monate

24 Stück = zwei Dutzend
24 Stück werden teilweise auch als Stiege (altes Zählmaß) bezeichnet.

➜ 12 Stück; 20 Stück

mindestens 24 Werktage; Urlaubsanspruch für Arbeitnehmer (Arbeiter und Angestellte sowie die zu ihrer Berufsausbildung Beschäftigten) nach dem Bundesurlaubsgesetz

Als Werktage gelten alle Kalendertage, die nicht Sonn- oder gesetzliche Feiertage sind. Der Anspruch auf bezahlten Erholungsurlaub gilt pro Kalenderjahr.

Der Urlaubsanspruch beträgt für unter 18-Jährige mindestens 25, für unter 17-Jährige mindestens 27 und für unter 16-Jährige mindestens 30 Werktage (nach dem Jugendarbeitsschutzgesetz).

➜ 15; Mindestanzahl der Sonntage

24 ["]; empfohlene Radgröße von Fahrrädern (in Zoll) für Kinder, die ca. 130 bis 155 cm groß sind

➜ 20 ["]; 26 ["]

24; Anzahl der Buchstaben des griechischen Alphabets
Buchstabenname, Groß- und Kleinbuchstabe:

    Alpha, Αα
    Beta, Ββ
    Gamma, Γγ
    Delta, Δδ

Epsilon, Εε
Zeta, Ζζ
Eta, Ηη
Theta, Θθ
Jota, Ιι
Kappa, Κκ
Lambda, Λλ
My, Μμ
Ny, Νν
Xi, Ξξ
Omikron, Οο
Pi, Ππ
Rho, Ρρ
Sigma, Σςσ
Tau, Ττ
Ypsilon, Υυ
Phi, Φφ
Chi, Χχ
Psi, Ψψ
Omega, Ωω

Die griechische Schrift ist die Grundlage des lateinischen Alphabets und der kyrillischen Schrift.

Der erste und der letzte Buchstabe im griechischen Alphabet (Alpha und Omega, „das A und O") bedeuten den ganzen Umfang einer Sache, „Anfang und Ende".

➜ 26; Anzahl der Buchstaben des Alphabets

24; Anzahl der Nullen nach der 1: Quadrillion
(als Zehnerpotenz: 10^{24})

➜ 27, Anzahl der Nullen nach der 1;
   1 000 000 000 000 000 000 000 000

24; Anzahl der Zeitzonen (Zonen des Weltzeitsystems)

Nach dem System der Standardzeitzonen ist die Erde in 24 Zonen mit einer geografischen Länge von 15° aufgeteilt. Die Zonenzeit wird durch den Mittelmeridian jeder Zone bestimmt.

7,5° westlich bis 7,5° östlich des Nullmeridians von Greenwich (London) erstreckt sich die 0-Zeitzone (Greenwich Mean Time; Westeuropäische Zeit). Die Mitteleuropäische Zeit (MEZ) entspricht der Ortszeit von 15° östlich Greenwich.

Da sich die Erde nach Osten dreht, ist es in den Zeitzonen östlich von Greenwich später und in den Zeitzonen westlich von Greenwich früher als dort. Als Datumsgrenze hat man (mit Abweichungen) den 180. Längengrad festgelegt.

Die meisten Staaten halten sich an das System der Zeitzonen. Einige Staaten haben die Zeitzonen nach politischen Grenzen festgelegt.

➔ rund 111 [km]

24; Ordnungszahl von Chrom (Cr) im Periodensystem der Elemente

➔ 23, 25; Ordnungszahlen

24; Postleitzahl in Deutschland: Leitregion Schleswig-Holstein Nordost – Kiel, Flensburg, Schleswig, Neumünster; Briefzentrum: Kiel

➔ 23, 25; Postleitzahlen

25

Die Summe der ungeraden einstelligen Zahlen (1 + 3 + 5 + 7 + 9) ergibt die Zahl 25. Sie ist die kleinste Quadratzahl, die als die Summe von zwei Quadraten ausgedrückt werden kann: $3^2 + 4^2 = 5^2 = 25$. Die Zahl 25 ist besonders als Jubiläumszahl („Silbernes Jubiläum") bekannt.

$25 = 5 \times 5$
$\quad = 5^2$

➔ 16; 36; 125

$25^2 = 25 \times 25$
$\quad\; = 625$

➔ 24^2; 26^2

$25^3 = 25 \times 25 \times 25$
$\quad\; = 15\ 625$

➔ 24^3; 26^3

ab 25 [°C] Tageshöchsttemperatur; meteorologischer Sommertag

➔ nicht unter 20 [°C]; ab 30 [°C]

25 Jahre; Hochzeitsjubiläum: Silberne Hochzeit

➔ 12 ½ Jahre; 20 Jahre; 30 Jahre; 50 Jahre

25 [kg]; Lastgewicht, das bei regelmäßigem Heben oder Tragen ein erhöhtes Risiko für die Entwicklung bandscheibenbedingter Erkrankungen der Lendenwirbelsäule von Männern von 18 bis 39 Jahren bedeutet (Merkblatt zur BK Nr. 2108:

Bandscheibenbedingte Erkrankungen der Lendenwirbelsäule durch langjähriges Heben oder Tragen schwerer Lasten oder durch langjährige Tätigkeiten in extremer Rumpfbeugehaltung)

Bei weit vom Körper entfernt getragenen Lasten können auch geringere Lastgewichte ein erhöhtes Risiko bedeuten.

➜ 15 [kg]; 20 [kg]; 50 [kg] und mehr; ≥ 90 [°]

25 [%] = $^1/_4$ (ein Viertel)

➜ 0,25; 20 [%]; 33,33 [%]

25; Einmaleins (Multiplikation mit 25)

```
25 x 1 =  25
25 x 2 =  50
25 x 3 =  75
25 x 4 = 100
25 x 5 = 125
25 x 6 = 150
25 x 7 = 175
25 x 8 = 200
25 x 9 = 225
```

➜ 20, 50; Einmaleins

25; Ordnungszahl von Mangan (Mn) im Periodensystem der Elemente

➜ 24, 26; Ordnungszahlen

25; Postleitzahl in Deutschland: Leitregion Schleswig-Holstein West – Elmshorn, Itzehoe, Sylt; Briefzentrum: Elmshorn

➜ 24, 26; Postleitzahlen

Teilbarkeit:
Eine Zahl ist durch 25 teilbar, wenn sie auf 00, 25, 50 oder 75 endet.

➜ 2, 3, 4, 5, 6, 7, 8, 9, 10, 20, 30, 40, 50, 100; Teilbarkeit

25 bis 30

25 bis < 30; BMI (Body-Mass-Index): Übergewicht
(Einstufung der Weltgesundheitsorganisation WHO)

Die BMI-Einstufung bezieht sich auf Erwachsene. Für Kinder
und Jugendliche unter 18 Jahren werden zur Beurteilung des
Gewichts sogenannte BMI-Perzentilkurven (Wachstumskurven)
verwendet.

Für Kraftsportler, Leistungssportler oder Schwerstarbeiter
mit vielen schweren Muskeln ist der Body-Mass-Index nicht
anwendbar.

➔ 18,5 bis 25; ab 30

25 bis 35

25 bis 35 [km]; Tagesreise, Tagesmarsch: im Altertum
diejenige Wegstrecke, die man an einem Tage zu Fuß
zurücklegte

➔ 5 bis 6 [km/h]

26

Die Zahl 26 ist die einzige natürliche Zahl, die unmittelbar zwischen einer Quadratzahl ($25 = 5^2$) und einer Kubikzahl ($27 = 3^3$) liegt.

$26^2 = 26 \times 26$
$\quad\ = 676$

➔ 25^2; 27^2

$26^3 = 26 \times 26 \times 26$
$\quad\ = 17\ 576$

➔ 25^3; 27^3

26 [°C]; Lufttemperatur, die in Arbeitsräumen sowie in
Pausen-, Bereitschafts-, Sanitär-, Kantinen- und Erste-
Hilfe-Räumen nicht überschritten werden soll (Arbeits-
stättenregel Raumtemperatur)

Führt die Sonneneinstrahlung durch Fenster, Oberlichter und
Glaswände zu einer Erhöhung der Raumtemperatur über 26 °C,
so sind diese Bauteile mit geeigneten Sonnenschutzsystemen
auszurüsten. Störende direkte Sonneneinstrahlung auf den
Arbeitsplatz ist zu vermeiden.

Wenn die Außenlufttemperatur über 26 °C beträgt und unter
der Voraussetzung, dass geeignete Sonnenschutzmaßnahmen
verwendet werden, sollen beim Überschreiten einer Lufttemperatur im Raum von 26 °C zusätzliche Maßnahmen (z. B.
Gleitzeitregelungen, Bereitstellung geeigneter Getränke)
ergriffen werden. In Einzelfällen kann das Arbeiten bei
über 26 °C zu einer Gesundheitsgefährdung führen (wenn
beispielsweise schwere körperliche Arbeit zu verrichten ist
oder besondere Arbeits- oder Schutzkleidung getragen werden
muss sowie bei gesundheitlich Vorbelasteten und besonders
schutzbedürftigen Beschäftigten).

➔ 21 [°C]; 30 [°C]; 35 [°C]; 55 [%]

26 ["]; empfohlene Radgröße von Fahrrädern (in Zoll) für
Kinder und Jugendliche, die ca. 156 bis 170 cm groß sind

➔ 24 ["]

26; Anzahl der Buchstaben des Alphabets

    Großbuchstaben:
    ABCDEFGHIJKLMNOPQRSTUVWXYZ

    Kleinbuchstaben:
    abcdefghijklmnopqrstuvwxyz

Die Bezeichnung Alphabet leitet sich von den ersten beiden
Buchstaben des griechischen Alphabets (Alpha und Beta) ab.

➔ 24; Anzahl der Buchstaben des griechischen Alphabets

26; Anzahl der Kantone in der Schweizerischen
Eidgenossenschaft

    Aargau (Kantonshauptort: Aarau)
    Appenzell Ausserrhoden (Herisau)
    Appenzell Innerrhoden (Appenzell)
    Basel-Landschaft (Liestal)
    Basel-Stadt (Basel)
    Bern (Bern)
    Freiburg/Fribourg (Freiburg/Fribourg)
    Genf/Genève (Genf/Genève)
    Glarus (Glarus)
    Graubünden/Grischun (Chur)
    Jura (Delsberg/Delémont)
    Luzern (Luzern)
    Neuenburg/Neuchâtel (Neuenburg/Neuchâtel)
    Nidwalden (Stans)
    Obwalden (Sarnen)
    Schaffhausen (Schaffhausen)
    Schwyz (Schwyz)
    Solothurn (Solothurn)

St. Gallen (St. Gallen)
Tessin/Ticino (Bellinzona)
Thurgau (Frauenfeld)
Uri (Altdorf)
Waadt/Vaud (Lausanne)
Wallis/Valais (Sitten/Sion)
Zug (Zug)
Zürich (Zürich)

➜ 41 285 [km^2]; rund 8 000 000 Einwohner

26; Ordnungszahl von Eisen (Ferrum; Fe) im Periodensystem der Elemente

➜ 25, 27; Ordnungszahlen

26; Postleitzahl in Deutschland: Leitregion Friesland – Oldenburg, Wilhelmshaven, Emden, Aurich; Briefzentrum: Oldenburg

➜ 25, 27; Postleitzahlen

27

$27 = 3 \times 3 \times 3$
$\quad = 3^3$

➜ 8; 64

$27^2 = 27 \times 27$
$\quad\ = 729$

➜ 26^2; 28^2

$27^3 = 27 \times 27 \times 27$
$\quad\ = 19\ 683$

➜ 26^3; 28^3

27; Anzahl der Mitgliedsstaaten der Europäischen Union (EU), ohne Großbritannien (nach dem Brexit)

Belgien
Bulgarien
Dänemark
Deutschland
Estland
Finnland
Frankreich
Griechenland
Irland
Italien

Kroatien
Lettland
Litauen
Luxemburg
Malta
Niederlande
Österreich
Polen
Portugal
Rumänien
Schweden
Slowakei
Slowenien
Spanien
Tschechien
Ungarn
Zypern

Belgien, Deutschland, Frankreich, Italien, Luxemburg und die Niederlande waren die Gründungsmitglieder der Europäischen Gemeinschaft für Kohle und Stahl (1951 in Paris), aus der zunächst die Europäische Wirtschaftsgemeinschaft (EWG), die Europäische Gemeinschaft (EG) und schließlich die Europäische Union (EU) hervorgingen.

Die Europäische Kommission hat in Brüssel (Belgien) ihren Sitz. Das Europäische Parlament tagt regelmäßig in Straßburg (Frankreich).

➔ 19, Anzahl der Mitgliedsstaaten im Euroraum

27; Anzahl der Nullen nach der 1: Quadrilliarde
(als Zehnerpotenz: 10^{27})

➔ 24, 30; Anzahl der Nullen nach der 1

27; Ordnungszahl von Cobalt (Co) im Periodensystem der Elemente

➔ 26, 28; Ordnungszahlen

27; Postleitzahl in Deutschland: Leitregion Bremerhaven, Cuxhaven, Delmenhorst, Helgoland; Briefzentrum: Bremen

➔ 26, 28; Postleitzahlen

Die Zahl 28 gilt – wie die Zahl 6 – aus mathematischer Sicht als perfekte Zahl, denn sie ist gleich der Summe ihrer Teiler: 1 + 2 + 4 + 7 + 14 = 28. Außer der 6 und der 28 sind die 496 und die 8128 die kleinsten, seit der Antike bekannten Beispiele für vollkommene Zahlen.

$28^2 = 28 \times 28$
$ = 784$

➜ 27^2; 29^2

$28^3 = 28 \times 28 \times 28$
$ = 21\ 952$

➜ 27^3; 29^3

28 [°C] entspricht 82 °F

Merkhilfe für die ungefähre Umrechnung von Grad Celsius in Grad Fahrenheit: Die 2 wird mit der 8 bzw. die 8 mit der 2 vertauscht.

➜ 16 [°C]; 32 [°F]; 82 [°F]

28 [MJ/kg] (17 MJ/m^3); Heizwert von Brennstoffen: Stadtgas

➜ 20 [MJ/kg]; 30 [MJ/kg]

28 Tage; Länge des Kalendermonats Februar (außer im Schaltjahr)

➜ 29 Tage; 28 bis 31 Tage; 366 Tage

28 Tage; normaler Zyklus der Frau (Menstruation; auftretende Blutung, bei der die Gebärmutterschleimhaut abgestoßen wird)

➜ um ca. 0,5 [°C] erhöhte Körpertemperatur

28; Ordnungszahl von Nickel (Ni) im Periodensystem der Elemente

➜ 27, 29; Ordnungszahlen

28; Postleitzahl in Deutschland: Leitregion Bremen, Schwanewede, Syke, Stuhr; Briefzentrum: Bremen

➜ 27, 29; Postleitzahlen

28 bis 31

28 bis 31 Tage; Länge der zwölf Kalendermonate eines Jahres

    Januar: 31 Tage
    Februar: 28 Tage bis 29 Tage (letztere im Schaltjahr)
    März: 31 Tage
    April: 30 Tage
    Mai: 31 Tage
    Juni: 30 Tage
    Juli: 31 Tage
    August: 31 Tage
    September: 30 Tage
    Oktober: 31 Tage
    November: 30 Tage
    Dezember: 31 Tage

➜ 28 Tage; 29 Tage; 30 Tage; 31 Tage; 365 Tage; 366 Tage

29

$29^2 = 29 \times 29$
    $= 841$

➜ 28^2; 30^2

$29^3 = 29 \times 29 \times 29$
    $= 24\ 389$

➜ 28^3; 30^3

29 [%]; Anteil der Landfläche an der Erdoberfläche

Der Landanteil beträgt auf der Nordhalbkugel 39 Prozent und auf der Südhalbkugel 19 Prozent.

➜ 71 [%]; ca. 149 000 000 [km^2]

29 Tage; Länge des Kalendermonats Februar im Schaltjahr (in der Regel in jedem vierten Jahr)

➜ 28 Tage; 28 bis 31 Tage; 366 Tage

29; Ordnungszahl von Kupfer (Cuprum; Cu) im Periodensystem der Elemente

➜ 28, 30; Ordnungszahlen

29; Postleitzahl in Deutschland: Leitregion Lüneburger Heide – Celle, Uelzen, Salzwedel, Lüchow; Briefzentrum: Celle

➜ 28, 30; Postleitzahlen

29; Primzahl

    29 : 1 = 29
    29 : 29 = 1

➜ 23, 31; Primzahlen

29,8

ca. 29,8 [km/s]; Geschwindigkeit, mit der die Erde die
Sonne umkreist

➜ ungefähr 300 [m/s]; 465 [m/s]

30

30^2 = 30 x 30
    = 900

➜ 29^2; 31^2

30^3 = 30 x 30 x 30
    = 27 000

➜ 29^3; 31^3

ab 30 [°C] Tageshöchsttemperatur; meteorologischer Heißer
Tag (Hitzetag)

➜ ab 25 [°C]

30 [°C]; Lufttemperatur im Arbeitsraum, bei deren Überschreitung wirksame Maßnahmen gemäß Gefährdungsbeurteilung
ergriffen werden müssen, welche die Beanspruchung der
Beschäftigten reduzieren

Dabei gehen technische und organisatorische gegenüber
personenbezogenen Maßnahmen vor (Arbeitsstättenregel
Raumtemperatur).

➜ 26 [°C]; 35 [°C]

30 Jahre; Hochzeitsjubiläum: Perlenhochzeit

➜ 25 Jahre; 33 ⅓ Jahre; 35 Jahre

rund 30 [kJ]; Energiewert von einem Gramm Alkohol
30 Kilojoule entsprechen 7,1 Kilokalorien.

➜ ca. 4,2; 17 [kJ]; 39 [kJ]

rund 30 [km/h]; Geschwindigkeit eines Pferdes (im Galopp)

Rennpferde können ca. 45 bis 60 km/h schnell sein.

Im Trab erreichen Pferde rund 15 km/h, im Schritt sind sie etwa sieben Stundenkilometer langsam.

➔ 18 bis 20 [km/h]; bis 100 [km/h]

30 [min] = eine halbe Stunde

➔ 15 [min]; 45 [min]

mindestens 30 Minuten; Dauer der im Voraus feststehenden Ruhepausen bei einer Arbeitszeit von mehr als sechs bis zu neun Stunden (mindestens 45 Minuten bei einer Arbeitszeit von mehr als neun Stunden)

Die Ruhepausen können in Zeitabschnitte von jeweils mindestens 15 Minuten aufgeteilt werden. Langer als sechs Stunden hintereinander dürfen Arbeitnehmer nicht ohne Ruhepause beschäftigt werden (Arbeitszeitgesetz).

Für Jugendliche gelten Ruhepausen von mindestens 30 Minuten bei einer Arbeitszeit von mehr als viereinhalb bis zu sechs Stunden (mindestens 60 Minuten bei einer Arbeitszeit von mehr als sechs Stunden), aufteilbar in Arbeitsunterbrechungen von mindestens 15 Minuten. Länger als viereinhalb Stunden hintereinander dürfen Jugendliche nicht ohne Ruhepause beschäftigt werden.

➔ 8 Stunden

30 [MJ/kg]; Heizwert von Brennstoffen: Steinkohle

➔ 28 [MJ/kg]; 41 [MJ/kg]

30 Tage; Länge der Kalendermonate April, Juni, September und November

➔ 28 bis 31 Tage; 365 Tage

30; Anzahl der Nullen nach der 1: Quintillion oder Quinquillion (als Zehnerpotenz: 10^{30})

➔ 27, 33; Anzahl der Nullen nach der 1

ab 30; BMI (Body-Mass-Index): Fettsucht (Einstufung der Weltgesundheitsorganisation WHO)

Ab einem BMI-Wert von 30 besteht mäßige, ab einem Wert von 35 deutliche und ab 40 extreme Fettsucht.

Die BMI-Einstufung bezieht sich auf Erwachsene. Für Kinder und Jugendliche unter 18 Jahren werden zur Beurteilung des Gewichts sogenannte BMI-Perzentilkurven (Wachstumskurven) verwendet.

Für Kraftsportler, Leistungssportler oder Schwerstarbeiter mit vielen schweren Muskeln ist der Body-Mass-Index nicht anwendbar.

➔ 25 bis 30

30; Ordnungszahl von Zink (Zn) im Periodensystem der Elemente

➔ 29, 31; Ordnungszahlen

30; Postleitzahl in Deutschland: Leitregion Hannover, Garbsen, Langenhagen, Laatzen; Briefzentrum: Hannover

➔ 29, 31; Postleitzahlen

30; römisches Zahlzeichen: XXX

➔ 20, 40, 2017; römische Zahlzeichen

030; Vorwahlnummer von Berlin

➔ 0049

Teilbarkeit:
Eine Zahl ist durch 30 teilbar, wenn sie durch 5 und durch 6 teilbar ist.

➔ 2, 3, 4, 5, 6, 7, 8, 9, 10, 20, 25, 40, 50, 100; Teilbarkeit

30 bis 40

30 bis 40 [°C]; niedrige Waschtemperaturen für farbige Feinwäsche

➔ 60 [°C]

30,48

30,48 [cm] = 1 foot
          = 12 inches
(angloamerikanische Längenmaße)

Die Fußlänge (im Schuh) beträgt durchschnittlich ca. 30 cm. Diese Länge wurde früher (regional unterschiedlich, mit Abweichungen von wenigen Zentimetern) auch in Deutschland häufig als Maßeinheit verwendet.

➔ 2,54 [cm]; 91,44 [cm]

31

$31^2 = 31 \times 31$
$ = 961$

➜ 30^2; 32^2

$31^3 = 31 \times 31 \times 31$
$ = 29\ 791$

➜ 30^3; 32^3

31 Tage; Länge der Kalendermonate Januar, März, Mai, Juli, August, Oktober und Dezember

➜ 28 bis 31 Tage; 365 Tage

31; Ordnungszahl von Gallium (Ga) im Periodensystem der Elemente

➜ 30, 32; Ordnungszahlen

31; Postleitzahl in Deutschland: Leitregion Hannover Umland, Hameln, Hildesheim, Peine, Schaumburg; Briefzentrum: Hannover

➜ 30, 32; Postleitzahlen

31; Primzahl
    31 : 1 = 31
    31 : 31 = 1

➜ 29, 37; Primzahlen

32

32 Blätter erhält man, wenn man einen Bogen Papier fünfmal in der Mitte faltet und dann die Kanten durchschneidet, denn 32 ist die fünfte Potenz von 2. Manchmal wird empfohlen, jeden Bissen genau 32-mal zu kauen, denn 32 ist auch die Zahl der menschlichen Zähne.

$32 = 2 \times 2 \times 2 \times 2 \times 2$
$ = 2^5$

➜ 16; 64

$32^2 = 32 \times 32$
$ = 1024$

➜ 31^2; 33^2

$32^3 = 32 \times 32 \times 32$

$\qquad = 32\ 768$

➜ 31^3; 33^3

32 Blatt; Kartenspiel, welches aus jeweils acht Karten derselben Farbe besteht: von 7 bis Ass

Skat ist ein Kartenspiel mit 32 Blatt für drei Mitspieler.

➜ 8, Anzahl aller Karten derselben Farbe; 52 Blatt

32 [°F] = 0 °C; Gefrierpunkt des Wassers

Die nach dem deutschen Physiker Fahrenheit benannte Temperaturskala wird in englischsprachigen Ländern angewendet.

Umrechnung von Grad Celsius in Grad Fahrenheit: mit 1,8 multiplizieren und 32 addieren

Umrechnung von Grad Fahrenheit in Grad Celsius: 32 subtrahieren und durch 1,8 teilen

➜ 0 [°F]; 16 [°C]; 28 [°C]; 61 [°F]; 82 [°F]; 212 [°F]

32; Anzahl der Zähne im Erwachsenengebiss

Das vollständige Erwachsenengebiss besteht aus acht Schneidezähnen, vier Eckzähnen, acht Vorbackenzähnen sowie zwölf Backenzähnen (davon vier Weisheitszähne).

Die Durchbruchszeiten der einzelnen Zähne sind individuell sehr unterschiedlich, besonders bei den späteren Zähnen.

➜ zweimal täglich Zähne putzen; 20, Anzahl der Zähne im Milchgebiss

32; Ordnungszahl von Germanium (Ge) im Periodensystem der Elemente

➜ 31, 33; Ordnungszahlen

32; Postleitzahl in Deutschland: Leitregion Ostwestfalen - Herford, Minden, Detmold, Löhne; Briefzentrum: Herford

➜ 31, 33; Postleitzahlen

32 bis 34

32/34; Bekleidungsgröße für Frauen (entspricht der internationalen Größe XS)

➜ 36/38; Bekleidungsgröße für Frauen

33

$33^2 = 33 \times 33$
$\quad\ = 1089$

➜ 32^2; 34^2

$33^3 = 33 \times 33 \times 33$
$\quad\ = 35\ 937$

➜ 32^3; 34^3

33; Anzahl der Knochen der menschlichen Wirbelsäule (Rückgrat)

Die Wirbelsäule des Menschen besteht aus 33 bis 34 Knochen. 33 Wirbel sind die Norm. Die Wirbelsäule setzt sich aus sieben Halswirbeln (Halswirbelsäule), zwölf Brustwirbeln (Brustwirbelsäule), fünf Lendenwirbeln (Lendenwirbelsäule), fünf zusammengewachsenen Kreuzwirbeln (Kreuzbein) und vier bis fünf miteinander verschmolzenen Steißwirbeln (Steißbein) zusammen. Von der Seite betrachtet, entspricht die Wirbelsäule einer doppel-S-förmigen Kurve.

Die Wirbelsäule stützt und hält den Körper aufrecht, ermöglicht die Bewegung von Kopf und Rumpf, schützt das Rückenmark durch den Wirbelkanal.

Verbunden mit Bandscheiben, Bändern und Muskeln, hilft die Wirbelsäule, Stöße abzufedern, die ansonsten ungehindert Gehirn, Rückenmark, andere Organe oder Gelenke schädigen können.

➜ 23, Anzahl der Bandscheiben des Menschen; 206, Anzahl der menschlichen Knochen

33; Anzahl der Nullen nach der 1: Quintilliarde oder Quinquilliarde (als Zehnerpotenz: 10^{33})

➜ 30, 36; Anzahl der Nullen nach der 1

33; Ordnungszahl von Arsen (As) im Periodensystem der Elemente

➜ 32, 34; Ordnungszahlen

33; Postleitzahl in Deutschland: Leitregion Ostwestfalen – Bielefeld, Paderborn, Bad Driburg, Gütersloh; Briefzentrum: Herford

➜ 32, 34; Postleitzahlen

33 ⅓

33 $^1/_3$ Jahre; Hochzeitstag: Knoblauchhochzeit

➜ 30 Jahre; 35 Jahre

33,33 [%] = $^1/_3$ (ein Drittel)

➜ 0,33; 25 [%]; 37,5 [%]

34

Die Zahl 34 ist die sogenannte magische Zahl des klassischen magischen Quadrats der Größe 4 mal 4. Die 34 ist die kleinste Zahl, die die gleiche Teileranzahl wie ihr Vorgänger und ihr Nachfolger hat: 4.

34^2 = 34 x 34
    = 1156

➜ 33^2; 35^2

34^3 = 34 x 34 x 34
    = 39 304

➜ 33^3; 35^3

34; Ordnungszahl von Selen (Se) im Periodensystem der Elemente

➜ 33, 35; Ordnungszahlen

34; Postleitzahl in Deutschland: Leitregion Eder-Habichtswald – Kassel, Hannoversch Münden, Korbach, Warburg; Briefzentrum: Kassel

➜ 33, 35; Postleitzahlen

34; Summe eines 16-zelligen magischen Quadrats des Malers Albrecht Dürer aus dem Jahr 1514

16	3	2	13
5	10	11	8
9	6	7	12
4	15	14	1

In jedem der vier Quadranten lautet die Summe der Zahlen jeweils 34.

Die Summe der vier Eckfelder und der vier Felder im Zentrum ergibt ebenfalls 34.

In der letzten Zeile erscheint in der Mitte die Jahreszahl 1514.

Unten links steht die 4, unten rechts die 1. Verwendet man für diese Ziffern die Buchstaben des Alphabets, so liest man das Monogramm DA (Dürer Albrecht).

➜ 9, Sudoku; 15, magisches Quadrat

35

$35^2 = 35 \times 35$
$\quad = 1225$

➜ 34^2; 36^2

$35^3 = 35 \times 35 \times 35$
$\quad = 42\ 875$

➜ 34^3; 36^3

35 [cm]; durchschnittlicher Kopfumfang eines Neugeborenen

➜ 48 bis 54 [cm]; 56 [cm]

35 [°C]; Lufttemperatur im Arbeitsraum, bei deren Überschreitung der Raum für die Zeit der Überschreitung ohne technische Maßnahmen (z. B. Luftduschen, Wasserschleier), organisatorische Maßnahmen (z. B. Entwärmungsphasen) oder persönliche Schutzausrüstungen (z. B. Hitzeschutzkleidung), wie bei Hitzearbeit, nicht als Arbeitsraum geeignet ist (Arbeitsstättenregel Raumtemperatur)

➜ 26 [°C]; 30 [°C]

35 Jahre; Hochzeitsjubiläum: Leinwandhochzeit

➜ 30 Jahre; 33 ⅓ Jahre; 37 ½ Jahre; 40 Jahre

35; Ordnungszahl von Brom (Br) im Periodensystem der Elemente

➜ 34, 36; Ordnungszahlen

35; Postleitzahl in Deutschland: Leitregion Lahn – Gießen, Wetzlar, Marburg, Dillenburg; Briefzentrum: Gießen

➜ 34, 36; Postleitzahlen

35 bis 36

35/36; Bekleidungsgröße: Kragenweite von Hemden für Männer (entspricht der internationalen Größe XS)

➔ 37/38; Bekleidungsgröße (Hemden) für Männer

35 bis 40

ca. 35 bis 40 [%]; Alkoholgehalt von Weinbrand

➔ ca. 15 bis 40 [%], ca. 40 bis 50 [%]; Alkoholgehalt

35 bis 62

35 bis 62 [%]; empfohlener Bereich der Luftfeuchtigkeit für Büro- und Wohnräume

Wenn die Luftfeuchte 35 Prozent unterschreitet, können durch zu trockene Luft die Schleimhäute der oberen Atemwege gereizt werden.

Als optimal gelten Werte um die 50 Prozent. Gewöhnlich werden Werte zwischen 40 und 50 Prozent bevorzugt.

➔ 20 [°C]; 20 bis 23 [°C]; 70 [%]

36

$36 = 6 \times 6$
$ = 6^2$

➔ 25; 49

$36^2 = 36 \times 36$
$ = 1296$

➔ 35^2; 37^2

$36^3 = 36 \times 36 \times 36$
$ = 46\,656$

➔ 35^3; 37^3

36 Monate = drei Jahre

➔ 24 Monate; 48 Monate

36; Anzahl der Nullen nach der 1: Sextillion
(als Zehnerpotenz: 10^{36})

➔ 33, 39; Anzahl der Nullen nach der 1

36; Ordnungszahl von Krypton (Kr) im Periodensystem der Elemente

➔ 35, 37; Ordnungszahlen

36; Postleitzahl in Deutschland: Leitregion Rhön - Fulda, Bad Hersfeld, Bad Salzungen, Alsfeld; Briefzentrum: Fulda

➔ 35, 37; Postleitzahlen

36 bis 38

36/38; Bekleidungsgröße für Frauen (entspricht der internationalen Größe S)

➔ 32/34, 40/42; Bekleidungsgrößen für Frauen

37

$37^2 = 37 \times 37$
    $= 1369$

➔ 36^2; 38^2

$37^3 = 37 \times 37 \times 37$
    $= 50\ 653$

➔ 36^3; 38^3

37 [°C]; normale menschliche Körpertemperatur

➔ > 37 bis 38 [°C]; 98,6 [°F]

37 [°C]; Wannenbad: bevorzugte Badetemperatur

➔ 21 bis 24 [°C]

37; Ordnungszahl von Rubidium (Rb) im Periodensystem der Elemente

➔ 36, 38; Ordnungszahlen

37; Postleitzahl in Deutschland: Leitregion Südliches Leinetal - Göttingen, Höxter, Eschwege, Osterode am Harz; Briefzentrum: Göttingen

➔ 36, 38; Postleitzahlen

37; Primzahl

    37 : 1 = 37
    37 : 37 = 1

➜ 31, 41; Primzahlen

37 bis 38

> 37 bis 38 [°C]; erhöhte Körpertemperatur

➜ 37 [°C]; bei 38 bis 38,9 [°C]

37/38; Bekleidungsgröße: Kragenweite von Hemden für Männer
(entspricht der internationalen Größe S)

➜ 35/36, 39/40; Bekleidungsgrößen (Hemden) für Männer

37 ½

37 ½ Jahre; Hochzeitstag: Aluminiumhochzeit

➜ 35 Jahre; 40 Jahre; 75 Jahre

37,5 [%] = $^3/_8$ (drei Achtel)

➜ 0,375; 33,33 [%]; 40 [%]

38

38^2 = 38 x 38
     = 1444

➜ 37^2; 39^2

38^3 = 38 x 38 x 38
     = 54 872

➜ 37^3; 39^3

38; Ordnungszahl von Strontium (Sr) im Periodensystem der
Elemente

➜ 37, 39; Ordnungszahlen

38; Postleitzahl in Deutschland: Leitregion Harz – Braunschweig, Salzgitter, Wolfsburg, Halberstadt; Briefzentrum:
Braunschweig

➜ 37, 39; Postleitzahlen

38 bis 38,9

bei 38 bis 38,9 [°C] Körpertemperatur: leichtes Fieber

Fieber stellt eine Abwehrreaktion des Körpers dar.

➔ > 37 bis 38 [°C]; ab 39 [°C]

39

$39^2 = 39 \times 39$
$= 1521$

➔ 38^2; 40^2

$39^3 = 39 \times 39 \times 39$
$= 59\ 319$

➔ 38^3; 40^3

ab 39 [°C] Körpertemperatur: hohes Fieber

Fieber kann außer mit Medikamenten auch mit Hilfe von Wadenwickeln gesenkt werden, die alle zwei bis drei Minuten erneuert werden müssen. Hierzu werden Handtücher mit kühlem Wasser von etwa 15 °C Temperatur getränkt und um die Unterschenkel gewickelt. Wenn die Körpertemperatur auf etwa 38,5 °C gefallen ist, wird mit den Wadenwickeln aufgehört.

Während einer fieberhaften Erkrankung gehen erhebliche Flüssigkeitsmengen durch das Schwitzen verloren. Es muss daher ausreichend Flüssigkeit zugeführt werden.

➔ bei 38 bis 38,9 [°C]; bei Werten um 41 [°C]

39 [kJ]; Nährstoffe: Energiewert von einem Gramm Fett

39 Kilojoule entsprechen 9,3 Kilokalorien.

➔ ca. 4,2; 17 [kJ]; 100 [g] oder 100 [ml]

39; Anzahl der Nullen nach der 1: Sextilliarde
(als Zehnerpotenz: 10^{39})

➔ 36, 42; Anzahl der Nullen nach der 1

39; Ordnungszahl von Yttrium (Y) im Periodensystem der Elemente

➔ 38, 40; Ordnungszahlen

39; Postleitzahl in Deutschland: Leitregion Sachsen-Anhalt Nord – Magdeburg, Stendal, Oschersleben, Staßfurt; Briefzentrum: Magdeburg

➜ 38, 40; Postleitzahlen

39 bis 40

39/40; Bekleidungsgröße: Kragenweite von Hemden für Männer (entspricht der internationalen Größe M)

Die Hemdengrößen beziehen sich auf den Halsumfang (in cm).

➜ 37/38, 41/42; Bekleidungsgrößen (Hemden) für Männer

40

Die christliche Fastenzeit umfasst 40 Tage. Die 40 ist eine besondere biblische Zahl.

$40^2 = 40 \times 40$
$\quad = 1600$

➜ 39^2; 41^2

$40^3 = 40 \times 40 \times 40$
$\quad = 64\ 000$

➜ 39^3; 41^3

40 [g] reiner Alkohol (= 0,5 l Wein oder 1 l Bier; 0,8 g = 1 ml reiner Alkohol); Höchstgrenze pro Tag zur Vermeidung von Alkoholmissbrauch und -abhängigkeit bei Männern

Empfohlen wird eine Tagesmenge von maximal 24 Gramm reinem Alkohol.

Um Gewöhnung zu vermeiden, sollte an mindestens zwei bis drei Tagen pro Woche ganz auf Alkohol verzichtet werden.

➜ 20 [g] reiner Alkohol

40 Jahre; Hochzeitsjubiläum: Rubinhochzeit

➜ 35 Jahre; 37 ½ Jahre; 45 Jahre

bis 40 Jahre; Höchstalter von Tieren: Pferd (je nach Rasse)

➜ 12 bis 14 Jahre, 12 bis 20 Jahre, bis 20 Jahre; Höchstalter von Tieren

> 40 [mg/dl]; Normalwert von gefäßschützendem „guten" HDL-Cholesterin bei Männern

HDL = High-Density-Lipoprotein-Cholesterin

Regelmäßiger Sport soll zur Erhöhung von „gutem" HDL-Cholesterin beitragen.

➔ > 45 [mg/dl]; < 130 [mg/dl]; < 200 [mg/dl]

40 [%] = $^2/_5$ (zwei Fünftel)

➔ 0,4; 37,5 [%]; 50 [%]

40; Anzahl der Zeichen von Österreichs längstem Gemeinde-
namen, zugleich der Name mit den meisten Wörtern:
Pfaffenschlag bei Waidhofen an der Thaya (40 Zeichen
einschließlich Leerzeichen)

In Verbindung mit dem Namen des Hauptortes Michelbach an
der Bilz-Gschlachtenbretzingen (40 Buchstaben) ist
Gschlachtenbretzingen der längste deutsche Ortsname.
Ansonsten gilt Hellschen-Heringsand-Unterschaar mit
insgesamt 32 Zeichen als längster Ortsname in Deutschland.
In der Schweiz weist der Ort Niederhelfenschwil die meisten
Buchstaben (18) auf.

➔ 58; Anzahl der Buchstaben

40; Nummer zur Kennzeichnung von Verpackungsmaterial (nach
der Verpackungsverordnung): Stahl (FE; Metall)

➔ 22, 41; Nummern zur Kennzeichnung von Verpackungsmaterial

40; Ordnungszahl von Zirconium (Zr) im Periodensystem der
Elemente

➔ 39, 41; Ordnungszahlen

40; Postleitzahl in Deutschland: Leitregion Düsseldorf,
Hilden, Mettmann, Ratingen; Briefzentrum: Düsseldorf

➔ 39, 41; Postleitzahlen

40; römisches Zahlzeichen: XL

➔ 30, 50, 2017; römische Zahlzeichen

040; Vorwahlnummer von Hamburg

➔ 0049

Teilbarkeit:
Eine Zahl ist durch 40 teilbar, wenn die letzte Ziffer eine
0 ist und die Zahl, die aus der drittletzten und vorletzten
Stelle gebildet wird, durch 4 teilbar ist.

➔ 2, 3, 4, 5, 6, 7, 8, 9, 10, 20, 25, 30, 50, 100; Teilbarkeit

40 bis 42

40/42; Bekleidungsgröße für Frauen (entspricht der internationalen Größe M)

Die Zahlangaben der Konfektionsgrößen für die Oberbekleidung basieren auf dem Brustumfang. Für die Normalgrößen der Damen gilt: Bekleidungsgröße = Brustumfang geteilt durch 2 abzüglich 6 (in cm). Damit ergeben sich andere Größenangaben als bei den Männern.

Untersetzte Größen werden nochmals halbiert.
Schlanke Größen werden verdoppelt.

➜ 36/38, 44/46; Bekleidungsgrößen für Frauen

40 bis 50

40 bis 50 [µT]; natürliche Feldstärke des Erdmagnetfeldes
Nach der Bundes-Immissionsschutzverordnung liegt der unbedenkliche Wert für die magnetische Flussdichte des 50-Hz-Stromnetzes bei 100 µT.

➜ 100 [µT]

ca. 40 bis 50 [%]; Alkoholgehalt von Whisky
➜ ca. 35 bis 40 [%], ca. 40 bis 55 [%]; Alkoholgehalt

40 bis 53

< 40 bis 53 [cm]; empfohlener Verstellbereich der Sitzflächenhöhe von Büroarbeitsstühlen

Die Höhe der Sitzfläche muss sich mindestens in einem Bereich von 40 bis 51 Zentimetern verstellen lassen.

Von den Herstellern werden üblicherweise Büroarbeitsstühle sowie andere Arbeitsstühle mit darüber hinausgehendem Verstellbereich angeboten.

Für Sitzhöhen von über 65 Zentimetern (für Hochstühle, die überwiegend im produzierenden Gewerbe eingesetzt werden) ist eine Aufstiegshilfe verbindlich. Für das Untergestell werden Gleiter statt Rollen verwendet.

➜ 45 [cm]; < 62 bis 85 [cm]; 74 (± 2) [cm]

40 bis 55

ca. 40 bis 55 [%]; Alkoholgehalt von Rum und Wodka

➜ ca. 40 bis 50 [%]; Alkoholgehalt

41

$41^2 = 41 \times 41$
$\qquad = 1681$

➜ 40^2; 42^2

$41^3 = 41 \times 41 \times 41$
$\qquad = 68\ 921$

➜ 40^3; 42^3

bei Werten um 41 [°C] Körpertemperatur: Gefahr bleibender Schädigungen des Gehirns mit zunehmender Dauer

➜ ab 39 [°C]; 42 [°C]

41 [MJ/kg] (31 MJ/l); Heizwert von Brennstoffen: Benzin

➜ 30 [MJ/kg]; 42 [MJ/kg]

41; Nummer zur Kennzeichnung von Verpackungsmaterial (nach der Verpackungsverordnung): Aluminium (ALU; Metall)

➜ 40, 50; Nummern zur Kennzeichnung von Verpackungsmaterial

41; Ordnungszahl von Niobium (Nb) im Periodensystem der Elemente

➜ 40, 42; Ordnungszahlen

41; Postleitzahl in Deutschland: Leitregion Schwalm-Nette – Mönchengladbach, Neuss, Viersen, Erkelenz; Briefzentrum: Mönchengladbach

➜ 40, 42; Postleitzahlen

41; Primzahl

$\qquad$ 41 : 1 = 41
$\qquad$ 41 : 41 = 1

➜ 37, 43; Primzahlen

0041; Vorwahlnummer aus dem Ausland in die Schweiz (aus
Australien: 0141, aus Japan: 00141, aus Kanada und den USA:
01141)

➔ 0043; 0049

41 bis 42

41/42; Bekleidungsgröße: Kragenweite von Hemden für Männer
(entspricht der internationalen Größe L)

➔ 39/40, 43/44; Bekleidungsgrößen (Hemden) für Männer

42

$42^2 = 42 \times 42$
$= 1764$

➔ 41^2; 43^2

$42^3 = 42 \times 42 \times 42$
$= 74\ 088$

➔ 41^3; 43^3

42 [°C] Körpertemperatur: akute Lebensgefahr

➔ bei Werten um 41 [°C]

42 [MJ/kg] (31 MJ/m^3); Heizwert von Brennstoffen: Erdgas

➔ 41 [MJ/kg]; 43 [MJ/kg]

42; Anzahl der Nullen nach der 1: Septillion
(als Zehnerpotenz: 10^{42})

➔ 39, 45; Anzahl der Nullen nach der 1

42; Ordnungszahl von Molybdän (Mo) im Periodensystem der
Elemente

➔ 41, 43; Ordnungszahlen

42; Postleitzahl in Deutschland: Leitregion Bergisches Land
Nord – Wuppertal, Velbert, Solingen, Remscheid;
Briefzentrum: Wuppertal

➔ 41, 44; Postleitzahlen

42,195

42,195 [km]; Länge der Strecke beim Marathonlauf

Die Strecke entspricht der Distanz, die bei den Olympischen Spielen 1908 in London absolviert wurde.

➔ 1 [km]

43

43^2 = 43 x 43
    = 1849

➔ 42^2; 44^2

43^3 = 43 x 43 x 43
    = 79 507

➔ 42^3; 44^3

43 [MJ/kg] (36 MJ/l); Heizwert von Brennstoffen: Diesel

➔ 42 [MJ/kg]; 47 [MJ/kg]

43 [MJ/kg] (36 MJ/l); Heizwert von Brennstoffen: Heizöl

➔ 42 [MJ/kg]; 47 [MJ/kg]

43; Anzahl der beim Stirnrunzeln beteiligten Muskeln

➔ 15 Muskeln; ca. 640 Muskeln

43; Ordnungszahl von Technetium (Tc) im Periodensystem der Elemente

➔ 42, 44; Ordnungszahlen

43; Primzahl

    43 : 1 = 43
    43 : 43 = 1

➔ 41, 47; Primzahlen

0043; Vorwahlnummer aus dem Ausland nach Österreich (aus Australien: 0143, aus Japan: 00143, aus Kanada und den USA: 01143)

➔ 0043; 0049

43 bis 44

43/44; Bekleidungsgröße: Kragenweite von Hemden für Männer (entspricht der internationalen Größe XL)

➜ 41/42, 45/46; Bekleidungsgrößen (Hemden) für Männer

44

$44^2 = 44 \times 44$
    $= 1936$

➜ 43^2; 45^2

$44^3 = 44 \times 44 \times 44$
    $= 85\ 184$

➜ 43^3; 45^3

44; Ordnungszahl von Ruthenium (Ru) im Periodensystem der Elemente

➜ 43, 45; Ordnungszahlen

44; Postleitzahl in Deutschland: Leitregion Dortmund, Lünen, Herne, Bochum; Briefzentrum: Dortmund

➜ 42, 45; Postleitzahlen

44 bis 46

44/46; Bekleidungsgröße für Frauen (entspricht der internationalen Größe L)

➜ 40/42, 48/50; Bekleidungsgrößen für Frauen

44/46; Bekleidungsgröße für Männer (entspricht der internationalen Größe S)

➜ 48/50; Bekleidungsgröße für Männer

45

$45^2 = 45 \times 45$
     $= 2025$

➜ 44^2; 46^2

$45^3 = 45 \times 45 \times 45$
     $= 91\ 125$

➜ 44^3; 46^3

45 [cm]; gebräuchliche Sitzhöhe eines Stuhls

➜ < 40 bis 53 [cm]; 75 [cm]

45 [°]; Gradeinteilung auf dem Kompass: Nebenhimmelsrichtung Nordost (NO)

➜ 0 [°]; 90 [°]; 135 [°]; 180 [°]; 225 [°]; 270 [°]; 315 [°]

45 [°]; Maße der kleineren Winkel im rechtwinkligen,
gleichschenkligen Dreieck

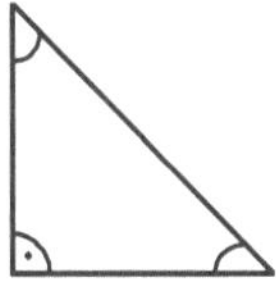

➜ 60 [°]; 90 [°]; 180 [°]

höchstens 45 [g] Restzucker pro Liter Wein; Geschmack des
Weines: lieblich (moelleux, amabile, medium)

➜ höchstens 18 [g]; mehr als 45 [g]

mehr als 45 [g] Restzucker pro Liter Wein; Geschmack des
Weines: süß (doux, dolce, sweet)
Als Restzuckergehalt wird der nach der Gärung im Wein
zurückbleibende Zucker bezeichnet.

➜ höchstens 45 [g]

45 Jahre; Hochzeitsjubiläum: Edelweiß-, Messing-, Platin-
oder Saphirhochzeit

➜ 40 Jahre; 50 Jahre

45 [m²]; durchschnittliche Pro-Kopf-Wohnfläche in
Deutschland (nach Angaben des Bundesinstituts für
Bevölkerungsforschung)

> 45 [mg/dl]; Normalwert von gefäßschützendem „guten"
HDL-Cholesterin bei Frauen

HDL = High-Density-Lipoprotein-Cholesterin

Regelmäßiger Sport soll zur Erhöhung von „gutem" HDL-
Cholesterin beitragen.

➔ > 40 [mg/dl]; < 130 [mg/dl]; < 200 [mg/dl]

45 [min] = eine Dreiviertelstunde

➔ 30 [min]; 60 [min]

45 Minuten; eine Halbzeit eines Fußballspiels

➔ 90 Minuten

45 Minuten; Dauer einer Unterrichtsstunde an Schulen
(Schulstunde) und in der Erwachsenenbildung

In der Erwachsenenbildung sind mehrere (meist zwei)
Unterrichtseinheiten ohne Pause üblich.

➔ 90 Minuten

mindestens 45 Minuten Lenkzeitunterbrechungen (aufteilbar
in mehrere Pausen von jeweils mindestens 15 Minuten) nach
4,5 Stunden Fahrzeit für Fahrpersonal (nach der Fahrperso-
nalverordnung)

➔ 8 Stunden

45; Anzahl der Nullen nach der 1: Septilliarde
(als Zehnerpotenz: 10^{45})

➔ 42, 48; Anzahl der Nullen nach der 1

45; Ordnungszahl von Rhodium (Rh) im Periodensystem der
Elemente

➔ 44, 46; Ordnungszahlen

45; Postleitzahl in Deutschland: Leitregion Nördliches
Ruhrgebiet – Essen, Mülheim an der Ruhr, Recklinghausen,
Gelsenkirchen; Briefzentrum: Essen

➔ 44, 46; Postleitzahlen

45 bis 46

45/46; Bekleidungsgröße: Kragenweite von Hemden für Männer
(entspricht der internationalen Größe XXL)

➜ 43/44, 47/48; Bekleidungsgrößen (Hemden) für Männer

45 bis 65

etwa 45 bis 65 [cm] = eine Elle (früheres Längenmaß,
ursprünglich von der Länge des Unterarms abgeleitet)

Die Länge misst meist mehr als der Abstand zwischen
Ellenbogen und Mittelfingerspitze eines ausgewachsenen
Mannes. Je nach Region variierte das Längenmaß beträcht-
lich.

➜ etwa 22 bis 28 [cm]; etwa 70 bis 80 [cm]

46

$46^2 = 46 \times 46$
$= 2116$

➜ 45^2; 47^2

$46^3 = 46 \times 46 \times 46$
$= 97\ 336$

➜ 45^3; 47^3

46; Anzahl der Chromosomen in jeder Zelle des menschlichen
Körpers (außer Sperma- und Eizellen, in denen sich jeweils
23 Chromosomen befinden)

Bei der Verschmelzung von Sperma- und Eizellen werden
ebenfalls 46 Chromosomen erreicht. Jeder Zellkern einer
Körperzelle enthält 23 väterliche und 23 mütterliche
Chromosomen. Zwei der 46 Chromosomen in jeder Körperzelle
bestimmen das Geschlecht. (Frauen haben zwei X-Chromosomen,
Männer ein X- und ein Y-Chromosom.) In den Chromosomen sind
ungefähr 100 000 Gene enthalten, die alle Merkmale eines
Individuums bestimmen.

➜ ca. 266 bis 267 Tage (etwa neun Kalendermonate)

46; Ordnungszahl von Palladium (Pd) im Periodensystem der
Elemente

➜ 45, 47; Ordnungszahlen

46; Postleitzahl in Deutschland: Leitregion Niederrhein –
Oberhausen, Bottrop, Bocholt, Wesel; Briefzentrum: Duisburg

➜ 45, 47; Postleitzahlen

47

47 + 2 = 49
47 x 2 = 94

➜ 49; 94

47^2 = 47 x 47
   = 2209

➜ 46^2; 48^2

47^3 = 47 x 47 x 47
   = 103 823

➜ 46^3; 48^3

47 [MJ/kg] (94 MJ/m^3); Heizwert von Brennstoffen: Propan

➜ 43 [MJ/kg]

47; Ordnungszahl von Silber (Argentum; Ag) im Periodensystem der Elemente

➜ 46, 48; Ordnungszahlen

47; Postleitzahl in Deutschland: Leitregion Niederrhein –
Duisburg, Krefeld, Moers, Kleve; Briefzentrum: Duisburg

➜ 46, 48; Postleitzahlen

47; Primzahl

   47 : 1 = 47
   47 : 47 = 1

➜ 43, 53; Primzahlen

47 bis 48

47/48; Bekleidungsgröße: Kragenweite von Hemden für Männer
(entspricht der internationalen Größe 3XL)

➜ 45/46, 49/50; Bekleidungsgrößen (Hemden) für Männer

48

$48^2 = 48 \times 48$
$= 2304$

➔ 47^2; 49^2

$48^3 = 48 \times 48 \times 48$
$= 110\ 592$

➔ 47^3; 49^3

48 Blatt (2 x 24 Blatt); Anzahl der Karten beim Doppelkopfspiel: von 9 bis Ass

➔ 32 Blatt; 52 Blatt

48 Monate = vier Jahre

➔ 36 Monate; 60 Monate

48 Stunden = zwei Tage

➔ 24 [h]; 72 Stunden

48; Anzahl der Nullen nach der 1: Oktillion
(als Zehnerpotenz: 10^{48})

➔ 45, 51; Anzahl der Nullen nach der 1

48; Ordnungszahl von Cadmium (Cd) im Periodensystem der Elemente

➔ 47, 49; Ordnungszahlen

48; Postleitzahl in Deutschland: Leitregion Münsterland – Münster, Rheine, Nordhorn, Coesfeld; Briefzentrum: Münster

➔ 47, 49; Postleitzahlen

48 bis 50

48/50; Bekleidungsgröße für Frauen (entspricht der internationalen Größe XL)

➔ 44/46, 52/54; Bekleidungsgrößen für Frauen

48/50; Bekleidungsgröße für Männer (entspricht der internationalen Größe M)
Die Zahlangaben der Konfektionsgrößen für die Oberbekleidung basieren auf dem Brustumfang (außer bei den Hemdengrößen). Für die Normalgrößen der Herren gilt: Bekleidungsgröße = Brustumfang geteilt durch 2 (in cm).

Untersetzte Größen werden nochmals halbiert.
Schlanke Größen werden verdoppelt.

➔ 44/46, 52/54; Bekleidungsgrößen für Männer

48 bis 54

48 bis 54 [cm]; Normalgröße von Neugeborenen
Männliche Neugeborene sind durchschnittlich 51 Zentimeter
lang. Neugeborene Mädchen sind im Durchschnitt einen
Zentimeter kürzer.

➔ 35 [cm]; 2500 bis 4500 [g]

49

$49 = 7 \times 7$
$= 7^2$

➔ 36; 64

$49^2 = 49 \times 49$
$= 2401$

➔ 48^2; 50^2

$49^3 = 49 \times 49 \times 49$
$= 117\ 649$

➔ 48^3; 50^3

49; Ordnungszahl von Indium (In) im Periodensystem der
Elemente

➔ 48, 50; Ordnungszahlen

49; Postleitzahl in Deutschland: Leitregion Emsland –
Osnabrück, Melle, Ibbenbüren, Lingen (Ems); Briefzentrum:
Osnabrück

➔ 48, 50; Postleitzahlen

0049; Vorwahlnummer aus dem Ausland nach Deutschland (aus
Australien: 0149, aus Japan: 00149, aus Kanada und den USA:
01149)

Bei der Anwahl aus dem Ausland wird die 0 des jeweiligen
Ortes weggelassen. Beispiel Berlin: Die Vorwahl für die
Bundeshauptstadt lautet 030. Aus dem Ausland wird die
Vorwahlnummer 004930 gewählt: 0049 für Deutschland, 30 für
Berlin.

Statt der beiden Nullen für die Einwahl aus dem Ausland
kann auch das Zeichen + gewählt werden.

➜ 030; 0041; 0043

49 bis 50

49/50; Bekleidungsgröße: Kragenweite von Hemden für Männer
(entspricht der internationalen Größe 4XL)

➜ 47/48; Bekleidungsgröße (Hemden) für Männer

50

*Die Zahl 50 ist eine Jubiläumszahl („Goldenes Jubiläum"
genannt). Sie ist die kleinste natürliche Zahl, die auf
zwei verschiedene Arten als die Summe von zwei Quadratzahlen ausgedrückt werden kann: $7^2 + 1^2 = 5^2 + 5^2 = 50$. Der
englische Ausdruck fifty-fifty bedeutet „halb und halb".*

50^2 = 50 x 50
   = 2500

➜ 49^2; 51^2

50^3 = 50 x 50 x 50
   = 125 000

➜ 49^3; 51^3

< 50 Beschäftigte und ≤ 10 Millionen Euro Jahresumsatz
oder Bilanzsumme; Unternehmensgröße (nach EU-Definition):
Kleines Unternehmen

➜ < 10 Beschäftigte; < 250 Beschäftigte

50 [cm] = ein halber Meter

➜ 1 [m]

50 [ct]; 50-Cent-Münze (0,50-Euro-Münze): Durchmesser 24,25
mm; Gewicht 7,8 g; gelb; Randprägung mit feiner Wellen-
struktur

➜ 20 [ct]; 50 [€]; 100 [ct]

50 [€]; 50-Euro-Schein: Format 140 x 77 mm; orange;
Renaissance-Architektur

➜ 20 [€]; 50 [ct]; 100 [€]

bis 50 [g]; Kompaktbrief der Deutschen Post

Länge: 100 bis 235 mm
Breite: 70 bis 125 mm
Höhe: bis 10 mm

Die Länge muss mindestens das 1,4-Fache der Breite betragen.

➔ bis 20 [g]; bis 500 [g]

50 [g/m^2]; Gewicht von Zeitungspapier

➔ 70 bis 80 [g/m^2]

50 Jahre; Hochzeitsjubiläum: Goldene Hochzeit

➔ 25 Jahre; 45 Jahre; 55 Jahre; 60 Jahre

50 [kg] = ein Zentner (Gewichtsmaß)
       = 100 Pfund

➔ 0,5 [kg]; 1 [kg]; 100 [kg]; 500 [g]; 1000 [kg]

50 [kg] und mehr; Lastgewichte, die bei regelmäßigem Tragen auf der Schulter ein erhöhtes Risiko für die Entwicklung bandscheibenbedingter Erkrankungen der Halswirbelsäule bedeuten (Merkblatt zur BK Nr. 2109: Bandscheibenbedingte Erkrankungen der Halswirbelsäule durch langjähriges Tragen schwerer Lasten auf der Schulter)

➔ 25 [kg]

50 [km/h]; Höchstgeschwindigkeit innerhalb von Ortschaften (in Deutschland, Österreich, der Schweiz und den meisten europäischen Ländern)
Vor Kindertagesstätten, Schulen, Krankenhäusern und Altenheimen in Deutschland soll generell Tempo 30 gelten.

➔ 80 [km/h]; 100 [km/h]

50 [km/h]; Höchstgeschwindigkeit, wenn die Sichtweite durch Nebel, Schneefall oder Regen weniger als 50 Meter beträgt, sowie für Kraftfahrzeuge mit Schneeketten auch unter günstigsten Umständen (nach der Straßenverkehrsordnung)
Leitpfosten auf Landstraßen und Autobahnen sind in der Regel 50 Meter voneinander entfernt.

➔ 50 [km/h]; 100 [km/h]

ab 50 [mA]; elektrische Stromstärke: Lebensgefahr
Die Gefährdung durch elektrischen Strom nimmt mit höherer Stromstärke und längerer Einwirkungsdauer zu.

➔ 0,5 [mA]

50 [µg/m^3]; Feinstaub: Tagesgrenzwert pro Kubikmeter Luft

Als Feinstaub werden kleinste Partikel in der Luft bezeichnet, die beim Einatmen in den Körper gelangen und beispielsweise zu Atemwegserkrankungen führen können.

Nach geltendem EU-Recht darf der Grenzwert für Feinstaub an höchstens 35 Tagen im Jahr überschritten werden. Der zulässige Jahresmittelwert beträgt 40 Mikrogramm pro Kubikmeter.

Diese Grenzwerte beziehen sich auf Partikel mit einem maximalen Durchmesser von zehn Mikrometer (PM_{10}). Für noch kleinere Partikel ($PM_{2,5}$) gilt europaweit ein Zielwert von 25 µg/m^3 im Jahresmittel, der ab 2020 auf 20 µg/m^3 gesenkt werden soll.

➔ 1 [m^3]

50 [%] = $^1/_2$ (ein halb)

➔ 0,5; 40 [%]; 60 [%]

≤ 50 [V] Wechselspannung; Ebene der elektrischen Spannung: Kleinspannung

50 Volt Wechselspannung ist die Grenze der höchstzulässigen Berührungsspannung.

➔ > 50 bis ≤ 1000 [V] Wechselspannung; ≤ 120 [V] Gleichspannung

50; Anzahl der Bundesstaaten in den USA

➔ 9 809 155 [km^2]

50; Bekleidungsgröße für Kinder (Körpergröße bis 50 cm)

➔ 56; Bekleidungsgröße für Kinder

50; Einmaleins (Multiplikation mit 50)

```
    50 x 1 =   50
    50 x 2 =  100
    50 x 3 =  150
    50 x 4 =  200
    50 x 5 =  250
    50 x 6 =  300
    50 x 7 =  350
    50 x 8 =  400
    50 x 9 =  450
```

➔ 25, 75; Einmaleins

50; Nummer zur Kennzeichnung von Verpackungsmaterial (nach der Verpackungsverordnung): Holz (FOR)

➜ 41, 51; Nummern zur Kennzeichnung von Verpackungsmaterial

50; Ordnungszahl von Zinn (Stannum; Sn) im Periodensystem der Elemente

➜ 49, 51; Ordnungszahlen

50; Postleitzahl in Deutschland: Leitregion Köln (links-rheinisch und Köln-Deutz), Frechen, Brühl, Bergheim; Brief-zentrum: Köln-West

➜ 49, 51; Postleitzahlen

50; römisches Zahlzeichen: L

➜ 40, 60, 2017; römische Zahlzeichen

Maßstab:

50 : 1
Die wirklichen Abmessungen sind fünfzig Mal kleiner als die dargestellten.

➜ 1 : 50

Teilbarkeit:
Eine Zahl ist durch 50 teilbar, wenn sie auf 00 oder 50 endet.

➜ 2, 3, 4, 5, 6, 7, 8, 9, 10, 20, 25, 30, 40, 100; Teilbarkeit

50 bis 55

50 bis 55 [°C]; bekömmliche Trinktemperaturen von Kaffee
und Tee

➜ etwa 200 [mg]

50 bis 75

ca. 50 bis 75 [°C]; Temperaturen in einem finnischen
Schwitzbad (Sauna)

➜ 37 [°C]; 100 [°C]

50 bis 1000

> 50 bis ≤ 1000 [V] Wechselspannung; Ebene der elektrischen
Spannung: Niederspannung

Wechselspannungen über 50 Volt sind lebensgefährlich.

➜ ≤ 50 [V] Wechselspannung; > 120 bis ≤ 1500 [V] Gleichspannung;
> 1000 [V] Wechselspannung

51

$51^2 = 51 \times 51$
$= 2601$

➜ 50^2; 52^2

$51^3 = 51 \times 51 \times 51$
$= 132\ 651$

➜ 50^3; 52^3

51; Anzahl der Nullen nach der 1: Oktilliarde
(als Zehnerpotenz: 10^{51})

➜ 48, 54; Anzahl der Nullen nach der 1

51; Nummer zur Kennzeichnung von Verpackungsmaterial (nach
der Verpackungsverordnung): Kork (FOR; Holzmaterial)

➜ 50, 60; Nummern zur Kennzeichnung von Verpackungsmaterial

51; Ordnungszahl von Antimon (Stibium; Sb) im Periodensystem der Elemente

➜ 50, 52; Ordnungszahlen

51; Postleitzahl in Deutschland: Leitregion Köln (rechts-
rheinisch ohne Köln-Deutz), Leverkusen, Bergisch Gladbach,
Gummersbach; Briefzentrum: Köln-Ost

➜ 50, 52; Postleitzahlen

52

$52^2 = 52 \times 52$
    $= 2704$

➜ 51^2; 53^2

$52^3 = 52 \times 52 \times 52$
    $= 140\ 608$

➜ 51^3; 53^3

52 Blatt; Kartenspiel, welches aus jeweils 13 Karten
derselben Farbe besteht: von 2 bis Ass

Beim Rommé beispielsweise werden zwei vollständige franzö-
sische Kartenspiele zu je 52 Blatt verwendet, dazu bis zu
sechs Joker („Spaßmacher", mit dem Bild eines Narren), die
jede Karte jeder Farbe vertreten können.

Das Ziel beim Rommé besteht darin, zuerst alle Karten in
Form von Sequenzen (mindestens drei aufeinanderfolgende
Karten) oder Gruppen gleicher Kartenwerte abzulegen.

➜ 13, Anzahl aller Karten derselben Farbe; 32 Blatt

52; Anzahl der Wochen eines Jahres

Die Kalenderwoche (KW) dient der fortlaufenden Unterteilung
des Kalenderjahres.

Übersicht der Kalenderwochen eines Jahres:
    KW 1: Januar
    KW 2: Januar
    KW 3: Januar
    KW 4: Januar
    KW 5: Januar/Februar
    KW 6: Februar
    KW 7: Februar
    KW 8: Februar
    KW 9: Februar/März
    KW 10: März
    KW 11: März
    KW 12: März
    KW 13: März/April
    KW 14: März/April
    KW 15: April

KW 16: April
KW 17: April/Mai
KW 18: April/Mai
KW 19: Mai
KW 20: Mai
KW 21: Mai
KW 22: Mai/Juni
KW 23: Mai/Juni
KW 24: Juni
KW 25: Juni
KW 26: Juni/Juli
KW 27: Juni/Juli
KW 28: Juli
KW 29: Juli
KW 30: Juli/August
KW 31: Juli/August
KW 32: August
KW 33: August
KW 34: August
KW 35: August/September
KW 36: August/September
KW 37: September
KW 38: September
KW 39: September/Oktober
KW 40: September/Oktober
KW 41: Oktober
KW 42: Oktober
KW 43: Oktober
KW 44: Oktober/November
KW 45: November
KW 46: November
KW 47: November
KW 48: November/Dezember
KW 49: November/Dezember
KW 50: Dezember
KW 51: Dezember
KW 52: Dezember/Januar des nächsten Jahres
eventuell KW 53: Dezember/Januar des nächsten Jahres

➜ 7, Anzahl der Tage einer Woche; 12, Anzahl der Monate eines Jahres; 168 Stunden; 365 Tage

52; Ordnungszahl von Tellur (Te) im Periodensystem der Elemente

➜ 51, 53; Ordnungszahlen

52; Postleitzahl in Deutschland: Leitregion Rurtal – Aachen, Eschweiler, Düren, Heinsberg; Briefzentrum: Aachen

➔ 51, 53; Postleitzahlen

52 bis 54

52/54; Bekleidungsgröße für Frauen (entspricht der internationalen Größe XXL)

➔ 48/50, 56/58; Bekleidungsgrößen für Frauen

52/54; Bekleidungsgröße für Männer (entspricht der internationalen Größe L)

➔ 48/50, 56/58; Bekleidungsgrößen für Männer

53

$53^2 = 53 \times 53$
$ = 2809$

➔ 52^2; 54^2

$53^3 = 53 \times 53 \times 53$
$ = 148\,877$

➔ 52^3; 54^3

unter 53 [g]; Gewichtsklasse von Eiern (auf dem Verpackungskarton angegeben): S (klein)

➔ 53 bis unter 63 [g]

53; Ordnungszahl von Iod (I) im Periodensystem der Elemente

➔ 52, 54; Ordnungszahlen

53; Postleitzahl in Deutschland: Leitregion Bonn, Remagen, Siegburg, Euskirchen; Briefzentrum: Bonn

➔ 52, 54; Postleitzahlen

53; Primzahl
53 : 1 = 53
53 : 53 = 1

➔ 47, 59; Primzahlen

53 bis 63

53 bis unter 63 [g]; Gewichtsklasse von Eiern (auf dem Verpackungskarton angegeben): M (mittel)

➜ unter 53 [g]; 63 bis unter 73 [g]

54

$54^2 = 54 \times 54$
$\quad\ = 2916$

➜ 53^2; 55^2

$54^3 = 54 \times 54 \times 54$
$\quad\ = 157\ 464$

➜ 53^3; 55^3

54; Anzahl der Nullen nach der 1: Nonillion
(als Zehnerpotenz: 10^{54})

➜ 51, 57; Anzahl der Nullen nach der 1

54; Ordnungszahl von Xenon (Xe) im Periodensystem der Elemente

➜ 53, 55; Ordnungszahlen

54; Postleitzahl in Deutschland: Leitregion Eifel - Trier, Wittlich, Daun, Prüm; Briefzentrum: Trier

➜ 53, 55; Postleitzahlen

55

$55^2 = 55 \times 55$
$\quad\ = 3025$

➜ 54^2; 56^2

$55^3 = 55 \times 55 \times 55$
$\quad\ = 166\ 375$

➜ 54^3; 56^3

55 [dB]; empfohlener Höchstwert für Schalleinwirkungen bei überwiegend geistigen Tätigkeiten (Arbeiten, die erhöhte Anforderungen an das menschliche Konzentrationsvermögen stellen, wie z. B. Programmieren, Textkorrektur)

➜ um 10 [dB] höhere Schallpegel; 60 [dB]; 70 [dB]

55 Jahre; Hochzeitsjubiläum: Smaragd-, Türkis- oder Venushochzeit

➜ 50 Jahre; 60 Jahre

55 [%]; relative Luftfeuchtigkeit, die aus physiologischen Gründen ab einer Lufttemperatur von 26 °C im Arbeitsraum nicht überschritten werden darf (Arbeitsstättenregel Lüftung)

Dies gilt nicht, soweit die Natur des Betriebes höhere Luftfeuchten erfordert (z. B. Lebensmittelherstellung, Gewächshaus oder Schwimmbad).

➜ 26 [°C]; 35 bis 62 [%]; 62 [%]; 70 [%]; 80 [%]

55; Ordnungszahl von Cäsium (Cs) im Periodensystem der Elemente

➜ 54, 56; Ordnungszahlen

55; Postleitzahl in Deutschland: Leitregion Rhein-Nahe – Mainz, Simmern/Hunsrück, Bad Kreuznach, Idar-Oberstein; Briefzentrum: Mainz

➜ 54, 56; Postleitzahlen

56

$56^2 = 56 \times 56$
$\quad\quad = 3136$

➜ 55^2; 57^2

$56^3 = 56 \times 56 \times 56$
$\quad\quad = 175\ 616$

➜ 55^3; 57^3

56 [cm]; durchschnittlicher Kopfumfang eines erwachsenen Menschen

➜ 35 [cm]

56; Bekleidungsgröße für Kinder (Körpergröße 51 bis 56 cm)
➜ 50, 62; Bekleidungsgrößen für Kinder

56; Ordnungszahl von Barium (Ba) im Periodensystem der
Elemente

➔ 55, 57; Ordnungszahlen

56; Postleitzahl in Deutschland: Leitregion Westerwald –
Koblenz, Neuwied, Mayen, Andernach; Briefzentrum: Koblenz

➔ 55, 57; Postleitzahlen

56 bis 58

56/58; Bekleidungsgröße für Frauen (entspricht der
internationalen Größe 3XL)

➔ 52/54, 60; Bekleidungsgrößen für Frauen

56/58; Bekleidungsgröße für Männer (entspricht der
internationalen Größe XL)

➔ 52/54, 60/62; Bekleidungsgrößen für Männer

57

$57^2 = 57 \times 57$
$ = 3249$

➔ 56^2; 58^2

$57^3 = 57 \times 57 \times 57$
$ = 185\ 193$

➔ 56^3; 58^3

57; Anzahl der Nullen nach der 1: Nonilliarde
(als Zehnerpotenz: 10^{57})

➔ 54, 60; Anzahl der Nullen nach der 1

57; Ordnungszahl von Lanthan (La) im Periodensystem der
Elemente

➔ 56, 58; Ordnungszahlen

57; Postleitzahl in Deutschland: Leitregion Siegerland –
Siegen, Lennestadt, Olpe, Altenkirchen (Westerwald); Briefzentrum: Siegen

➔ 56, 58; Postleitzahlen

57,29578

57,29578 [°] = ein Radiant

Ein Radiant ist der ebene Winkel, für den das Längenverhältnis Kreisbogen zu Kreisradius den Zahlenwert 1 besitzt.

$$1 \text{ Radiant} = {}^1/_2 \text{ Vollwinkel}/\pi$$
$$= 200 \text{ Gon}/\pi$$
$$= 63,66197 \text{ Gon}$$
$$= 57,29578 \text{ Grad}$$

Beim Bogenmaß wird das zum betreffenden Winkel zugehörige Bogenstück zum Radius ins Verhältnis gesetzt.

1 rad (Radiant) ist die Einheit des Bogenmaßes.

➜ 1 [°]; 3,14; 360 [°]; 400 [gon]

58

$$58^2 = 58 \times 58$$
$$= 3364$$

➜ 57^2; 59^2

$$58^3 = 58 \times 58 \times 58$$
$$= 195\ 112$$

➜ 57^3; 59^3

58; Anzahl der Buchstaben des längsten amtlichen Ortsnamens in Europa

Llanfairpwllgwyngyllgogerychwyrndrobwllllantysiliogogogoch ist ein etwa 3000 Einwohner zählender Ort auf der Insel Anglesey im Nordwesten von Wales. Der ursprüngliche Ortsname war Llanfair Pwllgwyngyll. Zu Werbezwecken dachte man sich im 19. Jahrhundert in dem damaligen kleinen Dorf den Zungenbrechernamen aus.

Abgekürzt heißt die Gemeinde Llanfairpwll, Llanfair oder Gogogoch.

Aus dem Walisischen übersetzt bedeutet der lange Ortsname: „Marienkirche (Llanfair) in einer Mulde (pwll) weißer Haseln (gwyn gyll) in der Nähe (ger) eines schnellen Wirbels (chwyrn drobwll) und der Thysiliokirche (llantysilio) bei der roten Höhle (ogo goch)“.

Llanfair... schloss eine Partnerschaft mit der niederländischen Ortschaft Ee und dem französischen Dorf Y ab.

➜ 40, Anzahl der Zeichen; 168, Anzahl der Buchstaben

58; Ordnungszahl von Cer (Ce) im Periodensystem der Elemente

➔ 57, 59; Ordnungszahlen

58; Postleitzahl in Deutschland: Leitregion Sauerland – Hagen, Witten, Iserlohn, Lüdenscheid; Briefzentrum: Hagen

➔ 57, 59; Postleitzahlen

59

$$59^2 = 59 \times 59$$
$$= 3481$$

➔ 58^2; 60^2

$$59^3 = 59 \times 59 \times 59$$
$$= 205\ 379$$

➔ 58^3; 60^3

59; Ordnungszahl von Praseodym (Pr) im Periodensystem der Elemente

➔ 58, 60; Ordnungszahlen

59; Postleitzahl in Deutschland: Leitregion Lippetal – Hamm, Ahlen, Unna, Soest, Arnsberg; Briefzentrum: Hamm

➔ 58, 60; Postleitzahlen

59; Primzahl

$$59 : 1 = 59$$
$$59 : 59 = 1$$

➔ 53, 61; Primzahlen

60^2 = 60 x 60
    = 3600

➜ 59^2; 61^2

60^3 = 60 x 60 x 60
    = 216 000

➜ 59^3; 61^3

< 60 [cm]; Distanzzone: intime Distanz
(bevorzugter Bereich für Menschen, denen man nahe steht: Partner/in, Familie und engste Freunde)

Das Maß körperlicher Distanz richtet sich nach dem Verhältnis zum Gegenüber (je intimer, desto geringer der benötigte Raum).

Die Abstände für die insgesamt vier Distanzzonen sind westeuropäische Durchschnittswerte. Sie stellen keine verpflichtenden Normen dar.

➜ ca. 1,20 bis 3 [m]; > 3 [m]; ca. 60 bis 120 [cm]

60 [dB]; normales Gespräch; Zimmerlautstärke

➜ 55 [dB]; 70 [dB]

ca. 60 Dioptrien; Brechkraft eines normalsichtigen menschlichen Auges im „akkomodationslosen Zustand"

In der Augenoptik wird die Maßeinheit Dioptrie (abgekürzt dpt) verwendet, um die Stärke der Brillengläser anzugeben.

Negative Dioptrie-Werte kennzeichnen eine Kurzsichtigkeit (−1 dpt leichte Kurzsichtigkeit, ab −5 dpt starke Kurzsichtigkeit).

Positive Dioptrie-Werte charakterisieren eine Weitsichtigkeit (+1 dpt leichte Weitsichtigkeit, ab +5 dpt starke Weitsichtigkeit).

➜ 10 bis 22 [mmHg]

60 [°]; Winkelmaße im gleichseitigen Dreieck

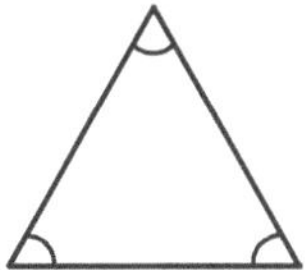

➔ 45 [°]; 90 [°]; 180 [°]

60 [°C]; mittlere Waschtemperatur für weiße Wäsche und
robuste farbige Wäsche

➔ 30 bis 40 [°C]; 90 bis 95 [°C]

60 Jahre; Hochzeitsjubiläum: Diamantene Hochzeit

➔ 50 Jahre; 55 Jahre; 65 Jahre

60 [min] = eine Stunde

➔ 1 [h]; 45 [min]; 90 [min]; 3600 [s]

60 Monate = fünf Jahre

➔ 48 Monate; 72 Monate

60 [%] = $^3/_5$ (drei Fünftel)

➔ 0,6; 50 [%]; 62,5 [%]

60 [s] = eine Minute

➔ 1 [min]

60 Stück = ein Schock (altes Zählmaß)

➔ 5 Dutzend; 12 Stück

60 ['] = 1°
Eine Winkel- oder Bogenminute beträgt $^1/_{60}$ der Winkeleinheit
Grad.

➔ 1 [°]; 3600 ['']

60; Anzahl der Nullen nach der 1: Dezillion
(als Zehnerpotenz: 10^{60})

➔ 57, 63; Anzahl der Nullen nach der 1

60; Bekleidungsgröße für Frauen (entspricht der
internationalen Größe 4XL)

➔ 56/58; Bekleidungsgröße für Frauen

60; Nummer zur Kennzeichnung von Verpackungsmaterial (nach
der Verpackungsverordnung): Baumwolle (TEX; Textil)

➔ 51, 61; Nummern zur Kennzeichnung von Verpackungsmaterial

60; Ordnungszahl von Neodym (Nd) im Periodensystem der
Elemente

➔ 59, 61; Ordnungszahlen

60; Postleitzahl in Deutschland: Leitregion Frankfurt am
Main Mitte

➔ 59, 61; Postleitzahlen

60; römisches Zahlzeichen: LX

➔ 50, 70, 2017; römische Zahlzeichen

60 bis 62

60/62; Bekleidungsgröße für Männer (entspricht der
internationalen Größe XXL)

➔ 56/58, 64/66; Bekleidungsgrößen für Männer

60 bis 80

60 bis 80 Schläge pro Minute; mittlerer Ruhepuls bei einem
Erwachsenen

Puls messen bedeutet, die Schläge des Herzens pro Minute zu
zählen. Sie werden an einer Schlagader (meist am Handgelenk
oder am seitlichen Hals) ertastet.

➔ 90 Schläge pro Minute; 130 bis 140 Schläge pro Minute;
  180 - Lebensalter

60 bis 120

ca. 60 bis 120 [cm]; Distanzzone: persönliche Distanz
(bevorzugter Bereich für Freunde oder Kollegen, mit denen
man sich unterhält)

Jeder Mensch hat eine gewisse Distanzzone. Wenn einem je-
mand zu nahe kommt, so kann man sich bedrängt oder sogar
bedroht fühlen.

➔ ca. 1,20 bis 3 [m]; > 3 [m]; < 60 [cm]

61

$61^2 = 61 \times 61$
     $= 3721$

➜ 60^2; 62^2

$61^3 = 61 \times 61 \times 61$
     $= 226\ 981$

➜ 60^3; 62^3

61 [°F] entspricht 16 °C
Merkhilfe für die Umrechnung von Grad Fahrenheit in Grad
Celsius: Die 6 wird mit der 1 bzw. die 1 mit der 6 ver-
tauscht.

➜ 16 [°C]; 32 [°F]; 82 [°F]

61; Nummer zur Kennzeichnung von Verpackungsmaterial (nach
der Verpackungsverordnung): Jute (TEX; Textil)

➜ 60, 70; Nummern zur Kennzeichnung von Verpackungsmaterial

61; Ordnungszahl von Promethium (Pm) im Periodensystem der
Elemente

➜ 60, 62; Ordnungszahlen

61; Postleitzahl in Deutschland: Leitregion Bad Homburg,
Friedberg, Bad Vilbel, Oberursel; Briefzentrum: Frankfurt
am Main

➜ 60, 63; Postleitzahlen

61; Primzahl
     61 : 1 = 61
     61 : 61 = 1

➜ 59, 67; Primzahlen

62

$62^2 = 62 \times 62$
     $= 3844$

➜ 61^2; 63^2

$62^3 = 62 \times 62 \times 62$
     $= 238\ 328$

➜ 61^3; 63^3

62 [%]; relative Luftfeuchtigkeit, die aus physiologischen Gründen ab einer Lufttemperatur von 24 °C im Arbeitsraum nicht überschritten werden darf (Arbeitsstättenregel Lüftung)

Dies gilt nicht, soweit die Natur des Betriebes höhere Luftfeuchten erfordert (z. B. Lebensmittelherstellung, Gewächshaus oder Schwimmbad).

➔ 35 bis 62 [%]; 55 [%]; 70 [%]; 80 [%]

62; Bekleidungsgröße für Kinder (Körpergröße 57 bis 62 cm)

➔ 56, 68; Bekleidungsgrößen für Kinder

62; Ordnungszahl von Samarium (Sm) im Periodensystem der Elemente

➔ 61, 63; Ordnungszahlen

62 bis 85

< 62 bis 85 [cm]; empfohlener Verstellbereich der Arbeitsflächenhöhe bei sitzender Tätigkeit an höhenverstellbaren Bildschirm- und Büroarbeitsplätzen

Die Höhe der Arbeitsfläche soll sich mindestens in einem Bereich von 65 bis 85 Zentimetern verstellen lassen (nach einer DGUV-Information zur Gestaltung von Bildschirm- und Büroarbeitsplätzen).

➔ < 62 bis 125 [cm]; 74 (± 2) [cm]; 95 bis 125 [cm]

62 bis 125

< 62 bis 125 [cm]; empfohlener Verstellbereich der Arbeitsflächenhöhe bei sitzender und stehender Tätigkeit an höhenverstellbaren Bildschirm- und Büroarbeitsplätzen

Die Höhe der Arbeitsfläche soll sich mindestens in einem Bereich von 65 bis 125 Zentimetern verstellen lassen (nach einer DGUV-Information zur Gestaltung von Bildschirm- und Büroarbeitsplätzen).

➔ < 62 bis 85 [cm]; 74 (± 2) [cm]; 95 bis 125 [cm]; 105 (± 2) [cm]

62,5

62,5 [%] = $^5/_8$ (fünf Achtel)

➜ 0,625; 60 [%]; 66,66 [%]

63

63^2 = 63 x 63
    = 3969

➜ 62^2; 64^2

63^3 = 63 x 63 x 63
    = 250 047

➜ 62^3; 64^3

63; Anzahl der Nullen nach der 1: Dezilliarde
(als Zehnerpotenz: 10^{63})

➜ 60, 66; Anzahl der Nullen nach der 1

63; maximale Anzahl von Zeichen für einen Domain-Namen
Endungen .de und .biz: 1 bis 63 Zeichen
Endung .eu: 2 bis 63 Zeichen
Endung .at: 3 bis 63 Zeichen

➜ 58; Anzahl der Buchstaben

63; Ordnungszahl von Europium (Eu) im Periodensystem der
Elemente

➜ 62, 64; Ordnungszahlen

63; Postleitzahl in Deutschland: Leitregion Main-Spessart –
Aschaffenburg, Hanau, Offenbach am Main, Miltenberg; Briefzentrum: Offenbach am Main

➜ 61, 64; Postleitzahlen

63 bis 73

63 bis unter 73 [g]; Gewichtsklasse von Eiern (auf dem
Verpackungskarton angegeben): L (groß)

➜ 53 bis unter 63 [g]; 73 [g] und mehr

Die 64 kann als sechste Potenz der Zahl 2 oft halbiert werden; sie ist gleichzeitig Quadratzahl von 8 und Kubikzahl von 4. Die spielerische Natur der 64 zeigt sich zum Beispiel auf einem Schachbrett.

$$64 = 8 \times 8$$
$$= 8^2$$

➜ 49; 81

$$64 = 4 \times 4 \times 4$$
$$= 4^3$$

➜ 27; 125

$$64 = 2 \times 2 \times 2 \times 2 \times 2 \times 2$$
$$= 2^6$$

➜ 32; 128

$$64^2 = 64 \times 64$$
$$= 4096$$

➜ 63^2; 65^2

$$64^3 = 64 \times 64 \times 64$$
$$= 262\ 144$$

➜ 63^3; 65^3

64; Anzahl der Felder eines Schachbretts

Schach wird auf einem Brett mit 8 x 8 = 64 Feldern gespielt.

Die beiden Gegner besitzen zu Beginn der Partie jeweils 16 Figuren: acht Bauern, zwei Türme, zwei Springer, zwei Läufer, eine Dame und einen König. Ein Spieler erhält die weißen, der andere Spieler die schwarzen Figuren.

Das Schachbrett ist richtig herum aufgestellt, wenn sich ein weißes Feld rechts vom Spieler befindet. Die Dame steht zu Beginn des Spiels immer auf dem Feld ihrer eigenen Farbe.

Die Spielzüge werden von den beiden Gegnern jeweils abwechselnd ausgeführt; der Spieler mit den weißen Figuren beginnt die Partie. Wird einem König Schach gegeben, der daraufhin nicht entkommen kann, so bedeutet das „Schachmatt" und das Ende der Partie. Derjenige Spieler, der den gegnerischen König schachmatt gesetzt hat, hat das Spiel gewonnen.

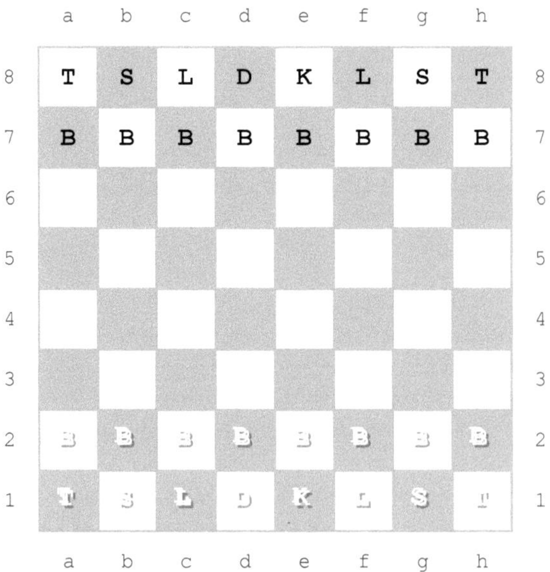

B = Bauer, T = Turm, S = Springer
L = Läufer, D = Dame, K = König

Die Figuren und ihre Spielzüge:
Bauer – ein Feld vorwärts, im ersten Zug ein oder zwei
Felder nach vorn ziehen, ein Feld weit diagonal vorwärts
schlagen
Turm – vorwärts oder rückwärts oder zur Seite ziehen und
schlagen
Springer – in L-Form (zwei Felder in eine Richtung, dann
ein Feld zur Seite) vorwärts, rückwärts oder seitwärts
(auch über andere Figuren) springen und auf die gleiche
Weise schlagen
Läufer – in geraden Linien diagonal vorwärts oder rückwärts
ziehen und schlagen
Dame – vorwärts, rückwärts, zur Seite oder entlang von
Diagonalen ziehen und schlagen
König – ein Feld weit vorwärts, rückwärts, links, rechts
oder diagonal ziehen und schlagen (aber aus dem Schach
herausgehen, wenn er angegriffen wird, und nicht selber ins
Schach ziehen)

➔ 9; Sudoku

64; Ordnungszahl von Gadolinium (Gd) im Periodensystem der Elemente

➔ 63, 65; Ordnungszahlen

64; Postleitzahl in Deutschland: Leitregion Odenwald – Darmstadt, Bensheim, Heppenheim, Groß-Gerau; Briefzentrum: Darmstadt

➔ 63, 65; Postleitzahlen

64 bis 66

64/66; Bekleidungsgröße für Männer (entspricht der internationalen Größe 3XL)

➔ 60/62, 68/70; Bekleidungsgrößen für Männer

65

Die 65 ist die kleinste natürliche Zahl, die sich auf zwei verschiedene Arten als Summe von zwei unterschiedlichen Quadratzahlen darstellen lässt: $8^2 + 1^2 = 7^2 + 4^2 = 65$.

$65^2 = 65 \times 65$
$= 4225$

➔ 64^2; 66^2

$65^3 = 65 \times 65 \times 65$
$= 274\ 625$

➔ 64^3; 66^3

65 Jahre; Hochzeitsjubiläum: Eiserne Hochzeit

➔ 60 Jahre; 67 ½ Jahre; 70 Jahre

65; Ordnungszahl von Terbium (Tb) im Periodensystem der Elemente

➔ 64, 66; Ordnungszahlen

65; Postleitzahl in Deutschland: Leitregion Rheingau – Wiesbaden, Limburg an der Lahn, Rüsselsheim, Frankfurt am Main West; Briefzentrum: Wiesbaden

➔ 64, 66; Postleitzahlen

66

$66^2 = 66 \times 66$
$= 4356$

➔ 65^2; 67^2

$66^3 = 66 \times 66 \times 66$
$= 287\ 496$

➔ 65^3; 67^3

66; Anzahl der Nullen nach der 1: Undezillion
(als Zehnerpotenz: 10^{66})

➔ 63, 69; Anzahl der Nullen nach der 1

66; Ordnungszahl von Dysprosium (Dy) im Periodensystem der Elemente

➔ 65, 67; Ordnungszahlen

66; Postleitzahl in Deutschland: Leitregion Saarland – Saarbrücken, Neunkirchen, Homburg, Pirmasens; Briefzentrum: Saarbrücken

➔ 65, 67; Postleitzahlen

66,66

66,66 [%] = $^2/_3$ (zwei Drittel)

➔ 0,66; 62,5 [%]; 75 [%]

67

$67^2 = 67 \times 67$
$= 4489$

➔ 66^2; 68^2

$67^3 = 67 \times 67 \times 67$
$= 300\ 763$

➔ 66^3; 68^3

67; Ordnungszahl von Holmium (Ho) im Periodensystem der Elemente

➔ 66, 68; Ordnungszahlen

67; Postleitzahl in Deutschland: Leitregion Pfalz – Kaiserslautern, Ludwigshafen, Worms, Speyer; Briefzentrum: Ludwigshafen

→ 66, 68; Postleitzahlen

67; Primzahl

$67 : 1 = 67$
$67 : 67 = 1$

→ 61, 71; Primzahlen

67 ½

$67 \ ^1/_2$ Jahre; Hochzeitstag: Steinerne Hochzeit

→ 65 Jahre; 70 Jahre

68

$68^2 = 68 \times 68$
$ = 4624$

→ 67^2; 69^2

$68^3 = 68 \times 68 \times 68$
$ = 314\ 432$

→ 67^3; 69^3

68; Bekleidungsgröße für Kinder (Körpergröße 63 bis 68 cm)

→ 62, 74; Bekleidungsgrößen für Kinder

68; Ordnungszahl von Erbium (Er) im Periodensystem der Elemente

→ 67, 69; Ordnungszahlen

68; Postleitzahl in Deutschland: Leitregion Rhein-Neckar – Mannheim, Schwetzingen, Lampertheim, Viernheim; Briefzentrum: Mannheim

→ 67, 69; Postleitzahlen

68 bis 70

68 bis 70 [cm]; Umfang eines regelkonformen Fußballs

Der Ball darf zu Spielbeginn zwischen 410 und 450 Gramm wiegen. Sein Druck beträgt 0,6 bis 1,1 Atmosphären auf Meereshöhe, die 600 bis 1100 g/cm^2 entsprechen (nach Erläuterungen des DFB).

➜ 2,44 [m]; 7,32 [m]; 68 bis 70 [m]; 105 [m]

68 bis 70 [m]; Fußball: übliche Breite des Spielfeldes

Die Breite (Torlinie) des Spielfeldes beträgt mindestens 45 und höchstens 90 Meter. Bei internationalen Spielen muss das Spielfeld zwischen 64 und 75 Meter breit sein.

➜ 5,50 [m]; 11, Anzahl der Spieler einer Fußballmannschaft; 16,50 [m]; 105 [m]

68/70; Bekleidungsgröße für Männer (entspricht der internationalen Größe 4XL)

➜ 64/66; Bekleidungsgröße für Männer

69

$69^2 = 69 \times 69$
$ = 4761$

➜ 68^2; 70^2

$69^3 = 69 \times 69 \times 69$
$ = 328\ 509$

➜ 68^3; 70^3

69; Anzahl der Nullen nach der 1: Undezilliarde
(als Zehnerpotenz: 10^{69})

➜ 66, 72; Anzahl der Nullen nach der 1

69; Ordnungszahl von Thulium (Tm) im Periodensystem der Elemente

➜ 68, 70; Ordnungszahlen

69; Postleitzahl in Deutschland: Leitregion Rhein-Neckar – Heidelberg, Weinheim, Leimen/Baden, Mannheim (nur Postfächer); Briefzentrum: Mannheim

➜ 68, 70; Postleitzahlen

069; Vorwahlnummer von Frankfurt am Main

➔ 0049

70

$70^2 = 70 \times 70$
$ = 4900$

➔ 69^2; 71^2

$70^3 = 70 \times 70 \times 70$
$ = 343\ 000$

➔ 69^3; 71^3

70 [dB]; empfohlener Höchstwert für Schalleinwirkungen bei einfachen oder überwiegend mechanisierten Bürotätigkeiten und vergleichbaren Tätigkeiten (z. B. Schreibarbeiten, Buchungsarbeiten, Feinmontage)

➔ um 10 [dB] höhere Schallpegel; 55 [dB]; 80 [dB]

70 Jahre; Hochzeitsjubiläum: Gnadenhochzeit

➔ 65 Jahre; 67 ½ Jahre; 75 Jahre

70 [%]; relative Luftfeuchtigkeit, die aus physiologischen Gründen ab einer Lufttemperatur von 22 °C im Arbeitsraum nicht überschritten werden darf (Arbeitsstättenregel Lüftung)

Dies gilt nicht, soweit die Natur des Betriebes höhere Luftfeuchten erfordert (z. B. Lebensmittelherstellung, Gewächshaus oder Schwimmbad).

➔ 35 bis 62 [%]; 55 [%]; 62 [%]; 80 [%]

70; Nummer zur Kennzeichnung von Verpackungsmaterial (nach der Verpackungsverordnung): Farbloses Glas (GLA)

➔ 61, 71; Nummern zur Kennzeichnung von Verpackungsmaterial

70; Ordnungszahl von Ytterbium (Yb) im Periodensystem der Elemente

➔ 69, 71; Ordnungszahlen

70; Postleitzahl in Deutschland: Leitregion Stuttgart, Fellbach, Leinfelden-Echterdingen, Filderstadt; Brief-zentrum: Stuttgart

➔ 69, 71; Postleitzahlen

70; römisches Zahlzeichen: LXX
➜ 60, 80, 2017; römische Zahlzeichen

70 bis 80

etwa 70 bis 80 [cm] = ein Schritt (altes Längenmaß)
1000 Schritte zu je 75 Zentimeter ergeben eine Meile (rund 7,5 Kilometer).
➜ 7,42 [km]; 30,48 [cm]; etwa 45 bis 65 [cm]

70 bis 80 [g/m^2]; Gewicht von Schreibpapier
➜ 5 [g]; um 50 [g/m^2]; um 150 [g/m^2]

70 bis 108

70 bis 108 [km/h]; Geschwindigkeit einer Brieftaube
➜ 20 bis 30 [m/s]; bis etwa 900 [km/h]

70 bis 120

ca. 70 bis 120 [mg/dl]; Blutzuckerspiegel: Normwert für nüchterne, gesunde Menschen
Die Blutzuckermenge erhöht sich nach Kohlenhydratmahlzeiten und bei Diabetes mellitus (Zuckerkrankheit). Die Blutzuckermenge sinkt bei Hunger und nach Insulininjektion.
➜ 10 [g]; 12 [g]

71

$71^2 = 71 \times 71$
$\quad\ = 5041$
➜ 70^2; 72^2

$71^3 = 71 \times 71 \times 71$
$\quad\ = 357\ 911$
➜ 70^3; 72^3

71 [%]; Anteil der Wasserfläche (Ozeane und Nebenmeere) an der Erdoberfläche

Der Meeresanteil beträgt auf der Nordhalbkugel 61 Prozent und auf der Südhalbkugel 81 Prozent.

→ 29 [%]; ca. 361 000 000 [km^2]

71 [%]; Kopieren: Skalierung (in Prozent), um ein Papierformat der A-Reihe (z. B. das Format A3) auf das nächstkleinere Format (z. B. das Format A4) zu übertragen

→ 141 [%]

71; Nummer zur Kennzeichnung von Verpackungsmaterial (nach der Verpackungsverordnung): Grünes Glas (GLA)

→ 70, 72; Nummern zur Kennzeichnung von Verpackungsmaterial

71; Ordnungszahl von Lutetium (Lu) im Periodensystem der Elemente

→ 70, 72; Ordnungszahlen

71; Postleitzahl in Deutschland: Leitregion Stuttgarter Umland, Böblingen, Waiblingen, Backnang, Ludwigsburg; Briefzentrum: Stuttgart

→ 70, 72; Postleitzahlen

71; Primzahl

    71 : 1 = 71
    71 : 71 = 1

→ 67, 73; Primzahlen

72

72^2 = 72 x 72
   = 5184

→ 71^2; 73^2

72^3 = 72 x 72 x 72
   = 373 248

→ 71^3; 73^3

mindestens 72 [°C]; Kerntemperatur von Lebensmitteln, auf die diese nach einer Empfehlung des Bundesinstituts für Risikobewertung für zwei Minuten erhitzt, gekocht, gebraten oder durchgegart werden sollen, um durch krankmachende Keime (wie Salmonellen oder Kolibakterien) nicht gesundheitlich geschädigt zu werden.

Die Erhitzungsregel gilt besonders für Personengruppen, die sehr sensibel auf keimbelastete Nahrungsmittel reagieren (Junge, Alte, Schwangere, Kranke und Immungeschwächte).

➔ unter 100 [°C]; über 100 [°C]

72 Monate = sechs Jahre

➔ 60 Monate; 84 Monate

72 Stunden = drei Tage

➔ 48 Stunden

72; Anzahl der Nullen nach der 1: Dodezillion oder Duodezillion (als Zehnerpotenz: 10^{72})

➔ 69, 75; Anzahl der Nullen nach der 1

72; Nummer zur Kennzeichnung von Verpackungsmaterial (nach der Verpackungsverordnung): Braunes Glas (GLA)

➔ 71, 80; Nummern zur Kennzeichnung von Verpackungsmaterial

72; Ordnungszahl von Hafnium (Hf) im Periodensystem der Elemente

➔ 71, 73; Ordnungszahlen

72; Postleitzahl in Deutschland: Leitregion Oberer Neckar – Tübingen, Reutlingen, Sigmaringen, Freudenstadt, Balingen, Nürtingen; Briefzentrum: Reutlingen

➔ 71, 73; Postleitzahlen

73

73^2 = 73 x 73
   = 5329

➔ 72^2; 74^2

73^3 = 73 x 73 x 73
   = 389 017

➔ 72^3; 74^3

73 [g] und mehr; Gewichtsklasse von Eiern (auf dem Verpackungskarton angegeben): XL (sehr groß)

➔ 63 bis unter 73 [g]

73; Ordnungszahl von Tantal (Ta) im Periodensystem der Elemente

→ 72, 74; Ordnungszahlen

73; Postleitzahl in Deutschland: Leitregion Schwäbische Alb
Nord – Göppingen, Esslingen, Schwäbisch Gmünd, Aalen;
Briefzentrum: Göppingen

→ 72, 74; Postleitzahlen

73; Primzahl

$$73 : 1 = 73$$
$$73 : 73 = 1$$

→ 71, 79; Primzahlen

74

$74^2 = 74 \times 74$
    $= 5476$

→ 73^2; 75^2

$74^3 = 74 \times 74 \times 74$
    $= 405\ 224$

→ 73^3; 75^3

74 (± 2) [cm]; genormte feste Arbeitsflächenhöhe bei
sitzender Tätigkeit an Bildschirm- und Büroarbeitsplätzen
(nach einer DGUV-Information zur Gestaltung von Bildschirm-
und Büroarbeitsplätzen)

Die gebräuchliche Arbeitsflächenhöhe bei der sitzenden
Tätigkeit am Computer (Bildschirmarbeitsplatz) beträgt
meist noch 72 Zentimeter.

Wenn möglich, sollte die Arbeitsflächenhöhe jedoch ver-
stellbar sein, sodass nach individuellen Einstellungen
und sogar abwechselnd im Sitzen und im Stehen gearbeitet
werden kann.

→ < 40 bis 53 [cm]; < 62 bis 85 [cm]; 105 (± 2) [cm]

74; Bekleidungsgröße für Kinder (Körpergröße 69 bis 74 cm)

→ 68, 80; Bekleidungsgrößen für Kinder

74; Ordnungszahl von Wolfram (W) im Periodensystem der
Elemente

→ 73, 75; Ordnungszahlen

74; Postleitzahl in Deutschland: Leitregion Nordwürttemberg
- Heilbronn, Bietigheim-Bissingen, Schwäbisch Hall, Crails-
heim; Briefzentrum: Heilbronn

➜ 73, 75; Postleitzahlen

75

$75^2 = 75 \times 75$
$\quad\, = 5625$

➜ 74^2; 76^2

$75^3 = 75 \times 75 \times 75$
$\quad\, = 421\ 875$

➜ 74^3; 76^3

75 [cm]; gebräuchliche Tischplattenhöhe eines Esstisches

➜ 45 [cm]; 74 (± 2) [cm]

75 Jahre; Hochzeitsjubiläum: Kronjuwelenhochzeit

➜ 37 ½ Jahre; 70 Jahre; 80 Jahre

75 [%] = $^3/_4$ (drei Viertel)

➜ 0,75; 66,66 [%]; 80 [%]

75; Anzahl der Nullen nach der 1: Dodezilliarde oder
Duodezilliarde (als Zehnerpotenz: 10^{75})

➜ 72, 78; Anzahl der Nullen nach der 1

75; Einmaleins (Multiplikation mit 75)

```
75 x 1 = 75
75 x 2 = 150
75 x 3 = 225
75 x 4 = 300
75 x 5 = 375
75 x 6 = 450
75 x 7 = 525
75 x 8 = 600
75 x 9 = 675
```

➜ 50; Einmaleins

75; Ordnungszahl von Rhenium (Re) im Periodensystem der
Elemente

➜ 74, 76; Ordnungszahlen

75; Postleitzahl in Deutschland: Leitregion Nordschwarzwald
– Pforzheim, Eppingen, Calw, Mühlacker; Briefzentrum:
Pforzheim

➜ 74, 76; Postleitzahlen

76

$76^2 = 76 \times 76$
$\quad = 5776$

➜ 75^2; 77^2

$76^3 = 76 \times 76 \times 76$
$\quad = 438\ 976$

➜ 75^3; 77^3

76; Ordnungszahl von Osmium (Os) im Periodensystem der
Elemente

➜ 75, 77; Ordnungszahlen

76; Postleitzahl in Deutschland: Leitregion Karlsruhe,
Baden-Baden, Landau in der Pfalz, Bruchsal; Briefzentrum:
Karlsruhe

➜ 75, 77; Postleitzahlen

77

$77^2 = 77 \times 77$
$\quad = 5929$

➜ 76^2; 78^2

$77^3 = 77 \times 77 \times 77$
$\quad = 456\ 533$

➜ 76^3; 78^3

77; Ordnungszahl von Iridium (Ir) im Periodensystem der
Elemente

➜ 76, 78; Ordnungszahlen

77; Postleitzahl in Deutschland: Leitregion Ortenau –
Offenburg, Lahr, Kehl, Achern, Bühl; Briefzentrum:
Offenburg

➔ 76, 78; Postleitzahlen

78

$78^2 = 78 \times 78$
$= 6084$

➔ 77^2; 79^2

$78^3 = 78 \times 78 \times 78$
$= 474\ 552$

➔ 77^3; 79^3

78 Blatt; Anzahl der Karten beim Tarot
Das Tarotblatt wird zum Kartenlegen verwendet.

➔ 32 Blatt; 52 Blatt

78 Jahre; Lebenserwartung für neugeborene Jungen in Deutschland (nach Angaben des Statistischen Bundesamtes)

➔ 83 Jahre; etwa 343 000 Hundertjährige

78; Anzahl der Nullen nach der 1: Tredezillion
(als Zehnerpotenz: 10^{78})

➔ 75, 81; Anzahl der Nullen nach der 1

78; Ordnungszahl von Platin (Pt) im Periodensystem der Elemente

➔ 77, 79; Ordnungszahlen

78; Postleitzahl in Deutschland: Leitregion Obere Donau – Villingen-Schwenningen, Donaueschingen, Singen (Hohentwiel), Konstanz, Tuttlingen, Rottweil; Briefzentrum: Villingen-Schwenningen

➔ 77, 79; Postleitzahlen

79

$79^2 = 79 \times 79$
$= 6241$

➔ 78^2; 80^2

$79^3 = 79 \times 79 \times 79$
$= 493\ 039$

➔ 78^3; 80^3

79; Ordnungszahl von Gold (Aurum; Au) im Periodensystem der Elemente

➜ 78, 80; Ordnungszahlen

79; Postleitzahl in Deutschland: Leitregion Breisgau – Freiburg im Breisgau, Lörrach, Titisee-Neustadt, Waldshut-Tiengen, Emmendingen; Briefzentrum: Freiburg im Breisgau

➜ 78, 80; Postleitzahlen

79; Primzahl

$$79 : 1\ = 79$$
$$79 : 79 = 1$$

➜ 73, 83; Primzahlen

80

$$80^2 = 80 \times 80$$
$$= 6400$$

➜ 79^2; 81^2

$$80^3 = 80 \times 80 \times 80$$
$$= 512\ 000$$

➜ 79^3; 81^3

80 [cm]; empfohlene feste Arbeitsflächenhöhe bei schwerer Arbeit (mit Krafteinsatz) im Stehen

Für Männer sind Tischhöhen von 75 bis 90 Zentimetern und für Frauen von 70 bis 85 Zentimetern akzeptabel.

➜ 90 [cm]; 100 [cm]

80 [cm]; erforderliche Mindesttiefe an Bürotischen

Die Tischtiefe soll einen ausreichenden Sehabstand zum Bildschirmgerät von mindestens 50 Zentimetern ermöglichen.

➜ 160 [cm]

80 [dB]; Tages-Lärmexpositionspegel, ab dem der Arbeitgeber den Beschäftigten einen geeigneten persönlichen Gehörschutz zur Verfügung zu stellen hat (z. B. Gehörschutzstöpsel)

Der Tages-Lärmexpositionspegel ist der über die Zeit gemittelte Lärmexpositionspegel, bezogen auf eine Achtstundenschicht. Er umfasst alle am Arbeitsplatz auftretenden Schallereignisse.

Der persönliche Gehörschutz ist vom Arbeitgeber so aus-
zuwählen, dass durch seine Anwendung die Gefährdung des
Gehörs beseitigt oder auf ein Minimum verringert wird
(Lärm- und Vibrations-Arbeitsschutzverordnung).

→ um 10 [dB] höhere Schallpegel; 70 [dB]; 85 [dB]

80 Jahre; Hochzeitsjubiläum: Eichenhochzeit

Das 90-jährige Jubiläum der Eheschließung wird Marmorne
Hochzeit genannt. Das 100-jährige Jubiläum wird als
Himmelshochzeit bezeichnet.

→ 70 Jahre; 75 Jahre

80 [km/h]; Höchstgeschwindigkeit außerhalb von Ortschaften
(in der Schweiz)

Im Unterschied zu Deutschland und Österreich ist außerhalb geschlossener Ortschaften auf Landstraßen nur eine
Geschwindigkeit von maximal 80 km/h erlaubt. Auf Schnell-
straßen gilt ein Tempolimit von 100 km/h, auf Autobahnen
von 120 km/h.

→ 50 [km/h]; 100 [km/h]

< 80 [mmHg]; Blutdruck (niedrigerer diastolischer Wert):
optimal (laut Einteilung der WHO)

→ < 85 [mmHg]; < 120 [mmHg]

80 [%] = $^4/_5$ (vier Fünftel)

→ 0,8; 75 [%]; 83,33 [%]

80 [%]; relative Luftfeuchtigkeit, die aus physiologischen
Gründen ab einer Lufttemperatur von 20 °C im Arbeitsraum
nicht überschritten werden darf (Arbeitsstättenregel
Lüftung)

Dies gilt nicht, soweit die Natur des Betriebes höhere
Luftfeuchten erfordert (z. B. Lebensmittelherstellung,
Gewächshaus oder Schwimmbad).

→ 20 [°C]; 35 bis 62 [%]; 55 [%]; 62 [%]; 70 [%]

etwa 80 [%]; Anteil der menschlichen Wahrnehmungen, die
über das Sehen erfolgen

Voraussetzung für das Aufnehmen der Informationen mit den
Augen sind entsprechende Licht- bzw. Beleuchtungsverhält-
nisse.

→ 1 [lx]; 100 [lx]

80; Bekleidungsgröße für Kinder (Körpergröße 75 bis 80 cm)
➔ 74, 86; Bekleidungsgrößen für Kinder

80; Nummer zur Kennzeichnung von Verpackungsmaterial (nach der Verpackungsverordnung): Papier und Pappe/verschiedene Metalle (Verbundstoff)
➔ 72, 81; Nummern zur Kennzeichnung von Verpackungsmaterial

80; Ordnungszahl von Quecksilber (Hg) im Periodensystem der Elemente
➔ 79, 81; Ordnungszahlen

80; Postleitzahl in Deutschland: Leitregion München Mitte-Nordwest; Briefzentrum: München-Mitte
➔ 79, 81; Postleitzahlen

80; römisches Zahlzeichen: LXXX
➔ 70, 90, 2017; römische Zahlzeichen

81

Die 81 ist – sieht man von der 0 und der 1 ab – die einzige Zahl, bei der die Summe ihrer Ziffern (8 + 1 = 9) mit ihrer Quadratwurzel (= 9) übereinstimmt.

$81 = 9 \times 9$
$ = 9^2$
➔ 64; 100

$81^2 = 81 \times 81$
$ = 6561$
➔ 80^2; 82^2

$81^3 = 81 \times 81 \times 81$
$ = 531\ 441$
➔ 80^3; 82^3

81; Anzahl der Nullen nach der 1: Tredezilliarde
(als Zehnerpotenz: 10^{81})
➔ 78, 84; Anzahl der Nullen nach der 1

81; Nummer zur Kennzeichnung von Verpackungsmaterial (nach der Verpackungsverordnung): Papier und Pappe/Kunststoff (Verbundstoff)

➜ 80, 82; Nummern zur Kennzeichnung von Verpackungsmaterial

81; Ordnungszahl von Thallium (Tl) im Periodensystem der Elemente
➜ 80, 82; Ordnungszahlen

81; Postleitzahl in Deutschland: Leitregion München West, Süd, Ost; Briefzentrum: München-Mitte
➜ 80, 82; Postleitzahlen

82

$482^2 = 82 \times 82$
$\quad = 6724$
➜ 81^2; 83^2

$82^3 = 82 \times 82 \times 82$
$\quad = 551\ 368$
➜ 81^3; 83^3

82 [°F] entspricht 28 °C
Merkhilfe für die Umrechnung von Grad Fahrenheit in Grad Celsius: Die 8 wird mit der 2 bzw. die 2 mit der 8 vertauscht.
➜ 28 [°C]; 32 [°F]; 61 [°F]

82; Nummer zur Kennzeichnung von Verpackungsmaterial (nach der Verpackungsverordnung): Papier und Pappe/Aluminium (Verbundstoff)
➜ 81, 83; Nummern zur Kennzeichnung von Verpackungsmaterial

82; Ordnungszahl von Blei (Plumbum; Pb) im Periodensystem der Elemente
➜ 81, 83; Ordnungszahlen

82; Postleitzahl in Deutschland: Leitregion Münchener Umland (Süd, West), Fürstenfeldbruck, Starnberg, Garmisch-Partenkirchen; Briefzentrum: Starnberg
➜ 81, 83; Postleitzahlen

83

$83^2 = 83 \times 83$
$ = 6889$

➜ 82^2; 84^2

$83^3 = 83 \times 83 \times 83$
$ = 571\ 787$

➜ 82^3; 84^3

83 Jahre; Lebenserwartung für neugeborene Mädchen in Deutschland (nach Angaben des Statistischen Bundesamtes)

➜ 78 Jahre; etwa 343 000 Hundertjährige

83; Nummer zur Kennzeichnung von Verpackungsmaterial (nach der Verpackungsverordnung): Papier und Pappe/Weißblech (Verbundstoff)

➜ 82, 84; Nummern zur Kennzeichnung von Verpackungsmaterial

83; Ordnungszahl von Wismut (Bismutum; Bi) im Periodensystem der Elemente

➜ 82, 84; Ordnungszahlen

83; Postleitzahl in Deutschland: Leitregion Oberbayern – Rosenheim, Traunstein, Freilassing, Bad Tölz; Briefzentrum: Rosenheim

➜ 82, 84; Postleitzahlen

83; Primzahl
 83 : 1 = 83
 83 : 83 = 1

➜ 79, 89; Primzahlen

83,33

83,33 [%] = $^5/_6$ (fünf Sechstel)

➜ 0,833; 80 [%]; 120 [%]

84

84^2 = 84 x 84
    = 7056

➜ 83^2; 85^2

84^3 = 84 x 84 x 84
    = 592 704

➜ 83^3; 85^3

84 Monate = sieben Jahre

➜ 72 Monate; 96 Monate

84; Anzahl der Nullen nach der 1: Quattuordezillion
(als Zehnerpotenz: 10^{84})

➜ 81, 87; Anzahl der Nullen nach der 1

84; Nummer zur Kennzeichnung von Verpackungsmaterial (nach
der Verpackungsverordnung): Papier und Pappe/Kunststoff/
Aluminium (Verbundstoff)

➜ 83, 85; Nummern zur Kennzeichnung von Verpackungsmaterial

84; Ordnungszahl von Polonium (Po) im Periodensystem der
Elemente

➜ 83, 85; Ordnungszahlen

84; Postleitzahl in Deutschland: Leitregion Niederbayern –
Landshut, Waldkraiburg, Dingolfing, Pfarrkirchen; Briefzentrum: Landshut

➜ 83, 85; Postleitzahlen

85

85^2 = 85 x 85
    = 7225

➜ 84^2; 86^2

85^3 = 85 x 85 x 85
    = 614 125

➜ 84^3; 86^3

85 [dB]; Tages-Lärmexpositionspegel, ab dem der Arbeitgeber
dafür Sorge zu tragen hat, dass die Beschäftigten den
persönlichen Gehörschutz bestimmungsgemäß verwenden
(Lärm- und Vibrations-Arbeitsschutzverordnung)

➜ um 10 [dB] höhere Schallpegel; 80 [dB]; > 120 [dB]

< 85 [mmHg]; Blutdruck (niedrigerer diastolischer Wert):
normal (laut Einteilung der WHO)

➜ < 80 [mmHg]; 85 bis 89 [mmHg]; < 130 [mmHg]

85; Nummer zur Kennzeichnung von Verpackungsmaterial (nach
der Verpackungsverordnung): Papier und Pappe/Kunststoff/
Aluminium/Weißblech (Verbundstoff)

➜ 84, 90; Nummern zur Kennzeichnung von Verpackungsmaterial

85; Ordnungszahl von Astat (At) im Periodensystem der
Elemente

➜ 84, 86; Ordnungszahlen

85; Postleitzahl in Deutschland: Leitregion Münchener
Umland (Nord, Ost), Ingolstadt, Dachau, Freising, Eich-
stätt; Briefzentrum: Freising

➜ 84, 86; Postleitzahlen

85 bis 89

85 bis 89 [mmHg]; Blutdruck (niedrigerer diastolischer
Wert): noch normal (laut Einteilung der WHO)

➜ < 85 [mmHg]; 90 bis 99 [mmHg]; 130 bis 139 [mmHg]

86

$86^2 = 86 \times 86$
    $= 7396$

➜ 85^2; 87^2

$86^3 = 86 \times 86 \times 86$
    $= 636\ 056$

➜ 85^3; 87^3

86; Bekleidungsgröße für Kinder (Körpergröße 81 bis 86 cm)

➜ 80, 92; Bekleidungsgrößen für Kinder

86; Ordnungszahl von Radon (Rn) im Periodensystem der Elemente

→ 85, 87; Ordnungszahlen

86; Postleitzahl in Deutschland: Leitregion Donau-Lech – Augsburg, Donauwörth, Landsberg am Lech, Neuburg an der Donau; Briefzentrum: Augsburg

→ 85, 87; Postleitzahlen

87

$87^2 = 87 \times 87$
$ = 7569$

→ 86^2; 88^2

$87^3 = 87 \times 87 \times 87$
$ = 658\ 503$

→ 86^3; 88^3

87; Anzahl der Nullen nach der 1: Quattuordezilliarde (als Zehnerpotenz: 10^{87})

→ 84, 90; Anzahl der Nullen nach der 1

87; Ordnungszahl von Francium (Fr) im Periodensystem der Elemente

→ 86, 88; Ordnungszahlen

87; Postleitzahl in Deutschland: Leitregion Allgäu – Kempten, Kaufbeuren, Memmingen, Marktoberdorf; Briefzentrum: Kempten

→ 86, 88; Postleitzahlen

87,5 bis 108

87,5 bis 108 [MHz]; Frequenzbereich im Rundfunk: Ultrakurzwellen (UKW)

→ 1 bis 10 [m]; ca. 175 bis 240 [MHz]; 5900 bis 6200 [kHz]

Das Quadrat von 88 besteht – wie die Zahl 88 selbst – aus wiederholten Ziffern: 7744.

$88^2 = 88 \times 88$
$\quad\ = 7744$

➜ 87^2; 89^2

$88^3 = 88 \times 88 \times 88$
$\quad\ = 681\ 472$

➜ 87^3; 89^3

> 88 [cm]; Bauchumfang bei Frauen mit einem hohen Risiko für Übergewichtskrankheiten (z. B. Bluthochdruck), nach Richtwerten der Weltgesundheitsorganisation (WHO)

➜ < 0,8; > 102 [cm]

88; Ordnungszahl von Radium (Ra) im Periodensystem der Elemente

➜ 87, 89; Ordnungszahlen

88; Postleitzahl in Deutschland: Leitregion Bodensee – Friedrichshafen, Lindau (Bodensee), Ravensburg, Biberach an der Riß; Briefzentrum: Ravensburg

➜ 87, 89; Postleitzahlen

89

$89^2 = 89 \times 89$
$\quad\ = 7921$

➜ 88^2; 90^2

$89^3 = 89 \times 89 \times 89$
$\quad\ = 704\ 969$

➜ 88^3; 90^3

89; Ordnungszahl von Actinium (Ac) im Periodensystem der Elemente

➜ 88, 90; Ordnungszahlen

89; Postleitzahl in Deutschland: Leitregion Schwäbische Alb Ost – Ulm, Neu-Ulm, Heidenheim an der Brenz, Ehingen (Donau); Briefzentrum: Ulm

➜ 88, 90; Postleitzahlen

89; Primzahl

    89 : 1 = 89
    89 : 89 = 1

➜ 83, 97; Primzahlen

089; Vorwahlnummer von München

➜ 0049

90

90^2 = 90 x 90
   = 8100

➜ 89^2; 91^2

90^3 = 90 x 90 x 90
   = 729 000

➜ 89^3; 91^3

90 [cm]; empfohlene feste Arbeitsflächenhöhe bei leichter Arbeit im Stehen

Für Frauen sind Tischhöhen von 85 bis 90 Zentimetern und für Männer von 90 bis 95 Zentimetern akzeptabel.

➜ 80 [cm]; 100 [cm]

90 [cm]; Standardbreite eines Bettes für eine Person

➜ 180 [cm]; 200 [cm]

90 [°]; Gradeinteilung auf dem Kompass: Haupthimmelsrichtung Osten (O)

➜ 0 [°]; 45 [°]; 135 [°]; 180 [°]; 225 [°]; 270 [°]; 315 [°]

90 [°] = rechter Winkel

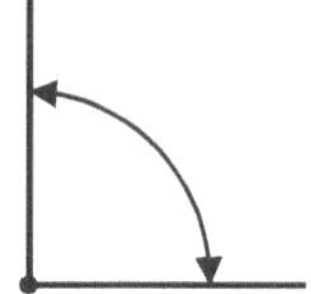

spitzer Winkel < 90°

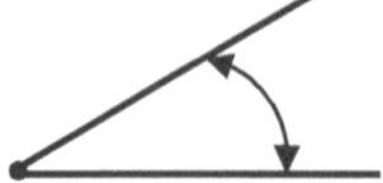

➜ 45, 60 [°]

stumpfer Winkel > 90° < 180°

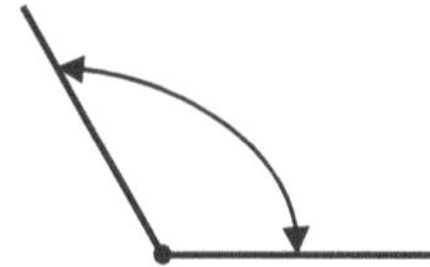

➜ 180 [°]

90 [°]; Winkelmaße in Rechtecken und Quadraten
Bei Rechtecken sind die jeweils gegenüberliegenden Seiten
gleich lang. Quadrate haben vier gleich lange Seiten.

➜ 360 [°]

≥ 90 [°]; Zwangshaltungen bei der Arbeit: extreme Rumpfbeugehaltung

Unter Arbeit in extremer Rumpfbeugehaltung sind Tätigkeiten
in Arbeitsräumen zu verstehen, die niedriger als 100 Zentimeter sind (zum Beispiel im Untertagebau) sowie Arbeiten
mit einer Beugung des Oberkörpers aus der aufrechten
Haltung um 90 Grad und mehr (Merkblatt zur BK Nr. 2108:
Bandscheibenbedingte Erkrankungen der Lendenwirbelsäule
durch langjähriges Heben oder Tragen schwerer Lasten oder
durch langjährige Tätigkeiten in extremer Rumpfbeugehaltung).

➜ 10 [kg]; 15 [kg]; 20 [kg]; 25 [kg]

90 [min] = anderthalb (eineinhalb) Stunden

➜ 60 [min]; 120 [min]

90 Minuten; reguläre Dauer eines Fußballspiels (zwei Halb-
zeiten mit jeweils 45 Minuten Spielzeit, einer höchstens
15-minütigen Halbzeitpause, eventueller Nachspielzeit und
ggf. einer Verlängerung von zweimal 15 Minuten sowie einem
anschließenden Elfmeterschießen, falls ein Sieger gefunden
werden muss)

Die Spieldauer kann bei Spielen von unter 16-Jährigen,
Frauen, über 35-Jährigen oder Behinderten von der 90-
minütigen Spieldauer abweichen (Reglement des DFB).

➔ 11, Anzahl der Spieler einer Fußballmannschaft; 45 Minuten

90 Minuten; übliche Dauer einer Vorlesung an Hochschulen
und Universitäten

➔ 45 Minuten

90 Schläge pro Minute; mittlerer Ruhepuls bei einem
zehnjährigen Kind

➔ 60 bis 80 Schläge pro Minute; 130 bis 140 Schläge pro Minute

90; Anzahl der Nullen nach der 1: Quindezillion
(als Zehnerpotenz: 10^{90})

➔ 87, 93; Anzahl der Nullen nach der 1

90; Nummer zur Kennzeichnung von Verpackungsmaterial (nach
der Verpackungsverordnung): Kunststoff/Aluminium (Verbundstoff)

➔ 85, 91; Nummern zur Kennzeichnung von Verpackungsmaterial

90; Ordnungszahl von Thorium (Th) im Periodensystem der
Elemente

➔ 89, 91; Ordnungszahlen

90; Postleitzahl in Deutschland: Leitregion Nürnberg,
Fürth, Schwabach, Zirndorf; Briefzentrum: Nürnberg

➔ 89, 91; Postleitzahlen

90; römisches Zahlzeichen: XC

➔ 80, 100, 2017; römische Zahlzeichen

90 bis 95

90 bis 95 [°C], hohe Waschtemperaturen für weiße Kochwäsche

➜ 60 [°C]

90 bis 99

90 bis 99 [mmHg]; Blutdruck (niedrigerer diastolischer Wert): leichter Hochdruck (laut Einteilung der WHO)

Bluthochdruck gilt als größter Risikofaktor für Schlaganfall und Herzinfarkt.

➜ 85 bis 89 [mmHg]; 100 bis 109 [mmHg]; 140 bis 159 [mmHg]

91

91^2 = 91 x 91
    = 8281

➜ 90^2; 92^2

91^3 = 91 x 91 x 91
    = 753 571

➜ 90^3; 92^3

91 [m]; Höhe des Völkerschlachtdenkmals

Das Völkerschlachtdenkmal in Leipzig ist das größte Denkmal Deutschlands und Europas. Es erinnert an die Völkerschlacht gegen die Streitmacht Napoleons im Jahr 1813.

➜ 157 [m]

91; Nummer zur Kennzeichnung von Verpackungsmaterial (nach der Verpackungsverordnung): Kunststoff/Weißblech (Verbundstoff)

➜ 90, 92; Nummern zur Kennzeichnung von Verpackungsmaterial

91; Ordnungszahl von Protactinium (Pa) im Periodensystem der Elemente

➜ 90, 92; Ordnungszahlen

91; Postleitzahl in Deutschland: Leitregion Nürnberger Umland, Erlangen, Ansbach, Dinkelsbühl; Briefzentrum: Nürnberg

➜ 90, 92; Postleitzahlen

91,44

91,44 [cm] = 1 yard
          = 3 feet
(angloamerikanische Längenmaße)

➔ 30,48 [cm]; 1609 [m]

92

92^2 = 92 x 92
   = 8464

➔ 91^2; 93^2

92^3 = 92 x 92 x 92
   = 778 688

➔ 91^3; 93^3

92; Bekleidungsgröße für Kinder (Körpergröße 87 bis 92 cm)

➔ 86, 98; Bekleidungsgrößen für Kinder

92; Nummer zur Kennzeichnung von Verpackungsmaterial (nach der Verpackungsverordnung): Kunststoff/verschiedene Metalle (Verbundstoff)

➔ 91, 95; Nummern zur Kennzeichnung von Verpackungsmaterial

92; Ordnungszahl von Uran (U) im Periodensystem der Elemente

➔ 91, 93; Ordnungszahlen

92; Postleitzahl in Deutschland: Leitregion Oberpfalz – Amberg, Neumarkt in der Oberpfalz, Weiden in der Oberpfalz, Schwandorf; Briefzentrum: Amberg

➔ 91, 93; Postleitzahlen

93

93^2 = 93 x 93
   = 8649

➔ 92^2; 94^2

93^3 = 93 x 93 x 93
   = 804 357

➔ 92^3; 94^3

93; Anzahl der Nullen nach der 1: Quindezilliarde
(als Zehnerpotenz: 10^{93})

➜ 90, 96; Anzahl der Nullen nach der 1

93; Ordnungszahl von Neptunium (Np) im Periodensystem der
Elemente

➜ 92, 94; Ordnungszahlen

93; Postleitzahl in Deutschland: Leitregion Bayerischer
Wald West – Regensburg, Cham, Kelheim, Abensberg; Briefzentrum: Regensburg

➜ 92, 94; Postleitzahlen

94

94^2 = 94 x 94
   = 8836

➜ 93^2; 95^2

94^3 = 94 x 94 x 94
   = 830 584

➜ 93^3; 95^3

94; Ordnungszahl von Plutonium (Pu) im Periodensystem der
Elemente

➜ 93, 95; Ordnungszahlen

94; Postleitzahl in Deutschland: Leitregion Bayerischer
Wald Ost – Passau, Landau an der Isar, Regen, Straubing;
Briefzentrum: Straubing

➜ 93, 95; Postleitzahlen

95

95^2 = 95 x 95
   = 9025

➜ 94^2; 96^2

95^3 = 95 x 95 x 95
   = 857 375

➜ 94^3; 96^3

95; Nummer zur Kennzeichnung von Verpackungsmaterial (nach der Verpackungsverordnung): Glas/Kunststoff (Verbundstoff)

➔ 92, 96; Nummern zur Kennzeichnung von Verpackungsmaterial

95; Ordnungszahl von Americium (Am) im Periodensystem der Elemente

➔ 94, 96; Ordnungszahlen

95; Postleitzahl in Deutschland: Leitregion Fichtelgebirge – Hof, Bayreuth, Kulmbach, Marktredwitz; Briefzentrum: Bayreuth

➔ 94, 96; Postleitzahlen

95 bis 125

95 bis 125 [cm]; empfohlener Verstellbereich der Arbeitsflächenhöhe bei stehender Tätigkeit an höhenverstellbaren Bildschirm- und Büroarbeitsplätzen (nach einer DGUV-Information zur Gestaltung von Bildschirm- und Büroarbeitsplätzen)

➔ < 62 bis 85 [cm]; < 62 bis 125 [cm]; 105 (± 2) [cm]

96

96^2 = 96 x 96
    = 9216

➔ 95^2; 97^2

96^3 = 96 x 96 x 96
    = 884 736

➔ 95^3; 97^3

96 Monate = acht Jahre

➔ 84 Monate; 108 Monate

96; Anzahl der Nullen nach der 1: Sedezillion oder Sexdezillion (als Zehnerpotenz: 10^{96})

➔ 93, 99; Anzahl der Nullen nach der 1

96; Nummer zur Kennzeichnung von Verpackungsmaterial (nach der Verpackungsverordnung): Glas/Aluminium (Verbundstoff)

➔ 95, 97; Nummern zur Kennzeichnung von Verpackungsmaterial

96; Ordnungszahl von Curium (Cm) im Periodensystem der Elemente

➜ 95, 97; Ordnungszahlen

96; Postleitzahl in Deutschland: Leitregion Nordfranken – Bamberg, Lichtenfels, Coburg, Sonneberg; Briefzentrum: Bamberg

➜ 95, 97; Postleitzahlen

97

$97^2 = 97 \times 97$
$\quad\; = 9409$

➜ 96^2; 98^2

$97^3 = 97 \times 97 \times 97$
$\quad\; = 912\ 673$

➜ 96^3; 98^3

97; Nummer zur Kennzeichnung von Verpackungsmaterial (nach der Verpackungsverordnung): Glas/Weißblech (Verbundstoff)

➜ 96, 98; Nummern zur Kennzeichnung von Verpackungsmaterial

97; Ordnungszahl von Berkelium (Bk) im Periodensystem der Elemente

➜ 96, 98; Ordnungszahlen

97; Postleitzahl in Deutschland: Leitregion Mainfranken – Würzburg, Schweinfurt, Bad Kissingen, Wertheim; Briefzentrum: Würzburg

➜ 96, 98; Postleitzahlen

97; Primzahl

$\quad\;$ 97 : 1 = 97
$\quad\;$ 97 : 97 = 1

➜ 89, 101; Primzahlen

98

$98^2 = 98 \times 98$
$\quad\; = 9604$

➜ 97^2; 99^2

$98^3 = 98 \times 98 \times 98$
$\quad = 941\ 192$

➔ 97^3; 99^3

98; Bekleidungsgröße für Kinder (Körpergröße 93 bis 98 cm)

➔ 92, 104; Bekleidungsgrößen für Kinder

98; Nummer zur Kennzeichnung von Verpackungsmaterial (nach der Verpackungsverordnung): Glas/verschiedene Metalle (Verbundstoff)

➔ 97; Nummer zur Kennzeichnung von Verpackungsmaterial

98; Ordnungszahl von Californium (Cf) im Periodensystem der Elemente

➔ 97, 99; Ordnungszahlen

98; Postleitzahl in Deutschland: Leitregion Thüringer Wald – Suhl, Hildburghausen, Ilmenau, Meiningen; Briefzentrum: Suhl

➔ 97, 99; Postleitzahlen

98,6

98,6 [°F]; normale menschliche Körpertemperatur

➔ 37 [°C]

99

$99^2 = 99 \times 99$
$\quad = 9801$

➔ 98^2; 100^2

$99^3 = 99 \times 99 \times 99$
$\quad = 970\ 299$

➔ 98^3; 100^3

99; Anzahl der Nullen nach der 1: Sedezilliarde oder Sexdezilliarde (als Zehnerpotenz: 10^{99})

➔ 96, 102; Anzahl der Nullen nach der 1

99; Ordnungszahl von Einsteinium (Es) im Periodensystem der Elemente

➔ 98, 100; Ordnungszahlen

99; Postleitzahl in Deutschland: Leitregion Nordthüringen – Erfurt, Weimar, Mühlhausen/Thüringen, Eisenach; Briefzentrum: Erfurt

➜ 98, 100; Postleitzahlen

100

100 Tage – das ist die Zeitspanne, die als Orientierungsphase gilt und Politikern wie Managern im Allgemeinen als „Schonfrist" zugestanden wird. Die gleiche Zeitspanne wird auch benötigt, um eine neue Tätigkeit oder Gewohnheit zu verinnerlichen. Die Zahl 100 (lateinisch: centum) wurde bis ins Mittelhochdeutsche durch das Zahlwort zehan tig („zehnzig"; zehn Zehner) ausgedrückt. 100 ist die Summe der ersten neun Primzahlen (2 + 3 + 5 + 7 + 11 + 13 + 17 + 19 + 23) und der ersten vier Kubikzahlen (1^3 + 2^3 + 3^3 + 4^3). Eine berühmte Zusammenstellung von Wettervorhersagen aus dem 17. Jahrhundert ist noch heute als Hundertjähriger Kalender geläufig.

$100 = 10 \times 10$
$\quad\; = 10^2$

➜ 81; 121; 1000

$100^2 = 100 \times 100$
$\qquad\; = 10\ 000$

➜ 99^2; 150^2

$100^3 = 100 \times 100 \times 100$
$\qquad\; = 1\ 000\ 000$ (eine Million)

➜ 99^3; 150^3

100 [a] = ein Hektar (Kurzzeichen ha; Flächeneinheit für Grund- und Flurstücke)

➜ 100 [ha]; 100 [m^2]; 10 000 [a]; 10 000 [m^2]

100 Cent = ein Euro (Zeichen €, Währungscode EUR; europäische Währungseinheit)

➜ 1 [€]; 100 Cents

100 Cents = ein Dollar (Zeichen $); Währungseinheit in den USA (Währungscode USD), in Kanada (CAD), Australien (AUD), Neuseeland (NZD) und anderen Staaten

➜ 100 Cent

100 [cm] = 1 m
        = 10 dm
        = 1000 mm

➜ 1 [m]

100 [cm]; empfohlene feste Arbeitsflächenhöhe bei feiner
Arbeit (z. B. Zeichnen) im Stehen

Für Frauen sind Tischhöhen von 95 bis 105 Zentimetern und
für Männer von 100 bis 110 Zentimetern akzeptabel.

➜ 80 [cm]; 90 [cm]

100 [€]; 100-Euro-Schein: Format 147 x 82 mm; grün; Barock-
und Rokoko-Architektur

➜ 50 [€]; 100 [ct]; 200 [€]

unter 100 [°C]; Kerntemperatur beim Haltbarmachen meist
flüssiger Lebensmittel durch Pasteurisieren (weitgehende
Abtötung aller Mikroorganismen)

➜ mindestens 72 [°C]; über 100 [°C]

über 100 [°C]; Kerntemperatur beim dauerhaften Haltbarmachen von Lebensmitteln durch Sterilisation (Keimfreiheit)

➜ unter 100 [°C]

100 [°C]; Siedepunkt des Wassers

➜ 0 [°C]; 50 bis 55 [°C]

100 [g] oder 100 [ml]; Bezugsgrößen für Nährwerte von
Lebensmitteln

Nährstoffgehalte von Lebensmitteln müssen stets in Bezug
auf 100 Gramm oder 100 Milliliter angegeben werden, um
besser miteinander verglichen werden zu können.

➜ 1 [g]; 1 [l]; 17 [kJ]; 39 [kJ]

100 [ha] = 1 km^2

➜ 100 [a]; 100 [m^2]; 10 000 [a]; 10 000 [m^2]

100 [kg] = eine Dezitonne (Kurzzeichen dt;
          Zehntel einer Tonne)
        = ein Doppelzentner (veraltet)

➜ 1 [kg]; 50 [kg]; 1000 [kg]

bis etwa 100 [km/h]; Geschwindigkeit eines Geparden (auf
Kurzstrecken)

Der Gepard gilt als das schnellste Säugetier der Welt.

→ 7 bis 10 [m/s]

100 [km/h]; Höchstgeschwindigkeit außerhalb von Ortschaften (in Deutschland)

Auf Autobahnen gilt eine Richtgeschwindigkeit von 130 km/h (als Empfehlung).

In Österreich gelten im Allgemeinen 100 km/h auf Landstraßen und 130 km/h auf Autobahnen.

In den europäischen Staaten bestehen unterschiedliche Geschwindigkeitsbeschränkungen.

→ 50 [km/h]; 80 [km/h]; 130 [km/h]

100 [l] = 1 hl
      = 1000 dl

→ 1 [l]; 1000 [l]

100 [lx]; Beleuchtungsstärke (am Auge), ab der die Ermüdung des Menschen sinkt und seine Aktivierung steigt

→ 1 [lx]

100 [m^2] = ein Ar (Kurzzeichen a; Flächeneinheit für Grund- und Flurstücke)

→ 100 [a]; 100 [ha]; 10 000 [a]; 10 000 [m^2]

100 [µT]; als unbedenklich geltender Wert für magnetische Flussdichten elektrischer Geräte (nach der Bundes-Immissionsschutzverordnung)

Die magnetische Flussdichte ist die Maßeinheit für die Intensität magnetischer Felder.

Der empfohlene Grenzwert von 100 µT wird bereits in 30 cm Abstand von den meisten Haushaltsgeräten deutlich unterschritten.

Bei den durchschnittlichen Belastungen magnetischer Felder muss berücksichtigt werden, wie lange und in welcher Entfernung ein Gerät auf den menschlichen Organismus einwirkt.

→ 40 bis 50 [µT]

100; Ordnungszahl von Fermium (Fm) im Periodensystem der Elemente

→ 99, 101; Ordnungszahlen

100; römisches Zahlzeichen: C

→ 90, 200, 2017; römische Zahlzeichen

Maßstab:

100 : 1
Die wirklichen Abmessungen sind hundert Mal kleiner
als die dargestellten.

➜ 1 : 100

Teilbarkeit:
Eine Zahl ist durch 100 teilbar, wenn sie auf 00 endet.

➜ 2, 3, 4, 5, 6, 7, 8, 9, 10, 20, 25, 30, 40, 50; Teilbarkeit

100 bis 109

100 bis 109 [mmHg]; Blutdruck (niedrigerer diastolischer
Wert): mittelschwerer Hochdruck (laut Einteilung der WHO)

➜ 90 bis 99 [mmHg]; ≥ 110 [mmHg]; 160 bis 179 [mmHg]

100 bis 500

100 bis 500 Scoville-Grad; Schärfegrad von Paprika auf der
Scoville-Skala

➜ etwa 16 Scoville-Grad; 2500 bis 8000 Scoville-Grad

101

101; Ordnungszahl von Mendelevium (Md) im Periodensystem
der Elemente

➔ 100, 102; Ordnungszahlen

101; Primzahl

    101 : 1 = 101
    101 : 101 = 1

➔ 97, 103; Primzahlen

102

> 102 [cm]; Bauchumfang bei Männern mit einem hohen Risiko
für Übergewichtskrankheiten (z. B. Bluthochdruck), nach
Richtwerten der Weltgesundheitsorganisation (WHO)

➔ > 1,0; > 88 [cm]

102; Anzahl der Nullen nach der 1: Septendezillion
(als Zehnerpotenz: 10^{102})

➔ 99, 105; Anzahl der Nullen nach der 1

102; Ordnungszahl von Nobelium (No) im Periodensystem der
Elemente

➔ 101, 103; Ordnungszahlen

103

103; Ordnungszahl von Lawrencium (Lr) im Periodensystem der
Elemente

➔ 102, 104; Ordnungszahlen

103; Primzahl

    103 : 1 = 103
    103 : 103 = 1

➔ 101, 107; Primzahlen

104

104; Bekleidungsgröße für Kinder
(Körpergröße 99 bis 104 cm)

➜ 98, 110; Bekleidungsgrößen für Kinder

104; Ordnungszahl von Rutherfordium (Rf) im Periodensystem
der Elemente

➜ 103, 105; Ordnungszahlen

105

105 (± 2) [cm]; genormte feste Arbeitsflächenhöhe bei
stehender Tätigkeit an Bildschirm- und Büroarbeitsplätzen
(nach einer DGUV-Information zur Gestaltung von Bild-
schirm- und Büroarbeitsplätzen)

➜ 74 (± 2) [cm]; 95 bis 125 [cm]; 100 [cm]

105 [m]; Fußball: übliche Länge des Spielfeldes
Die Länge (Seitenlinie) des Spielfeldes beträgt mindestens
90 und höchstens 120 Meter. Bei internationalen Spielen
muss das Spielfeld zwischen 100 und 110 Meter lang sein.

➜ 11, Anzahl der Spieler einer Fußballmannschaft; 16,50 [m];
   68 bis 70 [m]

105; Anzahl der Nullen nach der 1: Septendezilliarde
(als Zehnerpotenz: 10^{105})

➜ 102, 108; Anzahl der Nullen nach der 1

105; Ordnungszahl von Dubnium (Db) im Periodensystem der
Elemente

➜ 104, 106; Ordnungszahlen

106

106; Ordnungszahl von Seaborgium (Sg) im Periodensystem der
Elemente

➜ 105, 107; Ordnungszahlen

107

107; Ordnungszahl von Bohrium (Bh) im Periodensystem der
Elemente

➜ 106, 108; Ordnungszahlen

107; Primzahl

    107 : 1 = 107
    107 : 107 = 1

➜ 103, 109; Primzahlen

108

108 Monate = neun Jahre

➜ 96 Monate; 120 Monate

108; Anzahl der Nullen nach der 1: Dodevigintillion oder
Duodevigintillion (als Zehnerpotenz: 10^{108})

➜ 105, 111; Anzahl der Nullen nach der 1

108; Ordnungszahl von Hassium (Hs) im Periodensystem der
Elemente

➜ 107, 109; Ordnungszahlen

109

109; Ordnungszahl von Meitnerium (Mt) im Periodensystem der
Elemente

➜ 108, 110; Ordnungszahlen

109; Primzahl

    109 : 1 = 109
    109 : 109 = 1

➜ 107, 113; Primzahlen

110

bis 110 [°C]; geringe Temperatureinstellungen für feineres
Gewebe beim Bügeln

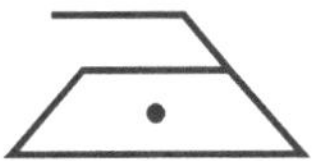

➜ bis 150 [°C]; bis 200 [°C]

≥ 110 [mmHg]; Blutdruck (niedrigerer diastolischer Wert): schwerer Hochdruck (laut Einteilung der WHO)

➜ 100 bis 109 [mmHg]; ≥ 180 [mmHg]

110; Bekleidungsgröße für Kinder
(Körpergröße 105 bis 110 cm)

➜ 104, 116; Bekleidungsgrößen für Kinder

110; Deutschland: Notrufnummer Polizei

➜ 112, 115, 116 116, 116 117; Rufnummern

110; Ordnungszahl von Darmstadtium (Ds) im Periodensystem der Elemente

➜ 109, 111; Ordnungszahlen

111

rund 111 [km]; Abstand zwischen zwei Breitengraden
Die Erde wird geografisch in 180 Breitengrade und 360 Längengrade aufgeteilt.

Breitengrade verlaufen parallel zum Äquator, Längengrade führen durch Nord- und Südpol.

Der Abstand zwischen zwei Längengraden beträgt am Äquator auch rund 111 Kilometer, nimmt aber nach Norden und Süden immer weiter ab.

➜ ca. 40 075 [km]

111; Anzahl der Nullen nach der 1: Dodevigintilliarde oder Duodevigintilliarde (als Zehnerpotenz: 10^{111})

➜ 108, 114; Anzahl der Nullen nach der 1

111; Ordnungszahl von Röntgenium (Rg) im Periodensystem der Elemente

➜ 110, 112; Ordnungszahlen

112

112; Deutschland: Notrufnummer Feuerwehr und Rettungs-
dienst; zugleich europaweite Rufnummer für Notfälle

➜ 110, 115, 116 116, 116 117; Rufnummern

112; Ordnungszahl von Copernicium (Cn) im Periodensystem
der Elemente

➜ 111, 113; Ordnungszahlen

113

*Die 113 ist die kleinste dreistellige Primzahl, die wieder
eine Primzahl ergibt, wenn ihre Ziffern umgeordnet werden.
Die anderen dreistelligen Primzahlen, die diese Eigenschaft
besitzen, sind die 199 und die 337. Die Zahlen 11, 13, 17,
37 und 79 sind die zweistelligen Primzahlen mit dieser
Eigenschaft.*

113; Ordnungszahl von Nihonium (Nh) im Periodensystem der
Elemente

➜ 112, 114; Ordnungszahlen

113; Primzahl

    113 : 1 = 113
    113 : 113 = 1

➜ 109, 127; Primzahlen

114

114; Anzahl der Nullen nach der 1: Undevigintillion
(als Zehnerpotenz: 10^{114})

➜ 111, 117; Anzahl der Nullen nach der 1

114; Ordnungszahl von Flerovium (Fl) im Periodensystem der
Elemente

➜ 113, 115; Ordnungszahlen

115

115; Deutschland: bundeseinheitliche Behördenrufnummer;
zentrale Rufnummer für behördliche Angelegenheiten (in
vielen Regionen)

➜ 110, 112, 116 116, 116 117; Rufnummern

115; Ordnungszahl von Moscovium (Mc) im Periodensystem der
Elemente

➜ 114, 116; Ordnungszahlen

116

116; Bekleidungsgröße für Kinder
(Körpergröße 111 bis 116 cm)

➜ 110, 122; Bekleidungsgrößen für Kinder

116; Ordnungszahl von Livermorium (Lv) im Periodensystem
der Elemente

➜ 115, 117; Ordnungszahlen

117

117; Anzahl der Nullen nach der 1: Undevigintilliarde
(als Zehnerpotenz: 10^{117})

➜ 114, 120; Anzahl der Nullen nach der 1

117; Ordnungszahl von Tennessine (Ts) im Periodensystem der
Elemente

➜ 116, 118; Ordnungszahlen

117; Schweiz: Polizei-Notrufnummer

➜ 118, 144; Rufnummern

118

118; Anzahl der bisher nachgewiesenen chemischen Elemente

➜ 118; Ordnungszahl

118; Ordnungszahl von Oganesson (Og) im Periodensystem der
Elemente

➜ 117; Ordnungszahl

118; Schweiz: Feuerwehr-Notrufnummer

➔ 117, 144; Rufnummern

120

120 = 1 x 2 x 3 x 4 x 5
    = 5!

➔ 24; 720

> 120 [dB]; Schmerzgrenze: Schallpegelwerte, bei denen akute Hörschädigungen innerhalb kürzester Zeit entstehen können

➔ 85 [dB]; > 135 [dB]

120 [min] = zwei Stunden

➔ 90 [min]; 180 [min]

< 120 [mmHg]; Blutdruck (höherer systolischer Wert): optimal (laut Einteilung der WHO)

➔ < 80 [mmHg]; < 130 [mmHg]

120 Monate = zehn Jahre

➔ 108 Monate

120 [µg/m^3]; Ozonkonzentration: Zielwert zum Schutz der menschlichen Gesundheit (8-Stunden-Wert, nach Angaben des Umweltbundesamtes)

Der maximale 8-Stunden-Wert eines Tages darf an höchstens 25 Tagen pro Kalenderjahr, gemittelt über drei Jahre, den Wert von 120 µg/m^3 überschreiten. Langfristig sollen die maximalen 8-Stunden-Mittel den Wert von 120 µg/m^3 gar nicht mehr überschreiten.

Ozon ist ein farbloses und giftiges Gas und eines der wichtigsten Spurengase in der Atmosphäre. Die in der Atmosphäre - in einer Höhe von 20 bis 30 Kilometern - bestehende natürliche Ozonschicht schützt die Erde vor den schädlichen Einwirkungen ultravioletter Strahlung (UV) der Sonne. In Bodennähe auftretendes Ozon wird nicht direkt freigesetzt, sondern bei intensiver Sonneneinstrahlung durch komplexe Prozesse aus anderen Schadstoffen (überwiegend Stickstoffoxiden und flüchtigen organischen Verbindungen) gebildet.

➔ 180 [µg/m^3]; 240 [µg/m^3]

120 [%] = $^6/_5$ (sechs Fünftel)
➜ 1,2; 83,33 [%]; 125 [%]

120 Stück = ein Groshundert (altes Zählmaß)
➜ 12 Stück; 1200 Stück

≤ 120 [V] Gleichspannung; Ebene der elektrischen Spannung: Kleinspannung
120 Volt Gleichspannung ist die Grenze der höchstzulässigen Berührungsspannung.
➜ ≤ 50 [V] Wechselspannung; > 120 bis ≤ 1500 [V] Gleichspannung

120; Anzahl der Nullen nach der 1: Vigintillion
(als Zehnerpotenz: 10^{120})
➜ 117, 123; Anzahl der Nullen nach der 1

120 bis 1500

> 120 bis ≤ 1500 [V] Gleichspannung; Ebene der elektrischen Spannung: Niederspannung
Gleichspannungen über 120 Volt sind lebensgefährlich.
➜ > 50 bis ≤ 1000 [V] Wechselspannung; ≤ 120 [V] Gleichspannung; > 1500 [V] Gleichspannung

121

121 = 11 x 11
   = 11^2
➜ 100; 144

122

122; Bekleidungsgröße für Kinder
(Körpergröße 117 bis 122 cm)
➜ 116, 128; Bekleidungsgrößen für Kinder

122; Österreich: Feuerwehr-Notrufnummer
➜ 133, 140, 144; Rufnummern

123

123; Anzahl der Nullen nach der 1: Vigintilliarde
(als Zehnerpotenz: 10^{123})

Das Referenzsystem für die Namen großer Zahlen oberhalb der Million bildet das System der langen Leiter: Die Endungen der Zahlwörter wechseln zwischen -ion und -iarde (Million - Milliarde - Billion - Billiarde - Trillion - Trilliarde ...), wobei jedes höherwertige Zahlwort um den Faktor 1000 größer ist als das vorherige.

Im Gegensatz hierzu ist im System der kurzen Leiter, wie es in den englischsprachigen Ländern angewendet wird, die Billion nur das 1000-Fache einer Million, die Trillion das 1000-Fache einer Billion und so weiter.

Die Präfixe der Zahlennamen leiten sich aus dem Lateinischen ab.

Zahlenwerte sind unendlich. Aufgrund nicht mehr fassbarer Zahlenwerte wurde auch das Wort „Zillion" geprägt, welches umgangssprachlich für eine fiktive Anzahl unermesslicher Größe steht.

➜ 120; Anzahl der Nullen nach der 1

125

$$125 = 5 \times 5 \times 5$$
$$= 5^3$$

➜ 25; 64; 216; 625

$125 \, [\%] = {}^5/_4$ (fünf Viertel)

➜ 1,25; 120 [%]; 133,33 [%]

127

127; Primzahl
$$127 : 1 = 127$$
$$127 : 127 = 1$$

➜ 113, 131; Primzahlen

128

$$128 = 2 \times 2 \times 2 \times 2 \times 2 \times 2 \times 2$$
$$= 2^7$$

➔ 64; 256

128; Bekleidungsgröße für Kinder
(Körpergröße 123 bis 128 cm)

➔ 122, 134; Bekleidungsgrößen für Kinder

130

130 [km/h]; empfohlene Richtgeschwindigkeit auf deutschen
Autobahnen

Wer schneller fährt, kann bei einem Unfall (unter dem
Aspekt der Betriebsgefahr) eine höhere Schadensmithaftung
als Nachteil erleiden.

➔ 50 [km/h]; 80 [km/h]; 100 [km/h]

< 130 [mg/dl]; Normalwert von „schlechtem“ LDL-Cholesterin
bei Männern und Frauen

LDL = Low-Density-Lipoprotein-Cholesterin

LDL ist vor allem in tierischen Nahrungsmitteln (wie Butter
und Wurst) enthalten.

➔ > 40 [mg/dl]; > 45 [mg/dl]; < 200 [mg/dl]

< 130 [mmHg]; Blutdruck (höherer systolischer Wert): normal
(laut Einteilung der WHO)

➔ < 85 [mmHg]; < 120 [mmHg]; 130 bis 139 [mmHg]

130 bis 139

130 bis 139 [mmHg]; Blutdruck (höherer systolischer Wert):
noch normal (laut Einteilung der WHO)

➔ 85 bis 89 [mmHg]; < 130 [mmHg]; 140 bis 159 [mmHg]

130 bis 140

130 bis 140 Schläge pro Minute; mittlerer Ruhepuls bei
einem Neugeborenen

➔ 60 bis 80 Schläge pro Minute; 90 Schläge pro Minute

131

131; Primzahl

    131 : 1 = 131
    131 : 131 = 1

➜ 127, 137; Primzahlen

132

Die Zahl 132 ist gleich der Summe aller zweistelligen Zahlen, die aus den Ziffern der 132 gebildet werden können (und die kleinste Zahl mit dieser Eigenschaft): 12 + 13 + 21 + 23 + 31 + 32 = 132.

133

133; Österreich: Polizei-Notrufnummer

➜ 122, 140, 144, 059133; Rufnummern

133,33

133,33 [%] = $^4/_3$ (vier Drittel)

➜ 1,33; 125 [%]; 150 [%]

134

134; Bekleidungsgröße für Kinder
(Körpergröße 129 bis 134 cm)

➜ 128, 140; Bekleidungsgrößen für Kinder

135

$135 = 1 + 3^2 + 5^3$

➜ 175

> 135 [dB]; extrem hohe Schallpegel, die zum Beispiel durch Knalle oder Explosionen verursacht werden und in der Regel bereits bei einmaligem Auftreten zu Gehörschäden führen

➜ 85 [dB]; > 120 [dB]

135 [°]; Gradeinteilung auf dem Kompass: Nebenhimmelsrichtung Südost (SO)

➔ 0 [°]; 45 [°]; 90 [°]; 180 [°]; 225 [°]; 270 [°]; 315 [°]

137

137; Primzahl

    137 : 1 = 137
    137 : 137 = 1

➔ 131, 139; Primzahlen

139

139; Primzahl

    139 : 1 = 139
    139 : 139 = 1

➔ 137, 149; Primzahlen

140

140; Bekleidungsgröße für Kinder
(Körpergröße 135 bis 140 cm)

➔ 134, 146; Bekleidungsgrößen für Kinder

140; maximale Anzahl von Zeichen bei Twitter-Nachrichten

➔ 160; maximale Anzahl von Zeichen

140; Österreich: Bergrettungs-Notrufnummer
In der Schweiz gilt die Rufnummer 140 für die Pannenhilfe.

➔ 122, 133, 144; Rufnummern

140 bis 159

140 bis 159 [mmHg]; Blutdruck (höherer systolischer Wert):
leichter Hochdruck (laut Einteilung der WHO)
Bluthochdruck gilt als größter Risikofaktor für
Schlaganfall und Herzinfarkt.

➔ 90 bis 99 [mmHg]; 130 bis 139 [mmHg]; 160 bis 179 [mmHg]

141

141 [%]; Kopieren: Skalierung (in Prozent), um ein Papierformat der A-Reihe (z. B. das Format A4) auf das nächsthöhere Format (z. B. das Format A3) zu übertragen

➔ 71 [%]

144

$144 = 12 \times 12$
$\quad\ \ = 12^2$

➔ 121; 169

144 Stück = ein Gros (altes Zählmaß)

➔ 12 Dutzend; 12 Stück; 1728 Stück

144; Österreich: Rettungs-Notrufnummer

➔ 122, 133, 140; Rufnummern

144; Schweiz: Sanitäts-Notrufnummer

➔ 117, 118; Rufnummern

145

$145 = 1! + 4! + 5!$

➔ 24; 120; 153; 40 585

146

146; Bekleidungsgröße für Kinder
(Körpergröße 141 bis 146 cm)

➔ 140, 152; Bekleidungsgrößen für Kinder

149

149; Primzahl
$\quad\ \ 149 : 1 = 149$
$\quad\ \ 149 : 149 = 1$

➔ 139, 151; Primzahlen

150

$$150^2 = 150 \times 150$$
$$= 22\ 500$$

➜ 100^2; 200^2

$$150^3 = 150 \times 150 \times 150$$
$$= 3\ 375\ 000$$

➜ 100^3; 200^3

< 150 [cm] Körperhöhe von Kindern (bis zum vollendeten 12. Lebensjahr): im Allgemeinen Benutzung von Kindersitzen in Kraftfahrzeugen vorgeschrieben (nach der Straßenverkehrsordnung; mit Ausnahmeregelungen für Kraftomnibusse und Taxen)

bis 150 [°C]; mittlere Temperatureinstellungen beim Bügeln

➜ bis 110 [°C]; bis 200 [°C]

um 150 [g/m^2]; Gewicht von Zeichenkarton

➜ 70 bis 80 [g/m^2]; um 190 [g/m^2]

über 150 [km/h]; Geschwindigkeit der Partikel beim Niesen (im Bereich des Kehlkopfes)

➜ bis etwa 900 [km/h]

150 [%] = $^3/_2$ (drei Halbe)

➜ 1,5; 133,33 [%]

150 bis 500

150 bis 500 [g/m^2]; zulässiges Flächengewicht einer Postkarte der Deutschen Post

Länge: 140 bis 235 mm
Breite: 90 bis 125 mm

Die Länge muss mindestens das 1,4-Fache der Breite betragen.

Postkarten (und Standardbriefe) müssen so beschaffen sein, dass sie sich maschinell verarbeiten lassen.

➜ bis 20 [g]; um 190 [g/m²]

151

151; Primzahl

    151 : 1 = 151
    151 : 151 = 1

➜ 149, 157; Primzahlen

152

152; Bekleidungsgröße für Kinder
(Körpergröße 147 bis 152 cm)

➜ 146, 158; Bekleidungsgrößen für Kinder

153

$153 = 1! + 2! + 3! + 4! + 5!$

➜ 120; 145; 720

$153 = 1^3 + 5^3 + 3^3$

➜ 370; 371

153,5

153,5 [cm]; Körperhöhe: 5. Perzentil, weiblich

Das 5. Perzentil stellt „kleine" Körpermaße dar: Nur fünf Prozent der Frauen sind kleiner als 153,5 Zentimeter.

Das ausgewählte Körpermaß bezieht sich auf in Deutschland wohnende Erwachsene weiblichen Geschlechts auf der Basis gemittelter Werte für die Altersgruppe der 18- bis 65-Jährigen (nach DIN 33402, Teil 2: Körpermaße des Menschen; Werte).

➜ 162,5 [cm]; 165 [cm]; 172 [cm]

157

157 [m]; Höhe des Kölner Doms

Der Dom ist das Wahrzeichen der Stadt Köln.

➜ 91 [m]; 161 [m]

157; Primzahl

    157 : 1 = 157
    157 : 157 = 1

➜ 151, 163; Primzahlen

158

158; Bekleidungsgröße für Kinder
(Körpergröße 153 bis 158 cm)

➜ 152, 164; Bekleidungsgrößen für Kinder

159

159 [l] = 1 barrel (Petroleum)

Das Barrel ist ein in den USA und Großbritannien verwendetes Hohl- und Flüssigkeitsmaß. Für Erdöl und Benzin gilt das US-amerikanische Petroleum-Barrel:
1 Petroleum-Barrel = 158,987 Liter

➜ 15 [°C]

160

160 [cm]; einzuplanende Tischbreite an Büroarbeitsplätzen

➜ 80 [cm]

160 [km^2]; Fläche des Fürstentums Liechtenstein

➜ 0,44 [km^2]; 415 [km^2]

160; maximale Anzahl von Zeichen, die einzelne SMS-Nachrichten umfassen können

➜ 140; maximale Anzahl von Zeichen

160 bis 179

160 bis 179 [mmHg]; Blutdruck (höherer systolischer Wert): mittelschwerer Hochdruck (laut Einteilung der WHO)

➜ 100 bis 109 [mmHg]; 140 bis 159 [mmHg]; ≥ 180 [mmHg]

161

161 [m]; Höhe des Ulmer Münsters

Das gotische Münster hat den größten Kirchturm der Welt.

➜ 157 [m]; 324 [m]

162,5

162,5 [cm]; Körperhöhe: 50. Perzentil, weiblich

Das 50. Perzentil stellt „mittelgroße" Körpermaße dar: Je 50 Prozent der Frauen sind größer und kleiner als 162,5 Zentimeter.

Das ausgewählte Körpermaß bezieht sich auf in Deutschland wohnende Erwachsene weiblichen Geschlechts auf der Basis gemittelter Werte für die Altersgruppe der 18- bis 65-Jährigen (nach DIN 33402, Teil 2: Körpermaße des Menschen; Werte).

➜ 153,5 [cm]; 172 [cm]; 175 [cm]

163

163; Primzahl

    163 : 1 = 163
    163 : 163 = 1

➜ 157, 167; Primzahlen

164

164; Bekleidungsgröße für Kinder
(Körpergröße 159 bis 164 cm)

➜ 158, 170; Bekleidungsgrößen für Kinder

165

165 [cm]; Körperhöhe: 5. Perzentil, männlich

Das 5. Perzentil stellt „kleine" Körpermaße dar: Nur fünf Prozent der Männer sind kleiner als 165 Zentimeter.

Das ausgewählte Körpermaß bezieht sich auf in Deutschland wohnende Erwachsene männlichen Geschlechts auf der Basis gemittelter Werte für die Altersgruppe der 18- bis 65-

Jährigen (nach DIN 33402, Teil 2: Körpermaße des Menschen; Werte).

➜ 153,5 [cm]; 175 [cm]; 185,5 [cm]

167

167; Primzahl

    167 : 1 = 167
    167 : 167 = 1

➜ 163, 173; Primzahlen

168

168 Stunden = eine Kalenderwoche

➜ 7, Anzahl der Tage einer Woche; 24 [h]; 8760 Stunden

168; Anzahl der Buchstaben des offiziellen Namens der thailändischen Hauptstadt Bangkok: Krung Thep Mahanakhon Amon Rattanakosin Mahinthara Ayuthaya Mahadilok Phop Noppharat Ratchathani Burirom Udomratchaniwet Mahasathan Amon Piman Awatan Sathit Sakkathattiya Witsanukam Prasit (21 Wörter, 168 Zeichen ohne Leerzeichen)

Die längste Ortsbezeichnung in einem Wort (85 Buchstaben) besitzt der neuseeländische Berg Taumatawhakatangihangako-auauotamateaturipukakapikimaungahoronukupokaiwhenuakitana-tahu (abgekürzt als Taumata).

Den längsten europäischen Ortsnamen trägt (mit 58 Buchstaben) eine walisische Gemeinde.

➜ 40, Anzahl der Zeichen; 58, Anzahl der Buchstaben

169

169 = 13 x 13
    = 13^2

➜ 144; 196; 961

170

170; Bekleidungsgröße für Kinder (Körpergröße 165 bis 170 cm)

➜ 164, 176; Bekleidungsgrößen für Kinder

172

172 [cm]; Körperhöhe: 95. Perzentil, weiblich

Das 95. Perzentil stellt „große" Körpermaße dar: Nur fünf Prozent der Frauen sind größer als 172 Zentimeter.

Das ausgewählte Körpermaß bezieht sich auf in Deutschland wohnende Erwachsene weiblichen Geschlechts auf der Basis gemittelter Werte für die Altersgruppe der 18- bis 65-Jährigen (nach DIN 33402, Teil 2: Körpermaße des Menschen; Werte).

➜ 153,5 [cm]; 162,5 [cm]; 185,5 [cm]

173

173; Primzahl

$$173 : 1 = 173$$
$$173 : 173 = 1$$

➜ 167, 179; Primzahlen

175

$$175 = 1 + 7^2 + 5^3$$

➜ 135; 518

175 [cm]; Körperhöhe: 50. Perzentil, männlich

Das 50. Perzentil stellt „mittelgroße" Körpermaße dar: Je 50 Prozent der Männer sind größer und kleiner als 175 Zentimeter.

Das ausgewählte Körpermaß bezieht sich auf in Deutschland wohnende Erwachsene männlichen Geschlechts auf der Basis gemittelter Werte für die Altersgruppe der 18- bis 65-Jährigen (nach DIN 33402, Teil 2: Körpermaße des Menschen; Werte).

➜ 162,5 [cm]; 165 [cm]; 185,5 [cm]

175 bis 240

ca. 175 bis 240 [MHz]; Frequenzbereich, der in Europa gegenwärtig für die digitale Rundfunkübertragung genutzt wird

Digitalradio meint die Übertragung von Hörfunkprogrammen mit digitalen Sendeverfahren, die mehr Programme, einen störungsfreien Empfang, eine sehr gute Wiedergabequalität und das Anzeigen zusätzlicher Informationen ermöglichen.

Analoge Verfahren sollen zukünftig weitgehend durch digitale ersetzt werden. DAB (Digital Audio Broadcasting) ist hierfür der technische Standard. DAB+ ist ein neues digitales Format.

➔ 87,5 bis 108 [MHz]

176

176; Bekleidungsgröße für Kinder
(Körpergröße 171 bis 176 cm)

➔ 170; Bekleidungsgröße für Kinder

179

179; Primzahl

    179 : 1 = 179
    179 : 179 = 1

➔ 173, 181; Primzahlen

180 [cm]; Standardbreite eines Doppelbetts
Gebräuchlich ist auch eine Breite von 140 Zentimetern.
➜ 90 [cm]; 200 [cm]

180 [°]; Gradeinteilung auf dem Kompass: Haupthimmelsrichtung Süden (S)
➜ 0 [°]; 45 [°]; 90 [°]; 135 [°]; 225 [°]; 270 [°]; 315 [°]

180 [°] = gestreckter Winkel

stumpfer Winkel > 90° < 180°

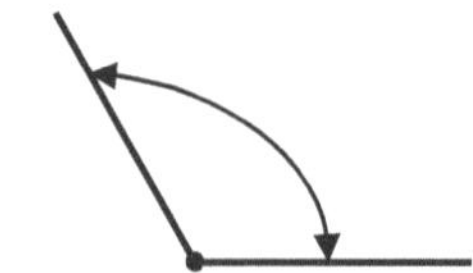

➜ 90 [°]

überstumpfer Winkel > 180° < 360°

➜ 360 [°]

180 [°]; Winkelsumme in Dreiecken

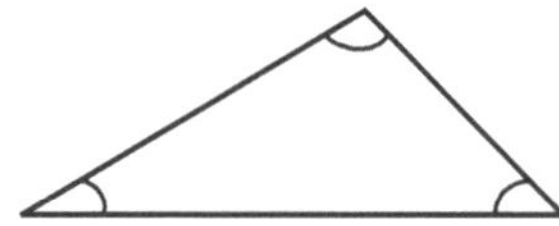

Die Innenwinkel von beliebigen Dreiecken ergeben zusammen
stets 180 Grad.
➜ 45 [°]; 60 [°]; 90 [°]; 360 [°]

180 [min] = drei Stunden
➜ 120 [min]; 240 [min]

≥ 180 [mmHg]; Blutdruck (höherer systolischer Wert):
schwerer Hochdruck (laut Einteilung der WHO)

➜ ≥ 110 [mmHg]; 160 bis 179 [mmHg]

180 [µg/m^3]; Ozonkonzentration: Informationsschwellenwert
(1-Stunden-Wert, nach Angaben des Umweltbundesamtes)

Ab einem Ozonwert von 180 µg/m^3 werden über die Medien
Verhaltensempfehlungen an die Bevölkerung gegeben.

➜ 120 [µg/m^3]; 240 [µg/m^3]

180 - Lebensalter = optimale Belastungsintensität
(Herzfrequenz) beim gesunden Menschen

Die Faustformel gilt für ein Herz-Kreislauf-wirksames
Ausdauertraining. Bei einem 40-Jährigen würde die Belastungsintensität 140 Pulsschläge pro Minute betragen.

➜ 60 bis 80 Schläge pro Minute; 220 - Lebensalter

0180; Vorwahlnummer

Bei Telefonnummern mit der Vorwahl 0180 handelt es sich
um sogenannte kostenteilige Rufnummern. Der Anrufer und
der Betreiber der Nummer teilen sich die Gesprächsgebühren.
Die Kosten für den Anruf aus dem Festnetz müssen immer
angegeben werden.

➜ 0800; 0900

181

181; Primzahl
    181 : 1 = 181
    181 : 181 = 1
➜ 179, 191; Primzahlen

185,2

185,2 [m] = eine Kabellänge (Längenmaß in der Schifffahrt)
Eine Kabellänge ist der zehnte Teil einer Seemeile.

➜ 1,852 [m]; 1852 [m]

185,5

185,5 [cm]; Körperhöhe: 95. Perzentil, männlich

Das 95. Perzentil stellt „große" Körpermaße dar: Nur fünf Prozent der Männer sind größer als 185,5 Zentimeter.

Das ausgewählte Körpermaß bezieht sich auf in Deutschland wohnende Erwachsene männlichen Geschlechts auf der Basis gemittelter Werte für die Altersgruppe der 18- bis 65-Jährigen (nach DIN 33402, Teil 2: Körpermaße des Menschen; Werte).

→ 165 [cm]; 172 [cm]; 175 [cm]

190

um 190 [g/m^2]; Gewicht von Postkartenkarton

→ um 150 [g/m^2]; um 220 [g/m^2]

191

191; Primzahl

  191 : 1 = 191
  191 : 191 = 1

→ 181, 193; Primzahlen

193

193; Anzahl der Mitgliedsstaaten der Vereinten Nationen (UN)

Mitglieder der Vereinten Nationen sind alle souveränen Staaten der Welt (außer Taiwan – verlor 1971 die Mitgliedschaft an die VR China, sowie Kosovo und Vatikanstadt). Keine UN-Mitglieder sind außerdem die Westsahara und Nordzypern.

→ 5, Anzahl der ständigen Mitglieder des UN-Sicherheitsrates;
 6, Anzahl der Amts- und Arbeitssprachen in den Vereinten Nationen

193; Primzahl

  193 : 1 = 193
  193 : 193 = 1

→ 191, 197; Primzahlen

196

```
196 = 14 x 14
    = 14²
```
→ 169; 225

197

```
197; Primzahl
    197 : 1 = 197
    197 : 197 = 1
```
→ 193, 199; Primzahlen

199

```
199; Primzahl
    199 : 1 = 199
    199 : 199 = 1
```
→ 197, 211; Primzahlen

200

$$200^2 = 200 \times 200 = 40\ 000$$

→ 150^2; 250^2

$$200^3 = 200 \times 200 \times 200 = 8\ 000\ 000 \text{ (acht Millionen)}$$

→ 150^3; 250^3

200 [cm]; Standardlänge eines Bettes

→ 90 [cm]; 180 [cm]

200 [€]; 200-Euro-Schein: Format 153 x 82 mm; gelblich-
braun; Eisen- und Glas-Architektur

→ 100 [€]; 500 [€]

bis 200 [°C]; hohe Temperatureinstellungen für grobes
Gewebe (Baumwolle, Leinen) beim Bügeln

➔ bis 110 [°C]; bis 150 [°C]

oberhalb von 200 [km/h]; Spitzengeschwindigkeiten, die im fahrplanmäßigen Zugverkehr als Eisenbahn-Hochgeschwindigkeitsverkehr bezeichnet werden

Auf Schnellfahrstrecken sind Fahrgeschwindigkeiten von 200 km/h und mehr möglich.

Rekordfahrten von Hochgeschwindigkeitszügen ergaben mehr als 500 km/h (Magnetschwebebahn auf einer Teststrecke in Japan 581 km/h).

➔ 100 [km/h]; 130 [km/h]; bis etwa 900 [km/h]

etwa 200 [mg]; nach einer Empfehlung des Bundesinstituts für Risikobewertung als gemäßigt geltende Koffeinmenge, die pro Portion nicht überschritten werden sollte

Gesunde Erwachsene können pro Tag bis zu 400 Milligramm Koffein zu sich nehmen (Verbraucherinformationsdienst aid).

➔ 50 bis 55 [°C]

< 200 [mg/dl]; Normalwert des Gesamtcholesterins bei Männern und Frauen

Die Höhe des Cholesterinspiegels wird durch das von außen zugeführte sowie durch das im Körper gebildete Cholesterin bestimmt.

➔ > 40 [mg/dl]; > 45 [mg/dl]; < 130 [mg/dl]

200; römisches Zahlzeichen: CC

➔ 100, 300, 2017; römische Zahlzeichen

206

206; Anzahl der menschlichen Knochen (individuell etwas verschieden)

Das Skelett des Säuglings besteht aus mehr als 300 Knochen bzw. Knorpeln, von denen einige im Laufe der Zeit zusammenwachsen. Die Knochen werden somit stabiler und belastbarer.

Mehr als die Hälfte der über 200 Knochen eines ausgewachsenen Menschen befindet sich an Armen, Händen, Beinen und Füßen.

➔ 33, Anzahl der Knochen der menschlichen Wirbelsäule;
   ca. 640 Muskeln

211

211; Primzahl
     211 : 1 = 211
     211 : 211 = 1
➔ 199, 223; Primzahlen

0211; Vorwahlnummer von Düsseldorf
➔ 0049

212

212 [°F] = 100 °C; Siedepunkt des Wassers
➔ 0 [°F]; 32 [°F]

213

213; Anzahl der RAL-Farbnummern

Als RAL-Farben werden normierte Farben bezeichnet, die in der Farbsammlung RAL Classic enthalten sind. Diese hilft bei der einheitlichen Farbgestaltung von Produkten und dient der besseren Orientierung beim Farbennachkauf. RAL ist die Abkürzung für den früheren Reichsausschuss für Lieferbedingungen.

Zu jeder Farbe des RAL-Farbregisters gehört eine vierstellige Nummer.

➔ 1, 2, 3, 4, 5, 6, 7, 8, 9 (erste Ziffer); RAL-Farbregister

216

$216 = 6 \times 6 \times 6$
$\quad\; = 6^3$
➔ 125; 343

$216 = 3^3 + 4^3 + 5^3$

220

um 220 $[g/m^2]$; Gewicht von Karton für Glückwunschkarten

➜ um 190 $[g/m^2]$

220 - Lebensalter = Maximalpuls; Faustformel für den individuellen Trainingswert beim Sport

Der Maximalpuls wird an der Grenze der körperlichen Leistungsfähigkeit erreicht. Im Freizeitsport sollten nicht mehr als 60 bis 80 Prozent des Maximalpulses angestrebt werden. Für das Training im Hochleistungssport gelten 90 Prozent des Maximalpulses als erlaubter Höchstwert.

➜ 60 bis 80 Schläge pro Minute; 180 - Lebensalter

221 (0221)

0221; Vorwahlnummer von Köln

➜ 0049

223

223; Primzahl

    223 : 1 = 223
    223 : 223 = 1

➜ 211, 227; Primzahlen

225

225 = 15 x 15
    = 15^2

➜ 196; 256

225 [°]; Gradeinteilung auf dem Kompass: Nebenhimmelsrichtung Südwest (SW)

➜ 0 [°]; 45 [°]; 90 [°]; 135 [°]; 180 [°]; 270 [°]; 315 [°]

227

227; Primzahl

    227 : 1 = 227

$$227 : 227 = 1$$

➔ 223, 229; Primzahlen

228 (0228)

0228; Vorwahlnummer von Bonn

➔ 0049

229

229; Primzahl

$$229 : 1 = 229$$
$$229 : 229 = 1$$

➔ 227, 233; Primzahlen

230

230 [V]; elektrische Spannung: europäisches Nieder-spannungsnetz

➔ > 50 bis ≤ 1000 [V] Wechselspannung; > 120 bis ≤ 1500 [V] Gleichspannung

231 (0231)

0231; Vorwahlnummer von Dortmund

➔ 0049

232

232 [°C]; Schmelztemperatur von Zinn

➔ 660 [°C]

233

233; Primzahl

$$233 : 1 = 233$$
$$233 : 233 = 1$$

➔ 229, 239; Primzahlen

239

239; Primzahl

    239 : 1 = 239
    239 : 239 = 1

➔ 233, 241; Primzahlen

240

ca. 240 [km]; Entfernung (Luftlinie) zwischen München und Zürich (Schweiz)

➔ ca. 250 [km]

240 [min] = vier Stunden

➔ 180 [min]; 300 [min]

240 [µg/m^3]; Ozonkonzentration: Alarmschwellenwert (1-Stunden-Wert, nach Angaben des Umweltbundesamtes)

➔ 120 [µg/m^3]; 180 [µg/m^3]

241

241; Primzahl

    241 : 1 = 241
    241 : 241 = 1

➔ 239, 251; Primzahlen

250

250^2 = 250 x 250
    = 62 500

➔ 200^2; 300^2

250^3 = 250 x 250 x 250
    = 15 625 000

➔ 200^3; 300^3

< 250 Beschäftigte und ≤ 50 Millionen Euro Jahresumsatz oder ≤ 43 Millionen Euro Bilanzsumme; Unternehmensgröße (nach EU-Definition): Mittleres Unternehmen

Mit dem Begriff „Mittelstand" werden allgemein auch qualitative Aspekte (wie sie etwa für eigenständig familiengeführte Unternehmen zutreffend sind) verbunden, auch wenn die quantitativen Abgrenzungsmerkmale überschritten werden.

➜ < 10 Beschäftigte; < 50 Beschäftigte

ca. 250 [km]; Entfernung (Luftlinie) zwischen Berlin und Hamburg

➜ ca. 240 [km]; ca. 350 [km]

251

Die 251 ist die kleinste natürliche Zahl, die sich auf zwei verschiedene Arten als Summe von drei Kubikzahlen darstellen lässt: $5^3 + 1^3 + 5^3 = 2^3 + 3^3 + 6^3 = 251$.

251; Primzahl

    251 : 1 = 251
    251 : 251 = 1

➜ 241, 257; Primzahlen

256

256 = 16 x 16
    = 16^2

➜ 225; 289

256 = 2 x 2 x 2 x 2 x 2 x 2 x 2 x 2
    = 2^8

➜ 128; 512; 65 536

256; Informatik: Anzahl der Zustände, die sich mit einem Byte (8 Bit; 2^8) darstellen lassen

➜ 8 Bit; 65 536

257

257; Primzahl

    257 : 1 = 257
    257 : 257 = 1

➜ 251, 263; Primzahlen

263

263; Primzahl

     263 : 1 = 263
     263 : 263 = 1

➜ 257, 269; Primzahlen

266 bis 267

ca. 266 bis 267 Tage (etwa neun Kalendermonate); Dauer der Schwangerschaft (Gravidität)

Die Schwangerschaft beginnt mit der Befruchtung des weiblichen Eis (Vereinigung der Eizelle mit einer Samenzelle).

Vom Zeitpunkt der Empfängnis an gerechnet, beträgt die tatsächliche Schwangerschaftsdauer 266 bis 267 Tage.

Vom Zeitpunkt des Zyklusbeginns an gerechnet, ergibt sich eine mittlere Schwangerschaftsdauer von 280 bis 282 Tagen (40 volle Wochen).

➜ um ca. 0,5 [°C] erhöhte Körpertemperatur; 11,2 [kg]; 28 Tage; 46, Anzahl der Chromosomen

269

269; Primzahl

     269 : 1 = 269
     269 : 269 = 1

➜ 263, 271; Primzahlen

270

270 [°]; Gradeinteilung auf dem Kompass: Haupthimmelsrichtung Westen (W)

➜ 0 [°]; 45 [°]; 90 [°]; 135 [°]; 180 [°]; 225 [°]; 315 [°]

271

271; Primzahl

     271 : 1 = 271
     271 : 271 = 1

➜ 269, 277; Primzahlen

273,15

273,15 [K] = 0 °C

Die Temperaturangabe nach der von Lord Kelvin aufgestellten Temperaturskala ist statt auf den Gefrierpunkt des Wassers (0 °C) auf den absoluten Nullpunkt (0 K = -273,15 °C) bezogen. Dieser ist auch theoretisch nicht erreichbar.

➔ 0 [°C]; 273,16 [K]

273,16

273,16 [K] = 0,01 °C; Tripelpunkt des Wassers; der Punkt, bei dem sich das Wasser in allen drei Aggregatzuständen gleichzeitig befindet: fest (Eis), flüssig (Wasser) und gasförmig (Wasserdampf)

➔ 0,01 [°C]; 273,15 [K]

277

277; Primzahl

    277 : 1 = 277
    277 : 277 = 1

➔ 271, 281; Primzahlen

280 bis 282

ca. 280 bis 282 Tage (40 Wochen); mittlere Schwangerschaftsdauer (vom Zeitpunkt des Zyklusbeginns an gerechnet)

➔ um ca. 0,5 [°C] erhöhte Körpertemperatur; 11,2 [kg]; 28 Tage; ca. 266 bis 267 Tage (etwa neun Kalendermonate)

281

281; Primzahl

    281 : 1 = 281
    281 : 281 = 1

➔ 277, 283; Primzahlen

283

```
283; Primzahl
    283 : 1 = 283
    283 : 283 = 1
```

➜ 281, 293; Primzahlen

289

```
289 = 17 x 17
    = 17²
```

➜ 256; 324

293

```
293; Primzahl
    293 : 1 = 293
    293 : 293 = 1
```

➜ 283, 307; Primzahlen

300

$$300^2 = 300 \times 300 = 90\ 000$$

➜ 250^2; 350^2

$$300^3 = 300 \times 300 \times 300 = 27\ 000\ 000 \ (27\ \text{Millionen})$$

➜ 250^3; 350^3

300 [dpi]; typische Punktdichte für den Druck von Bildern

Die englischen Abkürzungen dpi (dots per inch) und ppi (pixel per inch) sind Maßeinheiten für das optische Auflösungsvermögen. Die Bezeichnung dpi wird zum Beispiel beim Buch- oder Zeitungsdruck verwendet.

Elektronische Bildpunkte werden in ppi oder auch als Gesamtanzahl von Pixeln bzw. als Anzahl von Bildpunkten je Zeile (horizontal) mal Anzahl von Bildpunkten je Spalte (vertikal) angegeben.

1 dpi entspricht einem Punkt pro Zoll (2,54 cm). Ein Punkt
pro Zentimeter ergibt umgerechnet 2,54 dpi (0,3937 Punkt
pro cm).

➜ 600 [dpi]; 1200 [dpi]

300 [min] = fünf Stunden

➜ 240 [min]; 360 [min]

ungefähr 300 [m/s]; Drehgeschwindigkeit der Erde in unseren
Breiten

➜ ca. 29,8 [km/s]; 465 [m/s]

mehr als 300; Anzahl der derzeitigen Millionenstädte
(Städte mit über einer Million Einwohnern) in der Welt

Die meisten Millionenstädte befinden sich in Asien.

➜ über 1 000 000 Einwohner

300; römisches Zahlzeichen: CCC

➜ 200, 400, 2017; römische Zahlzeichen

307

307; Primzahl

    307 : 1 = 307
    307 : 307 = 1

➜ 293, 311; Primzahlen

311

311; Primzahl

    311 : 1 = 311
    311 : 311 = 1

➜ 307, 313; Primzahlen

313

313; Primzahl

    313 : 1 = 313
    313 : 313 = 1

➜ 311, 317; Primzahlen

315

315 [°]; Gradeinteilung auf dem Kompass: Nebenhimmelsrichtung Nordwest (NW)

→ 0 [°]; 45 [°]; 90 [°]; 135 [°]; 180 [°]; 225 [°]; 270 [°]

317

317; Primzahl

$$317 : 1 = 317$$
$$317 : 317 = 1$$

→ 313, 331; Primzahlen

320

320 [m/s]; Schallgeschwindigkeit in Luft (bei −20 °C)

→ 332 [m/s]; 344 [m/s]

324

$$324 = 18 \times 18$$
$$= 18^2$$

→ 289; 361

324 [m]; Höhe des Pariser Eiffelturms (mit Antenne)

Die stählerne Fachwerkkonstruktion wurde anlässlich der
Weltausstellung 1889 errichtet.

→ 161 [m]; 368 [m]

325 ist die kleinste Zahl, die sich auf dreierlei Arten als Summe von zwei Quadraten ausdrücken lässt: $18^2 + 1^2 = 17^2 + 6^2 = 15^2 + 10^2 = 325$.

331

331; Primzahl

    331 : 1 = 331
    331 : 331 = 1

➜ 317, 337; Primzahlen

332

332 [m/s]; Schallgeschwindigkeit in Luft (bei 0 °C)

➜ 320 [m/s]; 344 [m/s]

337

337; Primzahl

    337 : 1 = 337
    337 : 337 = 1

➜ 331, 347; Primzahlen

341 (0341)

0341; Vorwahlnummer von Leipzig

➜ 0049

343

343 = 7 x 7 x 7
    = 7^3

➜ 216; 512

344

344 [m/s]; Schallgeschwindigkeit in Luft (bei 20 °C)

➔ 320 [m/s]; 332 [m/s]; 1407 [m/s]

347

347; Primzahl

    347 : 1 = 347
    347 : 347 = 1

➔ 337, 349; Primzahlen

349

349; Primzahl

    349 : 1 = 349
    349 : 349 = 1

➔ 347, 353; Primzahlen

350

350^2 = 350 x 350
    = 122 500

➔ 300^2; 400^2

350^3 = 350 x 350 x 350
    = 42 875 000

➔ 300^3; 400^3

ca. 350 [km]; Entfernung (Luftlinie) zwischen München und Wien (Österreich)

➔ ca. 250 [km]; ca. 425 [km]

351 (0351)

0351; Vorwahlnummer von Dresden

➔ 0049

353

353; Primzahl

    353 : 1 = 353
    353 : 353 = 1

➔ 349, 359; Primzahlen

359

359; Primzahl

    359 : 1 = 359
    359 : 359 = 1

➔ 353, 367; Primzahlen

360

360 [°] = Vollwinkel

Ein Vollkreis beschreibt einen Winkel von 360 Grad.

➔ 0, 45, 90, 180 [°]

360 [°]; Winkelsumme in Vierecken

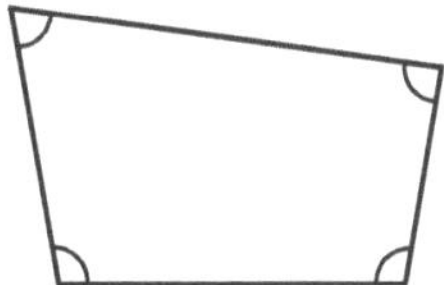

Die Innenwinkel von beliebigen Vierecken ergeben zusammen stets 360 Grad.

➔ 90, 180 [°]

360 [min] = sechs Stunden

➜ 300 [min]; 420 [min]

361

361 = 19 x 19
    = 19^2

➜ 324; 400

365

365 Tage; Kalenderjahr

Grundlage des Kalenderjahres ist das Sonnenjahr, das heißt die Zeitdauer eines Umlaufes der Erde um die Sonne (365,256 Tage).

In der Kalenderrechnung wurde den Ungenauigkeiten bei der Berechnung der Jahreslänge durch die Einschaltung eines zusätzlichen Tages (in der Regel aller vier Jahre) abgeholfen. Die mittlere Jahreslänge nach der gegenwärtigen Zeitrechnung beträgt somit 365,2425 Tage.

Die noch verbleibenden Fehlerreste summieren sich erst in mehr als 3000 Jahren zu einem vollen Tag.

➜ 12, Anzahl der Monate eines Jahres; 52, Anzahl der Wochen eines Jahres; 366 Tage

366

366 Tage; Schaltjahr, Bezeichnung für das um den Schalttag von 365 auf 366 Tage verlängerte Jahr

Schaltjahre sind alle Jahre, deren Zahl sich durch 4 teilen lässt, mit Ausnahme der nicht durch 400 teilbaren vollen Jahrhundertjahre (1900 kein Schaltjahr, 2000 Schaltjahr, 2100 kein Schaltjahr).

Schaltjahre im 21. Jahrhundert: 2004, 2008, 2012, 2016, 2020, 2024, 2028, 2032, 2036, 2040, 2044, 2048, 2052, 2056, 2060, 2064, 2068, 2072, 2076, 2080, 2084, 2088, 2092, 2096

➜ 365 Tage

367

367; Primzahl

```
    367 : 1 = 367
    367 : 367 = 1
```

➔ 359, 373; Primzahlen

368

368 [m]; Höhe des Berliner Fernsehturms

Der Berliner Fernsehturm ist das höchste Bauwerk in Deutschland.

➔ 324 [m]; 541 [m]

370

$370 = 3^3 + 7^3 + 0^3$

➔ 153; 371

371

$371 = 3^3 + 7^3 + 1^3$

➔ 370; 407

373

373; Primzahl

```
    373 : 1 = 373
    373 : 373 = 1
```

➔ 367, 379; Primzahlen

379

379; Primzahl

```
    379 : 1 = 379
    379 : 379 = 1
```

➔ 373, 383; Primzahlen

383

383; Primzahl

```
    383 :   1 = 383
    383 : 383 =   1
```

→ 379, 389; Primzahlen

389

389; Primzahl

```
    389 :   1 = 389
    389 : 389 =   1
```

→ 383, 397; Primzahlen

390 bis 780

390 bis 780 [nm]; elektromagnetische Wellen: Wellenlängen von sichtbarem Licht

390 bis 430 [nm]: violettes Licht
430 bis 490 [nm]: blaues Licht
490 bis 570 [nm]: grünes Licht
570 bis 600 [nm]: gelbes Licht
600 bis 620 [nm]: oranges Licht
620 bis 780 [nm]: rotes Licht

Das menschliche Auge kann rund 160 Farbtöne (von Violett bis Rot) unterscheiden.

→ 1 [lx]

397

397; Primzahl

```
    397 :   1 = 397
    397 : 397 =   1
```

→ 389, 401; Primzahlen

400

```
400 = 20 x 20
    = 20²
```

➔ 361; 441

```
400² = 400 x 400
     = 160 000
```

➔ 350²; 450²

```
400³ = 400 x 400 x 400
     = 64 000 000 (64 Millionen)
```

➔ 350³; 450³

400 [gon] = 360°

Das Gon ist eine im Vermessungswesen verwendete Maßeinheit zur Angabe von Winkelmaßen. Ein Gon (Einheitenzeichen gon) ist der vierhundertste Teil des Vollwinkels.
1 gon = 0,9°

Mit der Winkeleinheit Gon kann den vier Quadranten jeweils eine eigene Hunderter-Stelle zugeordnet werden:
```
  0° =   0 gon
 90° = 100 gon
180° = 200 gon
270° = 300 gon
360° = 400 gon
```

➔ 57,29578 [°]; 360 [°]

400 [m²]; maximale Fläche, die nach dem Bundeskleingartengesetz ein Kleingarten haben soll

➔ 24 [m²]

400; römisches Zahlzeichen: CD

➔ 300, 500, 2017; römische Zahlzeichen

401

401; Primzahl
```
    401 : 1 = 401
    401 : 401 = 1
```

➔ 397, 409; Primzahlen

407

$407 = 4^3 + 0^3 + 7^3$

➔ 370; 371; 1634; 8000

409

409; Primzahl

    409 : 1 = 409
    409 : 409 = 1

➔ 401, 419; Primzahlen

411 (00 411)

00 411; Vorwahlnummer von Zürich (für Anrufer aus dem Ausland: z. B. aus Deutschland oder Österreich)

➔ 0041

415

415 [km^2]; Fläche der Bundeshauptstadt Wien (Österreich)

Wien ist annähernd so groß wie das kleinste deutsche Bundesland Bremen (Bremen mit Bremerhaven) und nicht einmal halb so groß wie die deutsche Bundeshauptstadt Berlin.

➔ 160 [km^2]; 419 [km^2]; 2601 [km^2]

419

419 [km^2]; Fläche des Bundeslandes Bremen (Bremen und Bremerhaven)

Der Stadtstaat Bremen ist sowohl nach der Fläche als auch nach der Einwohnerzahl das kleinste deutsche Bundesland.

➔ 415 [km^2]; 755 [km^2]

419; Primzahl

    419 : 1 = 419
    419 : 419 = 1

➔ 409, 421; Primzahlen

420


```
420 : 2 = 210
420 : 3 = 140
420 : 4 = 105
420 : 5 =  84
420 : 6 =  70
420 : 7 =  60
```

➔ 840

420 [min] = sieben Stunden

➔ 360 [min]; 480 [min]

421

421; Primzahl

```
421 : 1 = 421
421 : 421 = 1
```

➔ 419, 431; Primzahlen

0421; Vorwahlnummer von Bremen

Bremerhaven hat die Vorwahlnummer 0471.

➔ 0049

425

ca. 425 [km]; Entfernung (Luftlinie) zwischen Berlin und
Frankfurt am Main

➔ ca. 350 [km]; ca. 480 [km]

431

431; Primzahl

```
431 : 1 = 431
431 : 431 = 1
```

➔ 421, 433; Primzahlen

00 431; Vorwahlnummer von Wien (für Anrufer aus dem
Ausland: z. B. aus Deutschland oder der Schweiz)

➔ 0043

0431; Vorwahlnummer von Kiel

➔ 0049

433

433; Primzahl

$$433 : 1 = 433$$
$$433 : 433 = 1$$

➔ 431, 439; Primzahlen

439

439; Primzahl

$$439 : 1 = 439$$
$$439 : 439 = 1$$

➔ 433, 443; Primzahlen

440

440 [Hz]; Kammerton (Normalton): auf 440 Schwingungen pro Sekunde festgelegter Ton a' zum Einstimmen von Musikinstrumenten

Der 1939 in London vereinbarte Stimmton gilt in vielen Ländern als Standard-Kammerton. In deutschen und österreichischen Orchestern wird ein Stimmton von 443 Hertz verwendet, in der Schweiz sind auch 442 Hertz üblich.

➔ 8; Anzahl der Ganztonschritte einer Oktave

441

$$441 = 21 \times 21$$
$$= 21^2$$

➔ 400; 484

443

```
443; Primzahl

    443 : 1 = 443
    443 : 443 = 1
```
➔ 439, 449; Primzahlen

449

```
449; Primzahl

    449 : 1 = 449
    449 : 449 = 1
```
➔ 443, 457; Primzahlen

450

$$450^2 = 450 \times 450$$
$$= 202\ 500$$

➔ 400^2; 500^2

$$450^3 = 450 \times 450 \times 450$$
$$= 91\ 125\ 000$$

➔ 400^3; 500^3

um 450 [°C]; Temperatur zwischen Weich- und Hartlöten

Beim Löten werden Werkstoffe mit Hilfe eines geschmolzenen Zusatzmetalles (Lotes) verbunden, dessen Schmelztemperatur unterhalb derjenigen der zu verbindenden Grundwerkstoffe liegt. Die Einteilung der Lötverfahren erfolgt nach der Schmelztemperatur des Lotes.

Beim Weichlöten beträgt die Temperatur unter 450 °C, beim Hartlöten über 450 °C.

➔ etwa 800 [°C]; etwa 3000 [°C]

457

```
457; Primzahl

    457 : 1 = 457
    457 : 457 = 1
```
➔ 449, 461; Primzahlen

461

461; Primzahl

```
461 : 1   = 461
461 : 461 = 1
```

➔ 457, 463; Primzahlen

463

463; Primzahl

```
463 : 1   = 463
463 : 463 = 1
```

➔ 461, 467; Primzahlen

465

465 [m/s]; Drehgeschwindigkeit der Erde am Äquator

➔ ca. 29,8 [km/s]; ungefähr 300 [m/s]

467

467; Primzahl

```
467 : 1   = 467
467 : 467 = 1
```

➔ 463, 479; Primzahlen

479

479; Primzahl

```
479 : 1   = 479
479 : 479 = 1
```

➔ 467, 487; Primzahlen

480

ca. 480 [km]; Entfernung (Luftlinie) zwischen Berlin und Köln

➔ ca. 425 [km]; ca. 500 [km]

480 [min] = acht Stunden

➔ 420 [min]; 540 [min]

484

484 = 22 x 22
    = 22^2

➔ 441; 529

487

487; Primzahl

    487 : 1 = 487
    487 : 487 = 1

➔ 479, 491; Primzahlen

491

491; Primzahl

    491 : 1 = 491
    491 : 491 = 1

➔ 487, 499; Primzahlen

496

Die Zahl 496 ist die dritte mathematisch perfekte Zahl. Die Summe der Teiler von 496 (1 + 2 + 4 + 8 + 16 + 31 + 62 + 124 + 248) ist gleich 496.

499

499 = 497 + 2
497 x 2 = 994 (Kehrzahl von 499)

➔ 961

499; Primzahl

    499 : 1 = 499
    499 : 499 = 1

➔ 491, 503; Primzahlen

500

500^2 = 500 x 500
      = 250 000

➜ 450^2; 600^2

500^3 = 500 x 500 x 500
      = 125 000 000 (125 Millionen)

➜ 450^3; 600^3

500 [€]; 500-Euro-Schein: Format 160 x 82 mm; lila; moderne
Architektur

Die Europäische Zentralbank (EZB) hat beschlossen, ab 2018
keine 500-Euro-Scheine mehr zu drucken und auszugeben. Die
im Umlauf befindlichen 500-Euro-Scheine behalten aber ihren
Wert und können weiter verwendet werden.

➜ 200 [€]

500 [g] = ein Pfund (Gewichtsmaß)

➜ 0,5 [kg]; 1 [kg]; 50 [kg]; 1000 [g]

bis 500 [g]; Großbrief der Deutschen Post
Länge: 100 bis 353 mm
Breite: 70 bis 250 mm
Höhe: bis 20 mm

Briefe (und Postkarten) müssen grundsätzlich eine
Rechteckform haben.

➜ bis 50 [g]; bis 1000 [g]

ca. 500 [km]; Entfernung (Luftlinie) zwischen Berlin und
München

➜ ca. 480 [km]; ca. 525 [km]

bis etwa 500; Jahreszahl: Altertum (Zeitalter zwischen der
Frühgeschichte und dem Mittelalter)

Das Altertum beinhaltet im Allgemeinen den Zeitraum von den
Anfängen der Geschichte bis zum Beginn der Völkerwanderung
(um 375) oder bis zum Untergang des Weströmischen Reiches
(476). Das klassische Altertum umfasst nur die Zeit von
etwa 800 v. Chr. bis um 500 n. Chr. (griechisch-römische
Antike).

➜ von etwa 500 bis 1500; von etwa 1500 an

500; römisches Zahlzeichen: D

➜ 400, 600, 2017; römische Zahlzeichen

500 bis 1500

von etwa 500 bis 1500; Jahreszahlen: Mittelalter (Zeitalter zwischen dem Altertum und der Neuzeit)

In der europäischen Geschichte bezeichnet das Mittelalter die Zeit zwischen dem Ende des Weströmischen Reiches (476) und der Entdeckung Amerikas (1492) bzw. dem Beginn der Reformation (1517). Unterschieden werden Früh- (bis um 1000), Hoch- (bis 1250) und Spät-Mittelalter (bis um 1500).

➜ bis etwa 500; 1492; von etwa 1500 an; 1517

503

503; Primzahl

    503 : 1 = 503
    503 : 503 = 1

➜ 499, 509; Primzahlen

509

509; Primzahl

    509 : 1 = 509
    509 : 509 = 1

➜ 503, 521; Primzahlen

512

$512 = 8 \times 8 \times 8$
$ = 8^3$

➜ 343; 729

$512 = 2 \times 2 \times 2 \times 2 \times 2 \times 2 \times 2 \times 2 \times 2$
$ = 2^9$

➜ 256; 1024

518

$$518 = 5 + 1^2 + 8^3$$

➜ 175; 598

521

521; Primzahl

    521 : 1 = 521
    521 : 521 = 1

➜ 509, 523; Primzahlen

523

523; Primzahl

    523 : 1 = 523
    523 : 523 = 1

➜ 521, 541; Primzahlen

525

ca. 525 [km]; Entfernung (Luftlinie) zwischen Berlin und Wien (Österreich)

➜ ca. 500 [km]; ca. 600 [km]

529

529 = 23 x 23
    = 23^2

➜ 484; 576

536

536 [km^2]; Fläche des Bodensees

Der an der Grenze zur Schweiz und zu Österreich gelegene Bodensee ist der größte deutsche Binnensee. Der Bodensee ist nach Angaben der Internationalen Gewässerschutzkommission bis zu 254 Meter tief.

➜ 926 [km^2]

540

540 [min] = neun Stunden

➜ 480 [min]; 600 [min]

541

541 [m]; Höhe des „One World Trade Center" in New York

Das mit 541 Metern höchste Gebäude der USA steht auf dem Grund der zerstörten Zwillingstürme.

Die Höhe in Fuß (1776) entspricht dem Jahr der US-Unabhängigkeit.

➜ 368 [m]; 828 [m]

541; Primzahl

```
541 : 1 = 541
541 : 541 = 1
```

➜ 523, 547; Primzahlen

547

541; Primzahl

```
547 : 1 = 547
547 : 547 = 1
```

➜ 541, 557; Primzahlen

557

557; Primzahl

```
557 : 1 = 557
557 : 557 = 1
```

➜ 547, 563; Primzahlen

563

563; Primzahl

```
563 : 1 = 563
563 : 563 = 1
```

➜ 557, 569; Primzahlen

567

$567^2 = 321\ 489$

Jede Ziffer zwischen 1 und 9 kommt genau einmal vor.

➜ 854

569

569; Primzahl

    569 : 1 = 569
    569 : 569 = 1

➜ 563, 571; Primzahlen

571

571; Primzahl

    571 : 1 = 571
    571 : 571 = 1

➜ 569, 577; Primzahlen

576

$576 = 24 \times 24$
$ = 24^2$

➜ 529; 625

577

577; Primzahl

    577 : 1 = 577
    577 : 577 = 1

➜ 571, 587; Primzahlen

587

587; Primzahl

    587 : 1 = 587
    587 : 587 = 1

➜ 577, 593; Primzahlen

593

593; Primzahl

    593 : 1 = 593
    593 : 593 = 1

→ 587, 599; Primzahlen

598

$598 = 5 + 9^2 + 8^3$

→ 518

599

599; Primzahl

    599 : 1 = 599
    599 : 599 = 1

→ 593, 601; Primzahlen

600

$600^2 = 600 \times 600$
    $= 360\ 000$

→ 500^2; 700^2

$600^3 = 600 \times 600 \times 600$
    $= 216\ 000\ 000$ (216 Millionen)

→ 500^3; 700^3

600 [dpi]; empfohlene Punktdichte für den Druck von Bildern
(mit darin enthaltenem Text, wie z. B. in Inseraten)

→ 300 [dpi]; 1200 [dpi]

ca. 600 [km]; Entfernung (Luftlinie) zwischen Hamburg und
München sowie zwischen Wien (Österreich) und Zürich
(Schweiz)

→ ca. 525 [km]; 624 [km]

600 [min] = zehn Stunden

→ 540 [min]; 660 [min]

600 [mm]; Eisenbahn-Spurweite: Schmalspur
➜ 16,5 [mm]; 1435 [mm]; 1524 bis 1676 [mm]

600; römisches Zahlzeichen: DC
➜ 500, 700, 2017; römische Zahlzeichen

601

601; Primzahl
$$601 : 1 = 601$$
$$601 : 601 = 1$$
➜ 599, 607; Primzahlen

607

607; Primzahl
$$607 : 1 = 607$$
$$607 : 607 = 1$$
➜ 601, 613; Primzahlen

613

613; Primzahl
$$613 : 1 = 613$$
$$613 : 613 = 1$$
➜ 607, 617; Primzahlen

617

617; Primzahl
$$617 : 1 = 617$$
$$617 : 617 = 1$$
➜ 613, 619; Primzahlen

619

619; Primzahl
$$619 : 1 = 619$$
$$619 : 619 = 1$$

→ 617, 631; Primzahlen

624

624 [km]; Entfernung (Luftlinie) zwischen der östlichsten Stadt in Deutschland (Görlitz) und der westlichsten Stadt in Deutschland (Aachen)

→ ca. 600 [km]; 637 [km]; 816 [km]

625

$$625 = 25 \times 25 = 25^2$$

→ 576; 676

$$625 = 5 \times 5 \times 5 \times 5 = 5^4$$

→ 125; 3125

631

631; Primzahl

$$631 : 1 = 631$$
$$631 : 631 = 1$$

→ 619, 641; Primzahlen

637

637 [km]; Entfernung (Luftlinie) zwischen dem östlichsten bewohnten Ort in Deutschland (Neißeaue-Zentendorf) und dem westlichsten bewohnten Ort in Deutschland (Isenbruch)

→ 624 [km]; ca. 670 [km]; 867 [km]

640

ca. 640; Anzahl aller Muskeln im menschlichen Körper
Der Anteil der Muskeln am Körpergewicht beträgt etwa 40 bis 50 Prozent.

→ 15 Muskeln; 43 Muskeln; 206, Anzahl der menschlichen Knochen

641

641; Primzahl

    641 : 1 = 641
    641 : 641 = 1

➜ 631, 643; Primzahlen

643

643; Primzahl

    643 : 1 = 643
    643 : 643 = 1

➜ 641, 647; Primzahlen

647

647; Primzahl

    647 : 1 = 647
    647 : 647 = 1

➜ 643, 653; Primzahlen

653

653; Primzahl

    653 : 1 = 653
    653 : 653 = 1

➜ 647, 659; Primzahlen

659

659; Primzahl

    659 : 1 = 659
    659 : 659 = 1

➜ 653, 661; Primzahlen

660

660 [°C]; Schmelztemperatur von Aluminium
➜ 232 [°C]; 1540 [°C]

660 [min] = elf Stunden

➜ 600 [min]; 720 [min]

661

661; Primzahl

    661 : 1 = 661
    661 : 661 = 1

➜ 659, 673; Primzahlen

666

Die Zahl 666 lässt sich als Summe der Quadrate der ersten sieben Primzahlen (2^2 + 3^2 + 5^2 + 7^2 + 11^2 + 13^2 + 17^2) und als Summe der Zahlen von 1 bis 36 darstellen.

670

ca. 670 [km]; Entfernung (Luftlinie) zwischen Berlin und Zürich (Schweiz)

➜ 637 [km]; 816 [km]

673

673; Primzahl

    673 : 1 = 673
    673 : 673 = 1

➜ 661, 677; Primzahlen

676

676 = 26 x 26
    = 26^2

➜ 625; 729

677

677; Primzahl

        677 : 1 = 677
        677 : 677 = 1

➜ 673, 683; Primzahlen

683

683; Primzahl

        683 : 1 = 683
        683 : 683 = 1

➜ 677, 691; Primzahlen

691

691; Primzahl

        691 : 1 = 691
        691 : 691 = 1

➜ 683, 701; Primzahlen

700

$700^2 = 700 \times 700$
     $= 490\ 000$

➜ 600^2; 750^2

$700^3 = 700 \times 700 \times 700$
     $= 343\ 000\ 000$

➜ 600^3; 750^3

ca. 700 [MB]; Speicherkapazität einer CD (Compact Disc)

Die exakte Speicherkapazität einer CD kann je nach Fabrikat um einige Prozent von der angegebenen abweichen. CD-Rs (einmal beschreibbare CDs) werden beispielsweise mit 650 oder 700 Megabyte Speicherkapazität gehandelt.

Die CD besteht aus einer 1,2 Millimeter dicken Scheibe, ihr Durchmesser ist zwölf Zentimeter groß.

Die Speicherkapazität einer DVD (Digital Versatile Disc) ist wesentlich höher; sie beträgt 4,7 (bis 17) Gigabyte (Kurzzeichen GB).

Die DVD weist die Maße einer herkömmlichen CD auf, besteht aber aus zwei 0,6 Millimeter dünnen, miteinander verbundenen Halbdiscs.

➜ 1 000 000 Byte; 1 000 000 000 Byte

700; römisches Zahlzeichen: DCC
➜ 600, 800, 2017; römische Zahlzeichen

701

701; Primzahl

    701 : 1 = 701
    701 : 701 = 1
➜ 691, 709; Primzahlen

709

709; Primzahl

    709 : 1 = 709
    709 : 709 = 1
➜ 701, 719; Primzahlen

711 (0711)

0711; Vorwahlnummer von Stuttgart
➜ 0049

719

719; Primzahl

    719 : 1 = 719
    719 : 719 = 1
➜ 709, 727; Primzahlen

720

720 = 1 x 2 x 3 x 4 x 5 x 6
    = 6!
➜ 120; 5040

720 = 1 x 2 x 3 x 4 x 5 x 6
    = 8 x 9 x 10

720 [min] = zwölf Stunden

➜ 660 [min]

727

727; Primzahl

    727 : 1 = 727
    727 : 727 = 1

➜ 719, 733; Primzahlen

729

729 = 27 x 27
    = 27^2

➜ 676; 784

729 = 9 x 9 x 9
    = 9^3

➜ 512; 1000

733

733; Primzahl

    733 : 1 = 733
    733 : 733 = 1

➜ 727, 739; Primzahlen

739

739; Primzahl

    739 : 1 = 739
    739 : 739 = 1

➜ 733, 743; Primzahlen

743

743; Primzahl

    743 : 1 = 743
    743 : 743 = 1

➔ 739, 751; Primzahlen

750

$750^2 = 750 \times 750$
$\quad\quad = 562\ 500$

➔ 700^2; 800^2

$750^3 = 750 \times 750 \times 750$
$\quad\quad = 421\ 875\ 000$

➔ 700^3; 800^3

750 [l/m^2]; durchschnittliche jährliche Regenmenge in Deutschland

Die Niederschlagsmengen in Deutschland liegen (je nach Ort) jährlich zwischen 400 und 2000 Liter pro Quadratmeter.

Ein Millimeter Niederschlag entspricht einem Liter pro Quadratmeter Bodenfläche.

➔ 1 bis 9 [m/s]; 1550 Stunden

751

751; Primzahl

$\quad\quad 751 : 1 = 751$
$\quad\quad 751 : 751 = 1$

➔ 743, 757; Primzahlen

755

755 [km^2]; Fläche des Bundeslandes Hamburg

Hamburg ist die zweitgrößte deutsche Stadt, aber das zweitkleinste deutsche Bundesland.

➔ 419 [km^2]; 892 [km^2]

757

757; Primzahl

$\quad\quad 757 : 1 = 757$
$\quad\quad 757 : 757 = 1$

➔ 751, 761; Primzahlen

760

760 [mmHg]; Normaldruck auf Höhe des Meeresspiegels (NN)
760 mmHg entsprechen 1013,25 hPa (Hektopascal), der seit
1984 geltenden Maßeinheit des Luftdrucks.

➜ 1013,25 [hPa]

761

761; Primzahl
        761 : 1 = 761
        761 : 761 = 1
➜ 757, 769; Primzahlen

769

769; Primzahl
        769 : 1 = 769
        769 : 769 = 1
➜ 761, 773; Primzahlen

773

773; Primzahl
        773 : 1 = 773
        773 : 773 = 1
➜ 769, 787; Primzahlen

784

784 = 28 x 28
    = 28^2
➜ 729; 841

787

```
787; Primzahl
     787 : 1 = 787
     787 : 787 = 1
```
➜ 773, 797; Primzahlen

797

```
797; Primzahl
     797 : 1 = 797
     797 : 797 = 1
```
➜ 787, 809; Primzahlen

800

$$800^2 = 800 \times 800$$
$$= 640\ 000$$
➜ 750^2; 900^2

$$800^3 = 800 \times 800 \times 800$$
$$= 512\ 000\ 000\ (512\ \text{Millionen})$$
➜ 750^3; 900^3

etwa 800 [°C]; Temperatur einer Streichholzflamme
➜ um 450 [°C]; etwa 950 [°C]

800; römisches Zahlzeichen: DCCC
➜ 700, 900, 2017; römische Zahlzeichen

0800; Vorwahlnummer
Telefonate mit der Vorwahl 0800 sind für den Anrufer kostenlos. Die anfallenden Gesprächsgebühren zahlt der Betreiber der Nummer.
➜ 0180; 0900

809

809; Primzahl

     809 : 1 = 809
     809 : 809 = 1

➜ 797, 811; Primzahlen

811

811; Primzahl

     811 : 1 = 811
     811 : 811 = 1

➜ 809, 821; Primzahlen

816

816 [km]; Entfernung (Luftlinie) zwischen der nördlichsten Stadt in Deutschland (Glücksburg an der Ostsee) und der südlichsten Stadt in Deutschland (Sonthofen)

➜ 624 [km]; ca. 670 [km]; 867 [km]

821

821; Primzahl

     821 : 1 = 821
     821 : 821 = 1

➜ 811, 823; Primzahlen

823

823; Primzahl

     823 : 1 = 823
     823 : 823 = 1

➜ 821, 827; Primzahlen

827

827; Primzahl

        827 : 1 = 827
        827 : 827 = 1

➔ 823, 829; Primzahlen

828

828 [m]; Höhe des „Burj Khalifa" in Dubai (Vereinigte Arabische Emirate)

Der 828 Meter hohe Glaspalast ist derzeit das höchste Gebäude der Welt.

Nach seiner Fertigstellung avanciert der Kingdom Tower in Jiddah (Saudi-Arabien) mit 1000 Metern zum höchsten Gebäude der Welt.

➔ 541 [m]

829

829; Primzahl

        829 : 1 = 829
        829 : 829 = 1

➔ 827, 839; Primzahlen

839

839; Primzahl

        839 : 1 = 839
        839 : 839 = 1

➔ 829, 853; Primzahlen

840


```
840 : 2 = 420
840 : 3 = 280
840 : 4 = 210
840 : 5 = 168
840 : 6 = 140
840 : 7 = 120
840 : 8 = 105
```

➜ 420; 2520

841

$$841 = 29 \times 29$$
$$= 29^2$$

➜ 784; 900

853

853; Primzahl

```
853 : 1 = 853
853 : 853 = 1
```

➜ 839, 857; Primzahlen

854

$$854^2 = 729\ 316$$

Die Ziffern von 1 bis 9 treten genau einmal auf.

➜ 567; 139 854 276

857

857; Primzahl

```
857 : 1 = 857
857 : 857 = 1
```

➜ 853, 859; Primzahlen

859

859; Primzahl

```
859 : 1 = 859
859 : 859 = 1
```

➜ 857, 863; Primzahlen

863

863; Primzahl

```
863 : 1 = 863
863 : 863 = 1
```

➜ 859, 877; Primzahlen

867

867 [km]; Entfernung (Luftlinie) zwischen dem nördlichsten bewohnten Ort in Deutschland (List auf Sylt) und dem südlichsten bewohnten Ort in Deutschland (Einödsbach)

➜ 637 [km]; 816 [km]; ca. 880 [km]

877

877; Primzahl

```
877 : 1 = 877
877 : 877 = 1
```

➜ 863, 881; Primzahlen

880

ca. 880 [km]; Entfernung (Luftlinie) zwischen Berlin und Paris (Frankreich)

➜ 867 [km]; ca. 930 [km]

881

881; Primzahl

```
881 : 1 = 881
881 : 881 = 1
```

➜ 877, 883; Primzahlen

883

883; Primzahl

$$883 : 1 = 883$$
$$883 : 883 = 1$$

➜ 881, 887; Primzahlen

887

887; Primzahl

$$887 : 1 = 887$$
$$887 : 887 = 1$$

➜ 883, 907; Primzahlen

892

892 [km^2]; Fläche der Bundeshauptstadt Berlin

Die Stadt Berlin ist die flächengrößte Gemeinde in Deutschland. Die Ost-West-Ausdehnung des Stadtgebiets beträgt rund 45 Kilometer, in Nord-Süd-Richtung etwa 38 Kilometer.

Berlin ist in zwölf Stadtbezirke (aus insgesamt 96 Ortsteilen) unterteilt.

➜ 755 [km^2]; 2569 [km^2]

900

$$900 = 30 \times 30$$
$$= 30^2$$

➜ 841; 1600

$$900^2 = 900 \times 900$$
$$= 810\ 000$$

➜ 800^2; 1000^2

$$900^3 = 900 \times 900 \times 900$$
$$= 729\ 000\ 000 \ (729\ \text{Millionen})$$

➜ 800^3; 1000^3

bis etwa 900 [km/h]; Geschwindigkeit beim Husten
➔ über 150 [km/h]

bis etwa 900 [km/h]; Geschwindigkeit von Verkehrsflugzeugen
(Startgeschwindigkeit zwischen 250 und 350 km/h)
➔ oberhalb von 200 [km/h]

900; römisches Zahlzeichen: CM
➔ 800, 1000, 2017; römische Zahlzeichen

0900; Vorwahlnummer
Bei Telefonnummern mit der Vorwahl 0900 handelt es sich um
sogenannte Mehrwertdienste (z. B. „Erotik-Hotlines“ und
Service-Hotlines von Firmen), die für den Anrufer kosten-
pflichtig sind.
➔ 0180; 0800

907

907; Primzahl
     907 : 1 = 907
     907 : 907 = 1
➔ 887, 911; Primzahlen

911

911; Notrufnummer in den USA
➔ 0049

911; Primzahl
     911 : 1 = 911
     911 : 911 = 1
➔ 907, 919; Primzahlen

919

919; Primzahl
     919 : 1 = 919
     919 : 919 = 1
➔ 911, 929; Primzahlen

926

926 [km^2]; Fläche der Insel Rügen

Die in der Ostsee gelegene Insel Rügen ist die größte deutsche Insel.

→ 536 [km^2]

929

929; Primzahl

    929 : 1 = 929
    929 : 929 = 1

→ 919, 937; Primzahlen

930

ca. 930 [km]; Entfernung (Luftlinie) zwischen Berlin und London (Großbritannien)

→ ca. 880 [km]; ca. 1180 [km]

937

937; Primzahl

    937 : 1 = 937
    937 : 937 = 1

→ 929, 941; Primzahlen

941

941; Primzahl

    941 : 1 = 941
    941 : 941 = 1

→ 937, 947; Primzahlen

947

947; Primzahl

    947 : 1 = 947
    947 : 947 = 1

➜ 941, 953; Primzahlen

950

etwa 950 [°C]; Temperatur der Flamme eines Gasherdes
➜ etwa 800 [°C]; etwa 3000 [°C]

953

953; Primzahl
     953 : 1 = 953
     953 : 953 = 1
➜ 947, 967; Primzahlen

961

$961 = 31^2$
169 (Kehrzahl von 961) $= 13^2$
➜ 499; 2178

967

967; Primzahl
     967 : 1 = 967
     967 : 967 = 1
➜ 953, 971; Primzahlen

971

971; Primzahl
     971 : 1 = 971
     971 : 971 = 1
➜ 967, 977; Primzahlen

977

977; Primzahl
     977 : 1 = 977

            977 : 977 = 1
➜ 971, 983; Primzahlen

983

983; Primzahl
        983 : 1 = 983
        983 : 983 = 1
➜ 977, 991; Primzahlen

991

991; Primzahl
        991 : 1 = 991
        991 : 991 = 1
➜ 983, 997; Primzahlen

997

997; Primzahl
        997 : 1 = 997
        997 : 997 = 1
➜ 991, 1009; Primzahlen

Das Zahlwort tausend hat sich aus dem althochdeutschen Wort thushundi entwickelt – einer Verbindung aus hundi (hundert) und der Vorsilbe thus (viel, groß). Somit bedeutet tausend wörtlich „großhundert" und meint sprachlich eine besonders große Zahl – als höchstes nicht zusammengesetztes deutsches Zahlwort. Das „liebe" Geld wird umgangssprachlich heute noch in Mille (lateinisch: mille = tausend) gezählt.

$1000 = 10 \times 10 \times 10$
$\qquad = 10^3$

➔ 100; 729; 1331; 10 000

$1000^2 = 1000 \times 1000$
$\qquad = 1\ 000\ 000$ (eine Million)

➔ 900^2; $10\ 000^2$

$1000^3 = 1000 \times 1000 \times 1000$
$\qquad = 1\ 000\ 000\ 000$ (eine Milliarde)

➔ 900^3; $10\ 000^3$

1000 Byte = ein Kilobyte (Kurzzeichen kB; Maßeinheit für Datenmengen und Speicherkapazität)
$\qquad = 10^3$ Byte

➔ 8 Bit; 1024 Byte; 1 000 000 Byte

1000 [cm³] = ein Liter (Kurzzeichen l; Hohl- und Flüssigkeitsmaß)

➔ 1 [l]; 100 [l]; 1000 [l]

1000 [g] = 1 kg

➔ 1 [kg]; 500 [g]

bis 1000 [g]; Maxibrief der Deutschen Post
Länge: 100 bis 353 mm
Breite: 70 bis 250 mm
Höhe: bis 50 mm

Briefe (und Postkarten) müssen grundsätzlich eine Rechteckform haben.

➔ bis 500 [g]; bis 2000 [g]

1000 [kg] = eine Tonne (t; Gewichtseinheit)

➔ 1 [kg]; 50 [kg]; 100 [kg]

1000 [l] = 1 m^3

➔ 1 [l]; 100 [l]

1000 [m] = 1 km

➔ 1 [m]

unter 1000 [m]; Meerestiefe: Tiefsee

➔ 11 034 [m]

1000 [mg] = 1 g

➔ 1 [g]

1000 [mm] = 1 m

➔ 1 [m]; 1 [mm]

1000 [mm^3] = 1 cm^3

➔ 1 [m^3]

1000 [µm] = 1 mm

➔ 1 [mm]

> 1000 [V] Wechselspannung; Ebene der elektrischen
Spannung: Hochspannung

Innerhalb der Spannungsebene Hochspannung wird begrifflich
weiter zwischen Mittelspannung (für einzelne Stadtteile,
mehrere Ortschaften, Großabnehmer wie Industriebetriebe),
Hochspannung (Versorgung kleinerer Städte, Überlandversor-
gung, Anschluss kleinerer Kraftwerke) und Höchstspannung
(Großraumversorgung, Verbundnetze zum überregionalen
Energieaustausch, Anschluss von Großkraftwerken) unterschieden. Die Grenzen hierfür sind nicht einheitlich
geregelt.

In der Energieübertragung sind folgende Nennspannungen
üblich:
Mittelspannung: 3 kV, 6 kV, 10 kV, 15 kV, 20 kV, 30 kV
Hochspannung: 60 kV, 110 kV
Höchstspannung: 220 kV, 380 kV, 500 kV, 700 kV, 1150 kV

➔ > 50 bis ≤ 1000 [V] Wechselspannung; > 1500 [V] Gleichspannung

1000; römisches Zahlzeichen: M

➔ 900, 1500, 2017; römische Zahlzeichen

1000 bis 3000

1000 bis 3000 [lx]; natürliche Beleuchtungsstärke:
bedeckter Himmel im Winter

➔ 1 [lx]; 5000 bis 20 000 [lx]; 10 000 [lx]

1001

*1001 gilt als arabische „magische Zahl". Besonders bekannt
sind die „Märchen aus 1001 Nacht".*

1009

1009 ist die kleinste vierstellige Primzahl.

1009; Primzahl
     1009 : 1 = 1009
     1009 : 1009 = 1
➔ 997, 1013; Primzahlen

1010 bis 1300

1010 bis 1300; Bereich der Postleitzahlen der
Bundeshauptstadt Wien (Österreich)

Wien gliedert sich in 23 Gemeindebezirke. Die Nummern der
Bezirke bilden die zweite und dritte Stelle der Postleitzahl.

1010 ist die Postleitzahl von Wiens 1. Bezirk (Innere
Stadt).
1230 ist die Postleitzahl von Wiens 23. Bezirk (Liesing).
1300 bezeichnet den außerhalb des Stadtgebietes gelegenen
Wiener Flughafen.

➔ 00 431

1013

1013; Primzahl
     1013 : 1 = 1013
     1013 : 1013 = 1
➔ 1009, 1019; Primzahlen

1013,25

1013,25 [hPa]; Normaldruck auf Höhe des Meeresspiegels (NN)

Die Maßeinheit des Luftdrucks ist nach dem französischen Mathematiker und Physiker Blaise Pascal benannt. 100 Pascal (Kurzzeichen Pa) entsprechen einem Hektopascal.

Die Grundeinstellung eines Barometers wird auf Meereshöhe vorgenommen, da der Luftdruck mit wachsender Höhe stetig abnimmt.

➜ 760 [mmHg]

1019

1019; Primzahl

    1019 : 1 = 1019
    1019 : 1019 = 1

➜ 1013, 1021; Primzahlen

1021

1021; Primzahl

    1021 : 1 = 1021
    1021 : 1021 = 1

Das aus dem Lateinischen stammende Wort „Primzahl" (numerus primus) bedeutet „die erste Zahl".

Primzahlen sind nur durch 1 und durch sich selbst ohne Rest teilbare natürliche Zahlen. Eine natürliche Zahl größer als 1, die keine Primzahl ist, heißt zusammengesetzt (zum Beispiel 4, 6, 8). Die Zahlen 0 und 1 sind weder Primzahlen noch zusammengesetzte Zahlen. Alle Primzahlen mit Ausnahme der Zahl 2 sind ungerade Zahlen. Es gibt unendlich viele Primzahlen.

Primzahlen werden in vielen Bereichen der Mathematik genutzt. Für die Primzahlen interessierte man sich bereits im antiken Griechenland.

➜ 1019, 739 391 133; Primzahlen

1024

```
1024 = 2 x 2 x 2 x 2 x 2 x 2 x 2 x 2 x 2 x 2
     = 2^10
```

→ 512; 2048

1024 Byte = ein Kibibyte (Kurzzeichen KiB; Maßeinheit für Datenmengen und Speicherkapazität)
$= 2^{10}$ Byte

Ein Kibibyte ist um 2,4 Prozent größer als ein Kilobyte (10^3 Byte).

Dezimalpräfixe sollen nur noch für Zehnerpotenzen verwendet werden. Für Zweierpotenzen wird international die Verwendung von binären Einheitenvorsätzen empfohlen.

→ 1000 Byte; 1 048 576 Byte

1091

1091 [km]; Länge der Elbe

Die Elbe entspringt im Riesengebirge und mündet in die Nordsee (bei Cuxhaven). Sie fließt auf einer Länge von 727 Kilometern durch Deutschland.

→ 1233 [km]

1100 bis 1999

1105

1141

1141 [m]; Höhe des Brockens (im Harz)
→ 1215 [m]

1180

ca. 1180 [km]; Entfernung (Luftlinie) zwischen Berlin und
Rom (Italien)
→ ca. 930 [km]; ca. 1600 [km]

1200

1200 [dpi]; empfohlene Punktdichte für den Druck von
Bildern (mit darin enthaltenem Text bei kleinen Schriften,
wie z. B. in Landkarten)
→ 300 [dpi]; 600 [dpi]

1200 Stück = ein Grostausend (altes Zählmaß)
→ 12 Stück; 120 Stück

1215

1215 [m]; Höhe des Fichtelbergs (im Erzgebirge)
Der höchste Berg Ostdeutschlands misst genau 1214,79 Meter.
→ 1141 [m]; 1493 [m]

1233

$1233 = 12^2 + 33^2$
→ 8833

1233 [km]; Länge des Rheins
Der Rhein entspringt in den Alpen (bei Chur) und mündet in
die Nordsee (bei Rotterdam). Er fließt auf einer Länge von
863 Kilometern durch Deutschland.
→ 1091 [km]; 2888 [km]

1250

ca. 1250 [g]; mittleres Gewicht des menschlichen Gehirns
(bei der Frau)

Das mittlere Gehirngewicht der Frauen ist im Verhältnis zum
Körpergewicht mit $^1/_{45}$ höher als das der Männer mit $^1/_{46}$.

➜ ca. 1350 [g]

1331

$$1331 = 11 \times 11 \times 11$$
$$= 11^3$$

➜ 1000; 1728

1350

ca. 1350 [g]; mittleres Gewicht des menschlichen Gehirns
(beim Mann)

Das mittlere Gehirngewicht der Männer ist im Verhältnis zum
Körpergewicht mit $^1/_{46}$ geringer als das der Frauen mit $^1/_{45}$.

➜ ca. 1250 [g]

1374

1374 [m]; Höhe des Brenners (an der Grenze zwischen
Österreich und Italien)

Der Brenner ist der wichtigste Pass in den Ostalpen.

1407

1407 [m/s]; Schallgeschwindigkeit in Wasser (bei 0 °C)

➜ 344 [m/s]; 1484 [m/s]

1435

1435 [mm]; Eisenbahn-Spurweite: Normalspur (u. a. in den
meisten europäischen Ländern und in den USA)

➜ 600 [mm]; 1524 bis 1676 [mm]

1440

1440 [min] = 24 Stunden
         = ein Tag (Kalendertag)

➜ 24 [h]; 86 400 [s]

1450

um 1450; Jahreszahl: Erfindung des Buchdrucks mit beweglichen Lettern durch Johannes Gutenberg

➜ 1492; 1517

1484

1484 [m/s]; Schallgeschwindigkeit in Wasser (bei 20 °C)

➜ 1407 [m/s]; 1529 [m/s]

1492

1492; Jahreszahl: Entdeckung Amerikas (nach den Wikingern im Jahr 1000) durch den genuesischen Seefahrer Christoph Kolumbus im Dienste Spaniens

➜ 1450; 1517

1493

1493 [m]; Höhe des Feldbergs (im Schwarzwald)

➜ 1215 [m]; etwa 1500 [m]; 2962 [m]

1500

etwa 1500 [m] Höhe; Grenze der Unterscheidung zwischen Hoch- und Mittelgebirgen

> 1500 [V] Gleichspannung; Ebene der elektrischen Spannung: Hochspannung

Innerhalb der Spannungsebene Hochspannung wird begrifflich weiter zwischen Mittelspannung (für einzelne Stadtteile, mehrere Ortschaften, Großabnehmer wie Industriebetriebe), Hochspannung (Versorgung kleinerer Städte, Überlandversor-

gung, Anschluss kleinerer Kraftwerke) und Höchstspannung
(Großraumversorgung, Verbundnetze zum überregionalen
Energieaustausch, Anschluss von Großkraftwerken) unterschieden. Die Grenzen hierfür sind nicht einheitlich
geregelt.

In der Energieübertragung sind folgende Nennspannungen
üblich:
Mittelspannung: 3 kV, 6 kV, 10 kV, 15 kV, 20 kV, 30 kV
Hochspannung: 60 kV, 110 kV
Höchstspannung: 220 kV, 380 kV, 500 kV, 700 kV, 1150 kV

➔ > 120 bis ≤ 1500 [V] Gleichspannung; > 1000 [V] Wechselspannung

von etwa 1500 an; Jahreszahl: Beginn der Neuzeit
(Bezeichnung für die Zeit seit dem Ende des Mittelalters)

➔ bis etwa 500; von etwa 500 bis 1500

1500; römisches Zahlzeichen: MD

➔ 1000, 1888, 2000, 2017; römische Zahlzeichen

1517

1517; Jahreszahl: Veröffentlichung der 95 Thesen Martin
Luthers gegen Ablasshandel und Bußpraxis der Kirche
(Auftakt zur Reformation)

➔ 1450; 1492

1524 bis 1676

1524 bis 1676 [mm]; Eisenbahn-Spurweiten: Breitspur
(1524 mm: u. a. in Russland)

➔ 600 [mm]; 1435 [mm]

1529

1529 [m/s]; Schallgeschwindigkeit in Wasser (bei 40 °C)

➔ 1484 [m/s]; 3250 [m/s]

1540

1540 [°C]; Schmelztemperatur von Eisen

➔ 660 [°C]; 3000 [°C]

1550

1550 Stunden; mittlere jährliche Sonnenscheindauer in
Deutschland

Zwischen 1300 und 1900 Stunden pro Jahr liegt in
Deutschland (je nach Ort) die durchschnittliche
Sonnenscheindauer.

➜ 750 $[1/m^2]$

1600

1600 = 40 x 40
       = 40^2

➜ 900; 2500

ca. 1600 [km]; Entfernung (Luftlinie) zwischen Berlin und
Moskau (Russland)

➜ ca. 1180 [km]; ca. 6380 [km]

1609

1609 [m] = 1 statute mile
         = 1760 yards
(angloamerikanische Längenmaße)

➜ 1,609 [km/h]; 91,44 [cm]

1618 bis 1648

1618 bis 1648; Jahreszahlen: Dauer des Dreißigjährigen
Krieges (Religions- und Staatenkonflikt in Europa)

Der Dreißigjährige Krieg war der längste fortwährende
internationale Krieg.

➜ 1914 bis 1918; 1939 bis 1945

1634

1634 = 1^4 + 6^4 + 3^4 + 4^4

➜ 407; 54 748

1728

1728 = 12 x 12 x 12
$$= 12^3$$

➜ 1331; 2197

1728 Stück = ein Maß (alte Zähleinheit, auch als „Großes Gros" oder „Grosgros" bezeichnet)

➜ 12 Stück; 144 Stück

1729

1765

1765; Jahreszahl: Bau der ersten praktisch verwendbaren Dampfmaschine durch den englischen Ingenieur James Watt

➜ 1 [kW]; 1814

1800

1800 Zeichen einschließlich Leerzeichen und anderer Freiräume (30 Zeilen à 60 Anschläge) werden als Normseite bezeichnet.

Die Normseite ist eine Hilfsgröße, um den Umfang eines Manuskriptes abschätzen zu können. Sie wird vor allem von Autoren, Journalisten, Übersetzern und Verlagen verwendet.

➜ 10,6 Buchstaben; 12 000 bis 16 000 Wörter

1814

1814; Jahreszahl: Bau der ersten betriebsfähigen Lokomotive durch den englischen Ingenieur und Erfinder George Stephenson

1825 wurde die erste englische Eisenbahnstrecke in Betrieb genommen. Die erste deutsche Eisenbahnlinie führte 1835 von Nürnberg nach Fürth.

➜ 1765; 1886

1852

1852 [m] = eine Seemeile (Kurzzeichen sm; Längenmaß in der Schifffahrt)

➔ 1,852 [km/h]; 1,852 [m]; 7,42 [km]; 185,2 [m]

1871

1871; Jahreszahl: Gründung des Deutschen Reiches

➔ 1880; 1919

1880

1880; Jahreszahl: Veröffentlichung eines Werkes unter dem Titel „Vollständiges Orthographisches Wörterbuch der deutschen Sprache" (heute als „Duden" bekannt) durch den Gymnasialdirektor Konrad Duden

➔ 1871

1886

1886; Jahreszahl: Bau eines Benzinkraftwagens (zum Patent angemeldet) durch den deutschen Ingenieur Carl Benz

Unabhängig von Benz hatte Gottlieb Daimler 1883 das erste Kraftrad (Motorrad mit Verbrennungsmotor) hergestellt.

➔ 1814; 1903

1887

1887; Jahreszahl: Nachweis der elektromagnetischen Wellen (durch Heinrich Hertz)

➔ 1895

1888

1888; römisches Zahlzeichen: MDCCCLXXXVIII
1888 ist die Jahreszahl mit den meisten römischen Ziffern.

➔ 1500, 2000, 2017; römische Zahlzeichen

1895

1895; Jahreszahl: Entdeckung der Röntgenstrahlen (durch Wilhelm Conrad Röntgen)

→ 1887

1903

1903; Jahreszahl: erster gesteuerter Motorflug mit einem Doppeldecker durch die amerikanischen Brüder Wright

Der deutsche Ingenieur Otto Lilienthal hatte ab 1891 mit selbst konstruierten und gebauten Gleitern Flüge bis zu einer Weite von 350 Metern durchgeführt.

→ 1886; 1961

1914 bis 1918

1914 bis 1918; Jahreszahlen: Dauer des Ersten Weltkrieges (nach Schätzungen insgesamt bis zu zehn Millionen Menschen ums Leben gekommen)

→ 1871; 1919; 1939 bis 1945

1915

1915; Jahreszahl: Entwicklung der Allgemeinen Relativitätstheorie durch Albert Einstein

Aus der 1905 formulierten speziellen Relativitätstheorie stammt die Formel für die Äquivalenz von Masse und Energie: $E = mc^2$.

→ 299 792 [km/s]

1919

1919; Jahreszahl: Weimarer Republik (bis 1933)

→ 1871; 1914 bis 1918; 1939 bis 1945

1939 bis 1945

1939 bis 1945; Jahreszahlen: Dauer des Zweiten Weltkrieges
(nach Schätzungen insgesamt bis zu 55 Millionen Menschen
ums Leben gekommen)

➜ 1914 bis 1918; 1919; 1949

1941

1941; Jahreszahl: Entwicklung der ersten programmgesteuer-
ten Rechenmaschine (Computer) durch den Ingenieur Konrad
Zuse

➜ 8 Bit

1949

1949; Jahreszahl: Gründung der Bundesrepublik Deutschland
(BRD) und der Deutschen Demokratischen Republik (DDR)

➜ 1919; 1939 bis 1945; 1990

1961

1961; Jahreszahl: erster bemannter Flug ins Weltall (durch
den sowjetischen Kosmonauten Juri Gagarin)

➜ 1903; 1969

1969

1969; Jahreszahl: erste bemannte Mondlandung (durch die
US-Astronauten Neil Armstrong, Edwin Aldrin und Michael
Collins)

➜ 0,166; 1961

1990

1990; Jahreszahl: Beitritt der Deutschen Demokratischen
Republik zur Bundesrepublik Deutschland (ein Jahr nach dem
Fall der Berliner Mauer)

➜ 1949

2000

ab 2000 Einwohner; Größeneinteilung von Städten: Landstadt
➔ unter 2000 Einwohner; ab 5000 Einwohner

unter 2000 Einwohner; Größeneinteilung von Städten und
Gemeinden: Landgemeinde
➔ ab 2000 Einwohner

bis 2000 [g]; Päckchen der Deutschen Post
Länge: 150 bis 600 mm
Breite: 110 bis 300 mm
Höhe: 10 bis 150 mm
➔ bis 1000 [g]

2000; römisches Zahlzeichen: MM
➔ 1500, 1888, 2017, 3000; römische Zahlzeichen

2017

2017; römisches Zahlzeichen: MMXVII

Römische Zahlzeichen findet man häufig in alten Inschrif-
ten. Für die Angabe von Jahres- oder Seitenzahlen wird die
römische Schreibweise auch heute noch verwendet.

Die Grundzeichen der römischen Zahlenschreibweise sind
I = 1, X = 10, C = 100 und M = 1000. Hinzu kommen die
Hilfszeichen: V = 5, L = 50 und D = 500. Die Zahlen werden
durch Aneinanderreihen dieser sieben Grund- und Hilfszeichen gebildet.

Stehen gleiche Grundzeichen nebeneinander, so werden sie
zusammengezählt: II = 2, XX = 20, CCC = 300.

Steht bei ungleichen Zeichen das Zeichen für die größere
Zahl links, so wird das kleinere Zeichen addiert: VI = 6,
XI = 11. Steht das Zeichen für die kleinere Zahl links, so
wird dieses Zeichen abgezogen: IV = 4, IX = 9.

Es darf immer nur ein Zeichen abgezogen werden. Beispiel:
nicht IIX für 8, sondern VIII.

Die Grundzeichen I, X und C können höchstens dreimal nebeneinander stehen, das Grundzeichen M hingegen viermal und
die Hilfszeichen V, L und D nur einmal.

V, L und D können größeren Zahlen nicht vorangestellt
werden. Beispiel: nicht VC für 95, sondern XCV.

Mit den sieben Zeichen und einem Querstrichsystem lassen
sich auch größere Zahlen bilden.

→ 1888, 2000, 3000; römische Zahlzeichen

2048

$2048 = 2^{11}$

→ 1024; 4096

2178

2178 x 4 = 8712 (Kehrzahl von 2178)

→ 961

2197

$$2197 = 13 \ x \ 13 \ x \ 13$$
$$= 13^3$$

→ 1728; 2744

2370

ca. 2370 [km]; Durchmesser des Zwergplaneten Pluto
Pluto besteht zum großen Teil aus Eis.

→ 4879 [km]; 5 900 000 000 [km]

2500

$$2500 = 50 \ x \ 50$$
$$= 50^2$$

→ 1600; 3600

2500 bis 4500

2500 bis 4500 [g]; normales Geburtsgewicht von Neugeborenen
Männliche Neugeborene sind durchschnittlich 3400 Gramm
schwer. Neugeborene Mädchen sind im Durchschnitt 100 Gramm
leichter.

Neugeborene mit einem Gewicht von unter 2500 Gramm vor Ablauf der 37. Schwangerschaftswoche werden als „Frühchen" bezeichnet.

➔ 48 bis 54 [cm]

2500 bis 8000

2500 bis 8000 Scoville-Grad; Schärfegrad von Jalapeño-Chili auf der Scoville-Skala

➔ 100 bis 500 Scoville-Grad; 30 000 bis 50 000 Scoville-Grad

2520

2520 ist die kleinste natürliche Zahl, die sich durch alle Zahlen von 2 bis 10 teilen lässt.

```
2520 :  2 = 1260
2520 :  3 =  840
2520 :  4 =  630
2520 :  5 =  504
2520 :  6 =  420
2520 :  7 =  360
2520 :  8 =  315
2520 :  9 =  280
2520 : 10 =  252
```

➔ 840; 27 720

2569

2569 [km^2]; Fläche des Bundeslandes Saarland

Das Saarland ist das kleinste Flächenland in der Bundesrepublik Deutschland und nur etwa dreimal so groß wie die Bundeshauptstadt Berlin.

➔ 892 [km^2]; 15 800 [km^2]

2601

2601 [km^2]; Fläche des Bundeslandes Vorarlberg (Österreich)

Vorarlberg ist das westlichste österreichische Bundesland. Es grenzt an Deutschland, die Schweiz und Liechtenstein.

➔ 415 [km^2]; 3962 [km^2]

2744

```
2744 = 14 x 14 x 14
     = 14³
```

➜ 2197; 3375

2888

2888 [km]; Länge der Donau (ab Breg-Quelle)

Der zweitlängste Fluss in Europa entspringt im östlichen Schwarzwald und fließt bis ins Schwarze Meer. Die Donau fließt auf einer Länge von 647 Kilometern durch Deutschland.

➜ 1233 [km]; 3531 [km]

2962

2962 [m]; Höhe der Zugspitze, der höchsten Erhebung in Deutschland

Die Zugspitze ist im Wettersteingebirge in den bayerischen Alpen gelegen.

➜ 1493 [m]; 4808 [m]

3000

etwa 3000 [°C]; Temperatur der Flamme eines Schweißbrenners (Gasschmelzschweißen: Acetylen mit Sauerstoff)

➜ um 450 [°C]

3000 [°C]; Siedetemperatur von Eisen

➜ 1540 [°C]

3000; römisches Zahlzeichen: MMM

➜ 2000, 2017, 4000; römische Zahlzeichen

3125

```
3125 = 5 x 5 x 5 x 5 x 5
     = 5⁵
```

➜ 625; 15 625

3250

3250 [m/s]; Schallgeschwindigkeit in Eis (bei -4 °C)

➜ 1529 [m/s]; 3400 [m/s]

3375

$3375 = 15 \times 15 \times 15$
$= 15^3$

➜ 2744; 4096

3400

3400 [m/s]; Schallgeschwindigkeit in Eichenholz (bei 20 °C)

➜ 3250 [m/s]; 3800 [m/s]

3435

$3435 = 3^3 + 4^4 + 3^3 + 5^5$

➜ 438 579 088

3476

3476 [km]; Durchmesser des Mondes
Der Durchmesser des Mondes beträgt 27,25 Prozent des
Erddurchmessers.

➜ 12 756 [km]; 384 400 [km]

3531

3531 [km]; Länge des Flusses Wolga
Die Wolga ist der längste europäische Fluss. Er entspringt
in den Waldaihöhen (Russland) und mündet in das Kaspische
Meer.

➜ 2888 [km]; 6437 [km]

3600

3600 = 60 x 60
     = 60^2

→ 2500; 4900

3600 [s] = 60 min
         = 1 h

→ 1 [h]; 60 [min]

3600 [''] = 1°

Eine Winkel- oder Bogenminute beträgt $^1/_{3600}$ der Winkeleinheit Grad ($^1/_{60}$ einer Bogenminute).

→ 1 [°]; 60 [']

3800

3800 [m/s]; Schallgeschwindigkeit in Beton und Kupfer
(bei 20 °C)

→ 3400 [m/s]; 5100 [m/s]

3962

3962 [km^2]; Fläche des Bundeslandes Burgenland (Österreich)
Burgenland ist das östlichste österreichische Bundesland.
Es grenzt an Ungarn, die Slowakei und Slowenien.

→ 2601 [km^2]; 7156 [km^2]

4000

4000; römisches Zahlzeichen: MMMM

→ 2017, 3000, 5000; römische Zahlzeichen

4096

4096 = 16 x 16 x 16
     = 16^3

→ 3375; 4913

$$4096 = 2^{12}$$

➔ 2048; 8192

4808

4808 [m]; Höhe des Mont Blanc

Der in den französischen Alpen gelegene Mont Blanc ist der höchste Berg in Europa. Nach jüngsten Messungen unabhängiger Geoforscher ist der Mont Blanc exakt 4808,73 Meter hoch.

➔ 2962 [m]; 5895 [m]

4879

4879 [km]; Durchmesser des Planeten Merkur

Merkur ist der innerste Planet des Sonnensystems und nicht einmal halb so groß wie die Erde.

➔ 2370 [km]; 6794 [km]; 57 909 175 [km]

4900

$$4900 = 70 \times 70 = 70^2$$

➔ 3600; 6400

4913

$$4913 = 17 \times 17 \times 17 = 17^3$$

➔ 4096; 5832

5000

ab 5000 Einwohner; Größeneinteilung von Städten: Kleinstadt
➜ ab 2000 Einwohner; ab 20 000 Einwohner

etwa 5000 [°C]; Temperatur im Erdkern
➜ 5150 bis 6370 [km]; über 15 000 000 [°C]

etwa 5000; Anzahl der auf der Erde lebenden Arten von
Säugetieren
➜ rund 8 000 000

etwa 5000; Anzahl der mit bloßem Auge am Nachthimmel
sichtbaren Sterne (bei optimalen Bedingungen)
➜ 100 000 000 000 bis 300 000 000 000 Sterne

5000; römisches Zahlzeichen: V quer (mit Querstrich oben)
➜ 2017, 4000, 10 000; römische Zahlzeichen

5000 bis 6000

etwa 5000 bis 6000; Anzahl der Biersorten in Deutschland
Weltweit wird die Markenvielfalt der Biere auf etwa 10 000
bis 15 000 geschätzt.
➜ ca. 4,5 bis 6 [%], Alkoholgehalt von Bier

5000 bis 20 000

5000 bis 20 000 [lx]; natürliche Beleuchtungsstärke:
bedeckter Himmel im Sommer
➜ 1000 bis 3000 [lx]; bis 100 000 [lx]

5040

5040 = 1 x 2 x 3 x 4 x 5 x 6 x 7
     = 7!
➜ 720; 40 320

5100

5100 [m/s]; Schallgeschwindigkeit in Stahl (bei 20 °C)

➔ 3800 [m/s]

5150 bis 6370

5150 bis 6370 [km]; Tiefe des Erdkerns

➔ etwa 5000 [°C]; 6371 [km]

5525

5525 ist die kleinste Zahl, die sich auf genau sechs Arten als Summe von zwei Quadratzahlen darstellen lässt: $74^2 + 7^2 = 73^2 + 14^2 = 71^2 + 22^2 = 70^2 + 25^2 = 62^2 + 41^2 = 55^2 + 50^2 = 5525$.

5832

$$5832 = 18 \times 18 \times 18 = 18^3$$

➔ 4913; 6859

5895

5895 [m]; Höhe des Kilimandscharo

Der in Tansania (Ostafrika) gelegene Kilimandscharo ist der höchste Berg Afrikas.

➔ 4808 [m]; 6962 [m]

5900 bis 6200

5900 bis 6200 [kHz]; Frequenzbereich im Rundfunk: Kurzwellen (KW) auf dem 49-Meter-Band

Die Frequenz 6100 kHz entspricht ungefähr einer Wellenlänge von 49 Metern, sodass der Frequenzbereich von 5900 bis 6200 Kilohertz auch als 49-Meter-Band bezeichnet wird. Fast alle europäischen Kurzwellensender können in den Abendstunden auf dem 49-Meter-Band empfangen werden. Deshalb wird es auch Europaband genannt.

➔ 10 bis 100 [m]; 87,5 bis 108 [MHz]; ca. 175 bis 240 [MHz]

6131 (06131)

06131; Vorwahlnummer von Mainz

➔ 0049

6300

ca. 6300 [kJ]; durchschnittlicher täglicher Energiebedarf zur Aufrechterhaltung der Körper-Grundfunktionen bei Frauen
6300 Kilojoule entsprechen rund 1500 Kilokalorien.

➔ ca. 4,2; ca. 7100 [kJ]; ca. 8400 [kJ]

6371

6371 [km]; mittlerer Radius der Erde
Der mittlere Durchmesser der Erde beträgt 12 742 km.

➔ 5,52 [g/cm^3]; 12 714 [km]; 12 756 [km]

6380

ca. 6380 [km]; Entfernung (Luftlinie) zwischen Berlin und der US-amerikanischen Metropole New York

➔ ca. 1600 [km]; ca. 6700 [km]

6400

$$6400 = 80 \times 80 = 80^2$$

➔ 4900; 8100

6437

6437 [km]; Länge des südamerikanischen Flusses Amazonas
Der zweitlängste Fluss der Erde entspringt in den Anden und mündet in den Atlantischen Ozean.

Der Amazonas bezeichnet zugleich das größte Tropenwald-
gebiet der Erde (ca. vier Millionen Quadratkilometer).

➔ 3531 [km]; 6671 [km]

6500

etwa 6500; Anzahl der Sprachen auf der Welt

Die Bandbreite der Gesamtzahl liegt zwischen 5000 und 7500.

In Eurasien (Europa und asiatisches Festland) sind etwa
1000 Sprachen bekannt. Viele Sprachen werden nur von
wenigen Menschen gesprochen.

Die weltweit etwa 6500 Sprachen lassen sich in fast 300
genetische Einheiten (180 eigentliche Sprachfamilien mit
mehr als einer Sprache und 120 isolierte Sprachen) ein-
teilen.

Die meistgesprochenen Sprachen der Welt sind (in dieser
Reihenfolge) Chinesisch, Englisch und Spanisch. Zur Anzahl
ihrer Sprecher liegen unterschiedliche Zahlenangaben vor.

Die deutsche Sprache wird weltweit von etwa 120 bis 130
Millionen Menschen gesprochen.

➔ 6; Anzahl der Amts- und Arbeitssprachen in den Vereinten
   Nationen

6671

6671 [km]; Länge des nordafrikanischen Flusses Nil

Der längste Fluss der Erde entspringt im Ruandaberge und
fließt bis nach Ägypten in das Mittelmeer.

➔ 6437 [km]

6700

ca. 6700 [km]; Entfernung (Luftlinie) zwischen Berlin und
der Bundeshauptstadt Washington (USA)

➔ ca. 6380 [km]; ca. 7350 [km]

6794

6794 [km]; Durchmesser des Planeten Mars

Der Mars ist etwa halb so groß wie die Erde. Die Mars-
atmosphäre besteht fast vollständig aus Kohlendioxid.

➜ 4879 [km]; 12 103 [km]; 227 936 640 [km]

6859

$$6859 = 19 \times 19 \times 19$$
$$= 19^3$$

➜ 5832; 8000

6962

6962 [m]; Höhe des Aconcagua

Der in den argentinischen Anden (Südamerika) gelegene
Aconcagua ist der höchste Berg Amerikas. Der höchste Berg
in Nordamerika (in Alaska/USA) ist der einst unter dem
Namen Mount McKinley bekannte Denali (6190 m) im gleich-
namigen Nationalpark.

➜ 5895 [m]; 8848 [m]

7100

ca. 7100 [kJ]; durchschnittlicher täglicher Energiebedarf
zur Aufrechterhaltung der Körper-Grundfunktionen bei
Männern

7100 Kilojoule entsprechen rund 1700 Kilokalorien.

➜ ca. 4,2; ca. 6300 [kJ]; ca. 8400 [kJ]

7156

7156 [km^2]; Fläche des Bundeslandes Salzburg (Österreich)

Das Bundesland Salzburg liegt in der Mitte der Alpen-
republik, umgeben von vier österreichischen Bundesländern
(Oberösterreich, Steiermark, Kärnten und Tirol) sowie dem
Freistaat Bayern auf deutscher Seite.

➜ 3962 [km^2]; 9538 [km^2]

7350

ca. 7350 [km]; Entfernung (Luftlinie) zwischen Berlin und
Peking (China)

→ ca. 6700 [km]; ca. 8900 [km]

8000

$8000 = 20 \times 20 \times 20$
$ = 20^3$

→ 6859; 27 000

$8000 = 11^3 + 12^3 + 13^3 + 14^3$

8000 bis 8099

8000 bis 8099; Bereich der Postleitzahlen von Zürich
(Schweiz)

→ 00 411

8100

$8100 = 90 \times 90$
$ = 90^2$

→ 6400; 10 000

8125

8125 ist die kleinste Zahl, die sich auf genau fünf Arten als Summe zweier Quadratzahlen darstellen lässt: $90^2 + 5^2 = 86^2 + 27^2 = 85^2 + 30^2 = 75^2 + 50^2 = 69^2 + 58^2 = 8125$.

8128

8128 ist die vierte perfekte Zahl. Die Summe der Teiler von 8128 (1 + 2 + 4 + 8 + 16 + 32 + 64 + 127 + 254 + 508 + 1016 + 2032 + 4064) ergibt 8128.

8192

$8192 = 2^{13}$

➔ 4096; 16 384

8400

ca. 8400 [kJ]; täglicher Energiebedarf: Referenzwert für einen durchschnittlichen Erwachsenen

8400 Kilojoule entsprechen rund 2000 Kilokalorien.

Der Energiebedarf hängt in erster Linie vom Geschlecht (männliche Erwachsene tendenziell eher mehr, weibliche Erwachsene tendenziell eher weniger), vom Lebensalter (junge Menschen tendenziell eher mehr, ältere Menschen tendenziell eher weniger) und von der Tätigkeit (Muskelarbeit tendenziell eher erhöht, sitzende Beschäftigung tendenziell eher verringert) ab.

➔ 1,5 bis 2,5 [l]; ca. 4,2; ca. 6300 [kJ]; ca. 7100 [kJ]

8760

8760 Stunden = 365 Tage
        = ein Jahr (Kalenderjahr)

➔ 168 Stunden; 365 Tage

8833

$8833 = 88^2 + 33^2$

➔ 1233; 5 882 353

8848

8848 [m]; Höhe des Mount Everest

Der im Himalaya-Gebirge (in Nepal/Asien) gelegene Mount Everest ist der höchste Berg der Erde.

Der zweithöchste Berg ist der 8611 Meter hohe K 2 (Godwin Austen) im Karakorum (Pakistan). Sämtliche 8000er und 7000er Gipfel befinden sich in Asien.

➔ 4808 [m]; 11 034 [m] unter dem Meeresspiegel

8900

ca. 8900 [km]; Entfernung (Luftlinie) zwischen Berlin und
Tokio (Japan)

➜ ca. 7350 [km]; ca. 9300 [km]

9300

ca. 9300 [km]; Entfernung (Luftlinie) zwischen Berlin und
Los Angeles (USA)

➜ ca. 8900 [km]; ca. 9600 [km]

9538

9538 [km^2]; Fläche des Bundeslandes Kärnten (Österreich)
Kärnten ist das südlichste österreichische Bundesland. Es
grenzt an Slowenien und Italien.

➜ 7156 [km^2]; 11 980 [km^2]

9600

ca. 9600 [km]; Entfernung (Luftlinie) zwischen Berlin und
Kapstadt (Südafrika)

➜ ca. 9300 [km]; ca. 10 000 [km]

10 000

Die Myriade (altgriechisch: myriás) besagt eine Anzahl von 10 000, der Plural Myriaden charakterisiert eine unzählbare Menge („unendlich viele"). In der Gesellschaft gelten „die oberen Zehntausend" als reichste und vornehmste Schicht.

$$10\ 000 = 100 \times 100$$
$$= 100^2$$

➜ 8100; 40 000

$$10\ 000 = 10 \times 10 \times 10 \times 10$$
$$= 10^4$$

➜ 1000; 100 000

$$10\ 000^2 = 10\ 000 \times 10\ 000$$
$$= 100\ 000\ 000\ (100\ \text{Millionen})$$

➜ 1000^2; $100\ 000^2$

$$10\ 000^3 = 10\ 000 \times 10\ 000 \times 10\ 000$$
$$= 1\ 000\ 000\ 000\ 000\ (\text{eine Billion})$$

➜ 1000^3; $100\ 000^3$

$$10\ 000\ [a] = 1\ km^2$$

➜ 100 [a]; 100 [ha]; 100 $[m^2]$; 10 000 $[m^2]$

$$10\ 000\ [cm^2] = 1\ m^2$$

➜ 1 $[m^2]$

vor etwa 10 000 Jahren; Erde: Ende der letzten Eiszeit und Erwärmung des Weltklimas

➜ vor etwa 100 000 Jahren

ca. 10 000 [km]; Entfernung (Luftlinie) zwischen Berlin und Rio de Janeiro (Brasilien)

➜ ca. 9600 [km]; ca. 16 000 [km]

mindestens 10 000 [l] Luft; Luftmenge, die ein gesunder Erwachsener täglich ein- und ausatmet

➜ 15 bis 18 Atemzüge pro Minute

10 000 [lx]; natürliche Beleuchtungsstärke: Sonnenlicht im Winter

➜ 1000 bis 3000 [lx]; bis 100 000 [lx]

10 000 [m^2] = ein Hektar (Kurzzeichen ha; Flächeneinheit für
Grund- und Flurstücke)

Die Einheit Hektar wird besonders für landwirtschaftliche
Flächen verwendet.

➜ 100 [a]; 100 [ha]; 100 [m^2]; 10 000 [a]

10 000 Schritte; tägliches Pensum zu Fuß, das den Blutdruck
senken und das Risiko von Diabetes, Schlaganfall und Herzinfarkt deutlich reduzieren soll

10 000 Schritte ergeben einen Fußweg von etwa fünf bis acht
Kilometern.

➜ 7,42 [km]

rund 10 000; Anzahl der in Deutschland ansässigen Pflanzenarten (nach Angaben des Bundesamtes für Naturschutz)

Nach derzeitigem Kenntnisstand kommen zudem rund 14 000
Pilzarten vor.

➜ rund 48 000; zwischen 320 000 und 500 000

10 000; römisches Zahlzeichen: X quer (mit Querstrich oben)

➜ 2017, 5000, 50 000; römische Zahlzeichen

11 034

11 034 [m] unter dem Meeresspiegel; größte Meerestiefe der
Erde (Marianengraben, im Pazifik, östlich der Philippinen)

➜ unter 1000 [m]; 8848 [m]

11 980

11 980 [km^2]; Fläche des Bundeslandes Oberösterreich

Oberösterreich ist zwischen den Bundesländern
Niederösterreich und Salzburg gelegen.

➜ 9538 [km^2]; 12 640 [km^2]

12 000 bis 16 000

12 000 bis 16 000 Wörter (davon etwa 3500 Fremdwörter);
aktiver Wortschatz eines deutschen Durchschnittssprechers
(geschätzt, nach Angaben des Duden)

➜ 1800 Zeichen; zwischen 300 000 und 500 000 Wörter

12 103

12 103 [km]; Durchmesser des Planeten Venus
Die Venus ist nur ein wenig kleiner als die Erde. Die
dichte Venusatmosphäre besteht fast nur aus Kohlendioxid.

➜ 6794 [km]; 12 714 [km]; 12 756 [km]; 108 208 930 [km]

12 640

12 640 [km^2]; Fläche des Bundeslandes Tirol (Österreich)
Das Bundesland Tirol liegt im Südwesten der Alpenrepublik.

➜ 11 980 [km^2]; 16 401 [km^2]

12 714

12 714 [km]; Polardurchmesser der Erde (Erdachse)

➜ 6371 [km]; 12 756 [km]; 40 008 [km]

12 756

12 756 [km]; Äquatordurchmesser der Erde

➜ 6371 [km]; 12 714 [km]; 40 075 [km]

15 625

15 625 = 5 x 5 x 5 x 5 x 5 x 5
$\quad\quad$ = 5^6

➜ 3125; 78 125

15 800

15 800 [km^2]; Fläche des Bundeslandes Schleswig-Holstein

Schleswig-Holstein ist das nördlichste deutsche Bundesland.
Es grenzt an Dänemark.

→ 2569 [km^2]; 16 173 [km^2]

16 000

ca. 16 000 [km]; Entfernung (Luftlinie) zwischen Berlin und
Sydney (Australien)

→ ca. 10 000 [km]

16 173

16 173 [km^2]; Fläche des Bundeslandes Thüringen

Thüringen ist das kleinste der fünf neuen Bundesländer
(aus dem Gebiet der ehemaligen DDR).

Größer sind die Länder Sachsen, Sachsen-Anhalt, Mecklenburg-Vorpommern und Brandenburg (in aufsteigender Reihenfolge).

→ 15 800 [km^2]; 18 420 [km^2]

16 384

16 384 = 2^{14}

→ 8192; 32 768

16 401

16 401 [km^2]; Fläche des Bundeslandes Steiermark
(Österreich)

Die Steiermark ist das zweitgrößte österreichische
Flächenland.

→ 12 640 [km^2]; 19 186 [km^2]

18 420

18 420 [km^2]; Fläche des Bundeslandes Sachsen
Das Bundesland Sachsen grenzt an Polen und Tschechien.
➜ 16 173 [km^2]; 19 854 [km^2]

19 186

19 186 [km^2]; Fläche des Bundeslandes Niederösterreich
Niederösterreich ist das größte und – nach der Bundeshauptstadt Wien – einwohnerstärkste österreichische
Bundesland. Es umfasst den Nordosten der Republik.
➜ 16 401 [km^2]; 83 879 [km^2]

19 854

19 854 [km^2]; Fläche des Bundeslandes Rheinland-Pfalz
Rheinland-Pfalz grenzt an Belgien, Luxemburg und
Frankreich.
➜ 18 420 [km^2]; 20 452 [km^2]

20 000

ab 20 000 Einwohner; Größeneinteilung von Städten: Kleine
Mittelstadt (z. B. Eisenach, Kulmbach, Tuttlingen)
➜ ab 5000 Einwohner; ab 50 000 Einwohner

20 452

20 452 [km^2]; Fläche des Bundeslandes Sachsen-Anhalt
Sachsen-Anhalt ist ca. 2000 km^2 größer als der Freistaat
Sachsen, aber nicht einmal halb so groß wie Niedersachsen.
Hingegen leben in Sachsen mehr Einwohner je km^2 (220) als
in Niedersachsen (163) und doppelt so viele wie in Sachsen-
Anhalt (110).
➜ 19 854 [km^2]; 21 115 [km^2]

21 115

21 115 [km^2]; Fläche des Bundeslandes Hessen

Hessen liegt geografisch zwischen den Bundesländern Bayern und Nordrhein-Westfalen.

➔ 20 452 [km^2]; 23 212 [km^2]

23 212

23 212 [km^2]; Fläche des Bundeslandes Mecklenburg-Vorpommern

Vergleich der nördlichen deutschen Bundesländer: Mecklenburg-Vorpommern ist um ein Drittel größer als Schleswig-Holstein, aber nur halb so groß wie das zweitgrößte Bundesland Niedersachsen. Am kleinsten sind die Stadtstaaten Bremen und Hamburg, jedoch hat Hamburg mehr Einwohner als Mecklenburg-Vorpommern.

➔ 21 115 [km^2]; 29 654 [km^2]

25 000

25 000 [€]; Mindesthöhe des Stammkapitals einer GmbH in Deutschland

Die von den Gesellschaftern zu leistende Kapitaleinlage wird im Gesellschaftsvertrag vereinbart.

Seit 2008 ist zudem die Gründung von Unternehmergesellschaften mit geringem Stammkapital (aber jährlicher fester Rücklage) möglich.

In Österreich muss das Stammkapital einer GmbH mindestens 35 000 Euro betragen.

➔ 50 000 [€]

27 000

27 000 = 30 x 30 x 30
= 30^3

➔ 8000; 64 000

27 720


```
27 720 :  2 = 13 860
27 720 :  3 =  9 240
27 720 :  4 =  6 930
27 720 :  5 =  5 544
27 720 :  6 =  4 620
27 720 :  7 =  3 960
27 720 :  8 =  3 465
27 720 :  9 =  3 080
27 720 : 10 =  2 772
27 720 : 11 =  2 520
27 720 : 12 =  2 310
```

➔ 2520; 360 360

29 654

29 654 [km^2]; Fläche des Bundeslandes Brandenburg

Brandenburg zählt weniger Einwohner als Berlin. Dafür ist das Flächenland 33-mal größer als die Bundeshauptstadt.

➔ 23 212 [km^2]; 34 110 [km^2]

30 000 bis 50 000

30 000 bis 50 000 Scoville-Grad; Schärfegrad von reinem Cayennepfeffer auf der Scoville-Skala

➔ 2500 bis 8000 Scoville-Grad; 2 000 000 Scoville-Grad

32 768

32 768 = 2^{15}

➔ 16 384; 65 536

34 110

34 110 [km^2]; Fläche des Bundeslandes Nordrhein-Westfalen

Nordrhein-Westfalen (mit mehr als 17 Millionen Einwohnern) ist das am dichtesten besiedelte deutsche Flächenland.

➜ 29 654 [km^2]; 35 751 [km^2]

35 751

35 751 [km^2]; Fläche des Bundeslandes Baden-Württemberg

Baden-Württemberg ist das drittgrößte deutsche Bundesland, aber nur etwa halb so groß wie der Freistaat Bayern.

➜ 34 110 [km^2]; 47 614 [km^2]

40 000

$$40\ 000 = 200 \times 200 = 200^2$$

➜ 10 000; 90 000

40 008

ca. 40 008 [km]; Erdumfang in Nord-Süd-Richtung

➜ 12 714 [km]; ca. 40 075 [km]

40 075

ca. 40 075 [km]; Erdumfang am Äquator

➜ 12 756 [km]; ca. 40 008 [km]

40 320

$$40\ 320 = 1 \times 2 \times 3 \times 4 \times 5 \times 6 \times 7 \times 8 = 8!$$

➜ 5040; 362 880

40 585

40 585 = 4! + 0! + 5! + 8! + 5!
➜ 40 320; 2 432 902 008 176 640 000

41 285

41 285 [km^2]; Fläche der Schweizerischen Eidgenossenschaft
➜ 83 879 [km^2]; 357 340 [km^2]; rund 8 000 000 Einwohner

47 614

47 614 [km^2]; Fläche des Bundeslandes Niedersachsen
Niedersachsen ist das zweitgrößte deutsche Flächenland. Es
nimmt den Nordwesten der Bundesrepublik ein.
➜ 35 751 [km^2]; 70 550 [km^2]

48 000

rund 48 000; Anzahl der in Deutschland vorkommenden Tier-
arten (nach Angaben des Bundesamtes für Naturschutz
➜ rund 10 000; rund 8 000 000

49 528

49 528 [km]; Durchmesser des Planeten Neptun
Neptun ist der äußerste Gasplanet.
➜ 12 103 [km]; 51 118 [km]; 4 509 000 000 [km]

50 000

ab 50 000 Einwohner; Größeneinteilung von Städten: Große
Mittelstadt (z. B. Flensburg, Görlitz, Tübingen)
➜ ab 20 000 Einwohner; über 100 000 Einwohner

50 000 [€]; Mindest-Nennbetrag des Grundkapitals aktien-
rechtlich organisierter Kapitalgesellschaften in Deutschland
Die Kapitalbeteiligung wird von den Aktionären aufgebracht.

➔ 25 000 [€]

50 000; römisches Zahlzeichen: L quer (mit Querstrich oben)
➔ 2017, 10 000, 100 000; römische Zahlzeichen

51 118

51 118 [km]; Durchmesser des Planeten Uranus
Uranus ist (nach Jupiter und Saturn) der dritte Gasplanet.
➔ 49 528 [km]; 120 534 [km]; 2 870 972 200 [km]

54 748

$54\ 748 = 5^5 + 4^5 + 7^5 + 4^5 + 8^5$
➔ 1634; 548 834

59 133 (059133)

059133; Österreich: Service-Rufnummer der Polizei
(Verbindung mit der nächstgelegenen Polizeidienststelle)
➔ 133

64 000

$64\ 000 = 40 \times 40 \times 40$
$\qquad\quad = 40^3$
➔ 27 000; 125 000

65 536

$65\ 536 = 2^{16}$
➔ 32 768; 131 072; 4 294 967 296

65 536; Informatik: Anzahl der Zustände, die sich mit 16 Bit (2^{16}) darstellen lassen
➔ 8 Bit; 256; 4 294 967 296

70 550

70 550 [km^2]; Fläche des Bundeslandes Bayern

Bayern ist das größte deutsche Bundesland, hat aber weniger Einwohner als das nicht einmal halb so große Nordrhein-Westfalen.

➔ 47 614 [km^2]; 357 340 [km^2]

78 125

78 125 = 5 x 5 x 5 x 5 x 5 x 5 x 5
      = 5^7

➔ 15 625; 390 625

83 879

83 879 [km^2]; Fläche der Republik Österreich

Österreich ist etwa doppelt so groß wie die Schweiz, aber viermal kleiner als Deutschland.

➔ 41 285 [km^2]; 357 340 [km^2]; rund 8 500 000 Einwohner

86 400

86 400 [s] = 1440 min
        = 24 h
        = ein Tag (Kalendertag)

➔ 24 [h]; 1440 [min]

90 000

90 000 = 300 x 300
     = 300^2

➔ 40 000; 160 000

100 000

$100\ 000 = 10 \times 10 \times 10 \times 10 \times 10$
$\qquad\quad\ = 10^5$

➜ 10 000; 1 000 000

$100\ 000^2 = 100\ 000 \times 100\ 000$
$\qquad\qquad = 10\ 000\ 000\ 000$ (zehn Milliarden)

➜ 10 000^2; 1 000 000^2

$100\ 000^3 = 100\ 000 \times 100\ 000 \times 100\ 000$
$\qquad\qquad = 1\ 000\ 000\ 000\ 000\ 000$ (eine Billiarde)

➜ 10 000^3; 1 000 000^3

100 000 [cm] = 1 km

➜ 1 [km]

über 100 000 Einwohner; Größeneinteilung von Städten: Großstadt (z. B. Braunschweig, Chemnitz, Kassel)

➜ ab 50 000 Einwohner; über 1 000 000 Einwohner

100 000 [g] = 100 kg (eine Dezitonne)

➜ 100 [kg]

vor etwa 100 000 Jahren; Entwicklung der Menschheit: Jetztmensch (lateinisch: Homo sapiens)

➜ vor etwa 10 000 Jahren; vor über 2 000 000 Jahren

unter 100 000 [km^2]; Größenklasse von Staaten: Kleinstaat (z. B. Luxemburg, Schweiz)

➜ 100 000 bis 200 000 [km^2]

bis 100 000 [lx]; natürliche Beleuchtungsstärke: Sonnenlicht im Sommer (Absolutblendung)

➜ 0,01 [lx]; 5000 bis 20 000 [lx]; 10 000 [lx]

mehr als 100 000; Anzahl der Pilzarten weltweit

➜ 320 000 bis 500 000

über 100 000; Anzahl der auf der Erde lebenden Arten von Spinnentieren

➜ rund 8 000 000

100 000; römisches Zahlzeichen: C quer (mit Querstrich oben)

→ 2017, 50 000, 500 000; römische Zahlzeichen

100 000 bis 200 000

100 000 bis 200 000 [km^2]; Größenklasse von Staaten:
Mittelstaat (z. B. Griechenland, Kuba)

→ unter 100 000 [km^2]; 200 000 bis 5 000 000 [km^2]

116 116

116 116; Deutschland: bundeseinheitlicher Sperr-Notruf;
zentrale Notrufnummer zur Sperrung von EC- und Kreditkarten
sowie elektronischen Berechtigungen

→ 110, 112, 115, 116 117; Rufnummern

116 117

116 117; Deutschland: zentrale Rufnummer für den ärztlichen
Bereitschaftsdienst

→ 110, 112, 115, 116 116; Rufnummern

120 534

120 534 [km]; Äquatorialdurchmesser des Planeten Saturn

Der Saturn ist (nach dem Jupiter) der zweite Gasplanet. Er
wird von einem Ringsystem umgeben.

→ 51 118 [km]; 142 985 [km]; 1 426 725 400 [km]

125 000

125 000 = 50 x 50 x 50
       = 50^3

→ 64 000; 216 000

131 072

131 072 = 2^{17}

→ 65 536; 262 144

142 985

142 985 [km]; Äquatorialdurchmesser des Planeten Jupiter

Der Jupiter ist der größte Planet des Sonnensystems und mehr als zehnmal so groß wie die Erde. Er besteht fast vollständig aus Gas.

➔ 120 534 [km]; 778 412 020 [km]

160 000

160 000 = 400 x 400
$\qquad$ = 400^2

➔ 90 000; 250 000

200 000 bis 5 000 000

200 000 bis 5 000 000 [km^2]; Größenklasse von Staaten: Großstaat (z. B. Deutschland, Frankreich)

➔ 100 000 bis 200 000 [km^2]; über 5 000 000 [km^2]

216 000

216 000 = 60 x 60 x 60
$\qquad$ = 60^3

➔ 125 000; 343 000

250 000

250 000 = 500 x 500
$\qquad$ = 500^2

➔ 160 000; 360 000

262 144

262 144 = 2^{18}

➔ 131 072; 524 288

299 792

299 792 [km/s]; Lichtgeschwindigkeit (im Vakuum)

Die Lichtgeschwindigkeit ist die Geschwindigkeit, mit der sich die Lichtenergie (allgemein die Energie elektromagnetischer Wellen) ausbreitet.

➜ 1915; 299 792 458 [m/s]; 9 461 000 000 000 [km]

300 000 bis 500 000

zwischen 300 000 und 500 000 Wörter (Grundformen); Wortschatz der deutschen Gegenwartssprache (geschätzt, nach Angaben des Duden)

➜ 12 000 bis 16 000 Wörter

320 000 bis 500 000

zwischen 320 000 und 500 000; Anzahl der Pflanzenarten auf der Erde nach heutigen Schätzungen

Die International Union for Conservation of Nature (IUCN) geht von 380 000 Pflanzenarten aus, von denen rund ein Fünftel vom Aussterben bedroht ist.

➜ rund 10 000; mehr als 100 000; rund 8 000 000

343 000

$$343\ 000 = 70 \times 70 \times 70 = 70^3$$

➜ 216 000; 512 000

etwa 343 000; Anzahl der Hundertjährigen auf der Welt (nach Schätzungen der Vereinten Nationen im Jahr 2013)

Deren Zahl könnte sich bis zum Jahr 2050 auf mindestens 3,2 Millionen verzehnfachen.

In Deutschland lebten im Jahr 2010 bereits 13 198 Hundertjährige. Im Jahr 2000 waren es noch 5937 (nach Daten der Human Mortality Database).

In den USA sollen etwa 50 000 Hundertjährige leben. In Japan wurden inzwischen mehr als 60 000 Menschen im Alter von 100 oder mehr Jahren gezählt (davon über 90 Prozent Frauen).

➜ 78 Jahre; 83 Jahre

357 340

357 340 [km^2]; Fläche der Bundesrepublik Deutschland
➜ 41 285 [km^2]; 83 879 [km^2]; 543 965 [km^2];
   rund 83 000 000 Einwohner

360 000

$$360\ 000 = 600 \times 600 = 600^2$$

➜ 250 000; 490 000

360 360

360 360 : 2 = 180 180
360 360 : 3 = 120 120
360 360 : 4 = 90 090
360 360 : 5 = 72 072
360 360 : 6 = 60 060
360 360 : 7 = 51 480
360 360 : 8 = 45 045
360 360 : 9 = 40 040
360 360 : 10 = 36 036
360 360 : 11 = 32 760
360 360 : 12 = 30 030
360 360 : 13 = 27 720
360 360 : 14 = 25 740
360 360 : 15 = 24 024

➜ 27 720; 720 720

362 880

$$362\ 880 = 1 \times 2 \times 3 \times 4 \times 5 \times 6 \times 7 \times 8 \times 9 = 9!$$

➜ 40 320; 3 628 800

384 400

384 400 [km]; mittlere Entfernung des Mondes zur Erde

➜ 3476 [km]; 149 597 890 [km]

390 625

390 625 = 5 x 5 x 5 x 5 x 5 x 5 x 5 x 5
$\qquad = 5^8$

➜ 78 125; 1 953 125

480 000

480 000 Pixel (Bildpunkte); Auflösung von Computerbildschirmen: 800 Bildpunkte je Zeile x 600 Bildpunkte je
Spalte (kleinster gemeinsamer Nenner für 15-Zoll-Monitore)

➜ 786 432 Pixel

490 000

490 000 = 700 x 700
$\qquad = 700^2$

➜ 360 000; 640 000

500 000

500 000 = eine halbe Million

➜ 1 000 000

500 000; römisches Zahlzeichen: D quer (mit Querstrich
oben)

➜ 2017, 100 000, 1 000 000; römische Zahlzeichen

512 000

512 000 = 80 x 80 x 80
$\qquad = 80^3$

➜ 343 000; 729 000

524 288

524 288 = 2^{19}

→ 262 144; 1 048 576

525 600

525 600 [min] = 8760 Stunden
         = 365 Tage
         = ein Jahr (Kalenderjahr)

→ 365 Tage; 8760 Stunden

543 965

543 965 [km^2]; Fläche der Französischen Republik

Frankreich ist das größte Flächenland der Europäischen Union. In Frankreich leben rund 67 Millionen Einwohner (etwa 16 Millionen weniger als in Deutschland).

→ 357 340 [km^2]; rund 83 000 000 Einwohner

548 834

548 834 = $5^6 + 4^6 + 8^6 + 8^6 + 3^6 + 4^6$

→ 54 748; 1 741 725

600 000

rund 600 000; Anzahl der Vereine in Deutschland

Seit den 1970er Jahren hat sich die Anzahl der Vereine in Deutschland verfunffacht, die Mitgliederzahlen sind indes rückläufig. Fast jeder zweite Deutsche ist Mitglied in einem Verein, jeder fünfte Deutsche in einem Sportverein.

In Deutschland gibt es rund 90 000 Sportvereine.

640 000

640 000 = 800 x 800
      = 800^2

→ 490 000; 810 000

720 720

720 720 ist die kleinste natürliche Zahl, die sich durch alle Zahlen von 2 bis 16 teilen lässt.

```
720 720 :  2 = 360 360
720 720 :  3 = 240 240
720 720 :  4 = 180 180
720 720 :  5 = 144 144
720 720 :  6 = 120 120
720 720 :  7 = 102 960
720 720 :  8 =  90 090
720 720 :  9 =  80 080
720 720 : 10 =  72 072
720 720 : 11 =  65 520
720 720 : 12 =  60 060
720 720 : 13 =  55 440
720 720 : 14 =  51 480
720 720 : 15 =  48 048
720 720 : 16 =  45 045
```

➜ 360 360

729 000

729 000 = 90 x 90 x 90
$$= 90^3$$

➜ 512 000; 1 000 000

786 432

786 432 Pixel (Bildpunkte); Auflösung von Computerbildschirmen: 1024 Bildpunkte je Zeile x 768 Bildpunkte je
Spalte (am häufigsten genutzte Auflösung; für 15-Zoll-
und 17-Zoll-Monitore)

➜ 480 000 Pixel; 1 310 720 Pixel

810 000

810 000 = 900 x 900
$$= 900^2$$

➜ 640 000; 1 000 000

1 000 000

Das Zahlwort Million stammt aus dem Lateinischen, es bedeutet demnach „großtausend" (zusammengesetzt aus dem Wort mille für „tausend" und dem vergrößernden Suffix -one). Die Million ist Synonym für eine besonders große (Geld-)Menge; der „Millionär" steht als Inbegriff für den reichen Menschen.

1 000 000 = eine Million

➜ 500 000; 1 000 000 000

1 000 000 = 1000 x 1000
$$= 1000^2$$

➜ 810 000; 100 000 000

1 000 000 = 100 x 100 x 100
$$= 100^3$$

➜ 729 000; 1 000 000 000

1 000 000 = 10 x 10 x 10 x 10 x 10 x 10
$$= 10^6$$

➜ 100 000; 10 000 000

$1 000 000^2$ = 1 000 000 x 1 000 000
= 1 000 000 000 000 (eine Billion)

➜ $100 000^2$; $10 000 000^2$

$1 000 000^3$ = 1 000 000 x 1 000 000 x 1 000 000
= 1 000 000 000 000 000 000 (eine Trillion)

➜ $100 000^3$; $10 000 000^3$

1 000 000 Byte = ein Megabyte (Kurzzeichen MB; Maßeinheit für Datenmengen und Speicherkapazität)
$$= 10^6 \text{ Byte}$$

➜ 1000 Byte; 1 048 576 Byte; 1 000 000 000 Byte

1 000 000 [cm^3] = 1 m^3

➜ 1 [m^3]

über 1 000 000 Einwohner oder hinsichtlich Geschichte, Kultur, Politik oder Wirtschaft von weltweiter Bedeutung; Größeneinteilung von Städten: Metropole, Millionen- oder Weltstadt (z. B. Berlin, Hamburg, München)

➜ über 100 000 Einwohner

1 000 000 [g] = 1000 kg (eine Tonne)

→ 1000 [kg]

1 000 000 [m^2] = 1 km^2

→ 1 [m^2]

1 000 000 [mm] = 1 km

→ 1 [km]

1 000 000 [mm^2] = 1 m^2

→ 1 [m^2]

1 000 000 [µm] = 1 m

→ 1 [m]

1 000 000 [nm] = 1 mm

→ 1 [mm]

über 1 000 000; Anzahl der auf der Erde lebenden Insekten-
arten

→ rund 8 000 000

1 000 000; römisches Zahlzeichen: M quer (mit Querstrich
oben)

→ 2017, 500 000; römische Zahlzeichen

1 048 576

1 048 576 = 2^{20}

→ 524 288; 1 073 741 824

1 048 576 Byte = ein Mebibyte (Kurzzeichen MiB; Maßeinheit
für Datenmengen und Speicherkapazität)
$$= 2^{20} \text{ Byte}$$

Ein Mebibyte ist um ca. 4,86 Prozent größer als ein Megabyte (10^6 Byte).

Dezimalpräfixe sollen nur noch für Zehnerpotenzen verwendet
werden. Für Zweierpotenzen wird international die Verwendung von binären Einheitenvorsätzen empfohlen.

→ 1024 Byte; 1 000 000 Byte; 1 073 741 824 Byte

1 310 720

1 310 720 Pixel (Bildpunkte); Auflösung von Computerbildschirmen: 1280 Bildpunkte je Zeile x 1024 Bildpunkte je Spalte (für 17-Zoll- und 19-Zoll-Monitore)

→ 480 000 Pixel; 786 432 Pixel

1 392 500

1 392 500 [km]; Durchmesser der Sonne

In der Sonne hätten 1,3 Millionen Erden Platz. Der Umfang der Sonne beträgt ca. 4,4 Millionen Kilometer. Die Sonne ist 333 000-mal schwerer als die Erde.

→ 149 597 890 [km]; über 15 000 000 [°C]

1 741 725

$1\ 741\ 725 = 1^7 + 7^7 + 4^7 + 1^7 + 7^7 + 2^7 + 5^7$

→ 548 834; 24 678 050

1 953 125

$1\ 953\ 125 = 5 \times 5 \times 5 \times 5 \times 5 \times 5 \times 5 \times 5 \times 5$
$= 5^9$

→ 390 625; 9 765 625

2 000 000

vor über 2 000 000 Jahren; Entwicklung der Menschheit: Urmensch (lateinisch: Homo habilis; deutsch: geschickter Mensch)

Die Werkzeuge des Urmenschen und die seiner Nachfahren waren über viele Jahrtausende hinweg vor allem aus Stein.

→ vor etwa 100 000 Jahren; vor über 4 000 000 Jahren

2 000 000 Scoville-Grad; Schärfegrad von (handelsüblichem) Pfefferspray auf der Scoville-Skala

Das (laut Herstellerangabe) schärfste im freien Handel erhältliche Pfefferspray hat eine Schärfe von 5 300 000 Scoville-Grad.

→ 30 000 bis 50 000 Scoville-Grad

2 166 086

2 166 086 [km^2]; Fläche der Insel Grönland

Die größte Insel der Welt gehört zu Dänemark.

→ ca. 8 500 000 [km^2]

3 628 800

3 628 800 = 1 x 2 x 3 x 4 x 5 x 6 x 7 x 8 x 9 x 10
       = 10!

Die Fakultät (auch Faktorielle genannt) ist eine mathematische Funktion, die einer natürlichen Zahl das Produkt aller natürlichen Zahlen kleiner und gleich dieser Zahl zuordnet. Sie wird durch ein nachgestelltes Ausrufezeichen („!") abgekürzt.

0! ist gleich 1 definiert, 1! = 1, 2! = 1 x 2 = 2 usw.

Die größte Fakultät, die von den meisten handelsüblichen Taschenrechnern berechnet werden kann, lautet 69! ≈ 1,7 x 10^{98}. 70! ≈ 1,2 x 10^{100} befindet sich außerhalb des normalerweise verfügbaren Zahlenbereiches.

Die Fakultät ist in der abzählenden Kombinatorik bedeutsam. Beispielsweise existieren bei einem Wettlauf mit fünf Teilnehmern 5!, das heißt 120 verschiedene Möglichkeiten der Reihenfolge für den Zieleinlauf, wenn alle fünf Läufer das Ziel erreichen.

→ 362 880

5 000 000

über 5 000 000 [km^2]; Größenklasse von Staaten: Kontinent-
staat (z. B. Russland, USA, China)

➔ 200 000 bis 5 000 000 [km^2]

5 882 353

5 882 353 = 588^2 + 2353^2

➔ 8833; 94 122 353

8 000 000

rund 8 000 000 Einwohner in der Schweizerischen Eidgenossenschaft

➔ 41 285 [km^2]; rund 8 500 000 Einwohner;
   rund 83 000 000 Einwohner

rund 8 000 000; Anzahl der auf der Erde vorkommenden Tier-
arten (nach Schätzungen von Biologen)

Nach groben Schätzungen lebten insgesamt etwa 500 Millionen
Arten von Tieren auf der Erde.

Die heutige Gesamtzahl von Tieren weltweit soll nach Hoch-
rechnungen um die 18 Trillionen betragen.

➔ etwa 5000; rund 48 000; über 100 000; 320 000 bis 500 000;
   über 1 000 000

8 500 000

rund 8 500 000 Einwohner in der Republik Österreich

➔ 83 879 [km^2]; rund 8 000 000 Einwohner;
   rund 83 000 000 Einwohner

ca. 8 500 000 [km^2]; Fläche von Australien und Ozeanien

Australien ist der kleinste Kontinent. Der Anteil an der
Landfläche der Erde beträgt ca. 5,7 Prozent.

➔ 2 166 086 [km^2]; ca. 8 700 000 [km^2]; ca. 10 500 000 [km^2];
   rund 40 000 000 Einwohner

8 547 404

8 547 404 [km^2]; Fläche von Brasilien, dem fünftgrößten Land
der Erde

➜ 9 572 419 [km^2]

8 700 000

ca. 8 700 000 [km^2]; Fläche der Sahara

Die Wüste in Nordafrika ist die größte Wüste der Erde.

➜ ca. 8 500 000 [km^2]; ca. 10 500 000 [km^2]; ca. 13 300 000 [km^2]

9 572 419

9 572 419 [km^2]; Fläche von China, dem viertgrößten Land der
Erde

➜ 8 547 404 [km^2]; 9 809 155 [km^2], rund 1 370 000 000 Einwohner

9 765 625

9 765 625 = 5 x 5 x 5 x 5 x 5 x 5 x 5 x 5 x 5 x 5
$\qquad$ = 5^{10}

➜ 1 953 125

9 809 155

9 809 155 [km^2]; Fläche der Vereinigten Staaten von Amerika
(USA), dem drittgrößten Land der Erde

In den USA leben mehr als 300 Millionen Menschen.

➜ 9 572 419 [km^2]; 9 984 670 [km^2]

9 984 670

9 984 670 [km^2]; Fläche von Kanada, dem zweitgrößten Land
der Erde

➜ 9 809 155 [km^2]; 17 075 400 [km^2]

10 000 000 (zehn Millionen)

10 000 000 = 10 x 10 x 10 x 10 x 10 x 10 x 10
        = 10^7

→ 1 000 000; 100 000 000

$10\ 000\ 000^2$ = 10 000 000 x 10 000 000
        = 100 000 000 000 000 (100 Billionen)

→ $1\ 000\ 000^2$; $100\ 000\ 000^2$

$10\ 000\ 000^3$ = 10 000 000 x 10 000 000 x 10 000 000
        = 1 000 000 000 000 000 000 000
         (eine Trilliarde)

→ $1\ 000\ 000^3$; $100\ 000\ 000^3$

einige 10 000 000 [V]; elektrische Spannung: Blitz zwischen Erde und Wolken

Blitze erreichen Stromstärken von mehr als 100 000 Ampere.

rund 10 000 000; Anzahl der Gehirnzellen, die bei einem Alkohol-Vollrausch zerstört werden

→ ab 2 [‰] Alkoholgehalt im Blut; ab 4 [‰] Alkoholgehalt im Blut

10 500 000

ca. 10 500 000 [km^2]; Fläche von Europa

Europa ist der zweitkleinste Kontinent. Der Anteil an der Landfläche der Erde beträgt nur ca. sieben Prozent.

→ ca. 8 500 000 [km^2]; ca. 30 300 000 [km^2];
   rund 740 000 000 Einwohner

13 300 000

ca. 13 300 000 [km^2]; Fläche der Antarktis

Der Anteil der Antarktis an der Landfläche der Erde beträgt ca. 8,9 Prozent.

→ ca. 8 700 000 [km^2]; ca. 10 500 000 [km^2]; ca. 30 300 000 [km^2]

15 000 000

über 15 000 000 [°C]; vermutliche Temperatur im Kern der Sonne

Die Oberflächentemperatur (Photosphäre) der Sonne beträgt ca. 5600 °C.

➜ etwa 5000 [°C]

17 075 400

17 075 400 [km^2]; Fläche von Russland, dem größten Land der Erde (ohne Halbinsel Krim)

Russland hat 2014 die im Jahr 1954 der Ukraine zugesprochene, aber mehrheitlich von Russen bewohnte Schwarzmeerhalbinsel Krim (26 100 km^2) ohne vertragliche Grundlage nach einem Referendum in ihr eigenes Staatsgebiet eingegliedert.

Russlands Einwohnerzahl beträgt fast 150 Millionen.

➜ 9 984 670 [km^2]

24 678 050

24 678 050 = $2^8 + 4^8 + 6^8 + 7^8 + 8^8 + 0^8 + 5^8 + 0^8$

➜ 1 741 725; 472 335 975

30 300 000

ca. 30 300 000 [km^2]; Fläche von Afrika

Der Anteil von Afrika an der Landfläche der Erde beträgt ca. 20,3 Prozent.

➜ ca. 10 500 000 [km^2]; ca. 42 000 000 [km^2];
   rund 1 135 000 000 Einwohner

31 536 000

31 536 000 [s] = 525 600 min
             = 8760 Stunden
             = 365 Tage
             = ein Jahr (Kalenderjahr)

➜ 365 Tage; 8760 Stunden; 525 600 [min]

38 000 000

rund 38 000 000 Einwohner im Raum Tokio, dem bevölkerungsreichsten Ballungsraum der Welt

Japans Hauptstadt Tokio allein zählt etwa neun Millionen
Einwohner.

➔ rund 4 350 000 000 Einwohner

40 000 000

rund 40 000 000 Einwohner in Australien und Ozeanien

Internationale Vorausberechnungen prognostizieren einen
Bevölkerungszuwachs um rund 20 Millionen Menschen bis zum
Jahr 2050.

➔ rund 8 500 000 [km^2]; rund 740 000 000 Einwohner

42 000 000

ca. 42 000 000 [km^2]; Fläche von Amerika

Der Anteil Amerikas an der Landfläche der Erde beträgt
ca. 28,2 Prozent.

Nord- und Mittelamerika umfasst etwa 24,2 Millionen
Quadratkilometer. Südamerika ist ca. 17,8 Mio. km^2 groß.

➔ ca. 30 300 000 [km^2]; ca. 44 400 000 [km^2];
  rund 970 000 000 Einwohner

44 400 000

ca. 44 400 000 [km^2]; Fläche von Asien

Asien ist der größte und zugleich bevölkerungsreichste
Kontinent. Der Anteil Asiens an der Landfläche der Erde
beträgt ca. 29,8 Prozent.

➔ ca. 42 000 000 [km^2]; rund 4 350 000 000 Einwohner

57 909 175

57 909 175 [km]; mittlere Entfernung des Planeten Merkur
von der Sonne

Merkur ist viel zu heiß für eine Atmosphäre oder das Vor-
handensein von Wasser.

Die Umlaufzeit des Planeten Merkur um die Sonne beträgt nur
88 Tage.

➜ 4879 [km]; 108 208 930 [km]

83 000 000

rund 83 000 000 Einwohner in der Bundesrepublik Deutschland

Die Einwohnerzahl steigt gegenwärtig vor allem aufgrund des
Zustroms vieler Flüchtlinge und Migranten an.

Deutschland ist das bevölkerungsreichste Land der Europäischen Union.

➜ 357 340 [km^2]; rund 8 000 000 Einwohner;
   rund 8 500 000 Einwohner

94 122 353

94 122 353 = 9412^2 + 2353^2

➜ 5 882 353; 1 765 038 125

100 000 000 (100 Millionen)

100 000 000 = 10 000 x 10 000
               = 10 000^2

➜ 1 000 000; 10 000 000 000

100 000 000 = 10 x 10 x 10 x 10 x 10 x 10 x 10 x 10
               = 10^8

➜ 10 000 000; 1 000 000 000

100 000 000^2 = 100 000 000 x 100 000 000
                = 10 000 000 000 000 000 (zehn Billiarden)

➜ 10 000 000^2; 1 000 000 000^2

100 000 000^3 = 100 000 000 x 100 000 000 x 100 000 000
                = 1 000 000 000 000 000 000 000 000
                  (eine Quadrillion)

➜ 10 000 000^3; 1 000 000 000^3

108 208 930

108 208 930 [km]; mittlere Entfernung des Planeten Venus von der Sonne

Auf der Venus herrscht eine Temperatur von rund 470 °C.

Die Umlaufzeit des Planeten Venus um die Sonne beträgt 225 Tage.

➔ 12 103 [km]; 57 909 175 [km]; 149 597 890 [km]

139 854 276

$139\ 854\ 276 = 11\ 826^2$ (kleinste gesamtziffrige Quadratzahl)

➔ 854; 923 187 456

149 000 000

ca. 149 000 000 [km^2]; Landfläche der Erde

➔ 29 [%]; ca. 361 000 000 [km^2]; ca. 510 000 000 [km^2]

149 597 890

149 597 890 [km]; mittlere Entfernung der Erde von der Sonne

Die Entfernung der Erde von der Sonne beträgt zwischen 147 und 152 Millionen Kilometer.

Die mittlere Entfernung zwischen Erde und Sonne entspricht einer Astronomischen Einheit (AE).

1 AE = 149,6 Mio. km

➔ 12 714 [km]; 12 756 [km]; 108 208 930 [km]; 227 936 640 [km];
    9 461 000 000 000 [km]

180 000 000

ca. 180 000 000 [km^2]; Fläche des Pazifischen Ozeans (mit Nebenmeeren)

Der Pazifik (auch Stiller Ozean genannt) ist der größte Ozean der Erde. Er umfasst mehr als ein Drittel der Erdoberfläche.

Der Atlantische Ozean nimmt etwa 106,5 Millionen Quadratkilometer ein. Das kleinste Weltmeer ist der Indische Ozean
(knapp 75 Mio. km^2).

➜ ca. 361 000 000 [km^2]

227 936 640

227 936 640 [km]; mittlere Entfernung des Planeten Mars von
der Sonne

Die Umlaufzeit des Planeten Mars um die Sonne beträgt ein
Jahr und 322 Tage.

➜ 6794 [km]; 149 597 890 [km]; 778 412 020 [km]

299 792 458

299 792 458 [m/s]; Lichtgeschwindigkeit (im Vakuum)

➜ 299 792 [km/s]

361 000 000

ca. 361 000 000 [km^2]; Wasserfläche (Ozeane und Nebenmeere)
der Erde

➜ 71 [%]; ca. 149 000 000 [km^2]; ca. 510 000 000 [km^2]

438 579 088

438 579 088 = $4^4 + 3^3 + 8^8 + 5^5 + 7^7 + 9^9 + 0^0 + 8^8 + 8^8$

➜ 3435

472 335 975

472 335 975 = $4^9 + 7^9 + 2^9 + 3^9 + 3^9 + 5^9 + 9^9 + 7^9 + 5^9$

➜ 24 678 050

510 000 000

ca. 510 000 000 [km^2]; Gesamtoberfläche der Erde

➜ ca. 149 000 000 [km^2]; ca. 361 000 000 [km^2]

739 391 133

739 391 133; größte rechtsstutzbare Primzahl im Dezimal-
system

Nach dem Wegstreichen der jeweils letzten Ziffer entsteht
wieder eine Primzahl:
739 391 133
 73 939 113
  7 393 911
    739 391
     73 939
      7 393
        739
         73
          7

➔ 1021, 1 234 567 891; Primzahlen

740 000 000

rund 740 000 000 Einwohner in Europa (davon mehr als 500
Millionen Einwohner in den Mitgliedsstaaten der Europäischen Union)

Internationale Vorausberechnungen prognostizieren einen
Bevölkerungsrückgang um rund 15 Millionen Menschen bis
zum Jahr 2050. Nicht hierin eingerechnet sind die jüngsten
Flüchtlingsströme aus Konflikt- und Krisenregionen Vorder-
asiens und Afrikas.

➔ ca. 10 500 000 [km^2]; rund 40 000 000 Einwohner;
  rund 970 000 000 Einwohner

778 412 020

778 412 020 [km]; mittlere Entfernung des Planeten Jupiter
von der Sonne

Die Umlaufzeit des Planeten Jupiter um die Sonne beträgt
elf Jahre und 314 Tage.

➔ 142 985 [km]; 227 936 640 [km]; 1 426 725 400 [km]

923 187 456

923 187 456 = 30 384^2 (größte gesamtziffrige Quadratzahl
unter Ausschluss der 0)

➜ 139 854 276; 9 814 072 356

970 000 000

rund 970 000 000 Einwohner in Amerika

Internationale Vorausberechnungen prognostizieren einen Bevölkerungszuwachs um fast 250 Millionen Menschen bis zum Jahr 2050.

➜ ca. 42 000 000 [km^2]; rund 740 000 000 Einwohner;
rund 1 135 000 000 Einwohner

1 000 000 000

1 000 000 000 = eine Milliarde

➔ 1 000 000; 1 000 000 000 000

$$1\ 000\ 000\ 000 = 1000 \times 1000 \times 1000 = 1000^3$$

➔ 1 000 000; 1 000 000 000 000

$$1\ 000\ 000\ 000 = 10 \times 10 \times 10 \times 10 \times 10 \times 10 \times 10 \times 10 \times 10 = 10^9$$

➔ 100 000 000; 10 000 000 000

$$1\ 000\ 000\ 000^2 = 1\ 000\ 000\ 000 \times 1\ 000\ 000\ 000 = 1\ 000\ 000\ 000\ 000\ 000\ 000 \text{ (eine Trillion)}$$

➔ $100\ 000\ 000^2$; $10\ 000\ 000\ 000^2$

1 000 000 000 Byte = ein Gigaabyte (Kurzzeichen GB; Maßeinheit für Datenmengen und Speicherkapazität)
$$= 10^9 \text{ Byte}$$

➔ 1 000 000 Byte; 1 073 741 824 Byte; 1 000 000 000 000 Byte

1 000 000 000 [mg] = 1000 kg (eine Tonne)

➔ 1000 [kg]

$$1\ 000\ 000\ 000\ [\text{mm}^3] = 1\ \text{m}^3$$

➔ 1 [m^3]

1 000 000 000 [µm] = 1 km

➔ 1 [km]

1 000 000 000 [nm] = 1 m

➔ 1 [m]

1 073 741 824

$$1\ 073\ 741\ 824 = 2^{30}$$

➔ 1 048 576; 4 294 967 296; 1 099 511 627 776

1 073 741 824 Byte = ein Gibibyte (Kurzzeichen GiB; Maßeinheit für Datenmengen und Speicherkapazität)
$$= 2^{30} \text{ Byte}$$

Ein Gibibyte ist um ca. 7,37 Prozent größer als ein Gigabyte (10^9 Byte).

Dezimalpräfixe sollen nur noch für Zehnerpotenzen verwendet
werden. Für Zweierpotenzen wird international die Verwendung von binären Einheitenvorsätzen empfohlen.

➜ 1 048 576 Byte; 1 000 000 000 Byte; 1 099 511 627 776 Byte

1 135 000 000

rund 1 135 000 000 Einwohner in Afrika

Internationale Vorausberechnungen prognostizieren einen
Bevölkerungszuwachs um fast 1,3 Milliarden Menschen bis
zum Jahr 2050. Damit würde sich die Bevölkerung in Afrika
mehr als verdoppeln.

➜ ca. 30 300 000 [km^2]; rund 970 000 000 Einwohner;
   rund 4 350 000 000 Einwohner

1 234 567 891

1 234 567 891; Primzahl, deren Ziffern in aufsteigender
Weise angeordnet sind (begonnen mit der 1, nach der 9
wieder bei der 1 angefangen)

➜ 739 391 133, 12 345 678 901 234 567 891; Primzahlen

1 270 000 000

rund 1 270 000 000 Einwohner in der Republik Indien

China und Indien sind die beiden einzigen Länder mit mehr
als einer Milliarde Einwohner.

➜ rund 320 000 000 Einwohner; rund 1 370 000 000 Einwohner

1 370 000 000

rund 1 370 000 000 Einwohner in der Volksrepublik China,
dem bevölkerungsreichsten Land der Erde

➜ 9 572 419 [km^2]; rund 1 270 000 000 Einwohner

1 426 725 400

1 426 725 400 [km]; mittlere Entfernung des Planeten Saturn von der Sonne

Die Umlaufzeit des Planeten Saturn um die Sonne beträgt 29 Jahre und 167 Tage.

➜ 120 534 [km]; 778 412 020 [km]; 2 870 972 200 [km]

1 765 038 125

$1\ 765\ 038\ 125 = 17\ 650^2 + 38\ 125^2$

➜ 94 122 353; 2 584 043 776

2 584 043 776

$2\ 584\ 043\ 776 = 25\ 840^2 + 43\ 776^2$

➜ 1 765 038 125; 7 416 043 776

2 870 972 200

2 870 972 200 [km]; mittlere Entfernung des Planeten Uranus von der Sonne

Die Umlaufzeit des Planeten Uranus um die Sonne beträgt rund 84 Jahre.

➜ 51 118 [km]; 1 426 725 400 [km]; 4 498 252 900 [km]

4 294 967 296

$4\ 294\ 967\ 296 = 2^{32}$

➜ 65 536; 1 073 741 824; 1 099 511 627 776;
  18 446 744 073 709 551 616

4 294 967 296; Informatik: Anzahl der Zustände, die sich mit 32 Bit (2^{32}) darstellen lassen

➜ 65 536; 18 446 744 073 709 551 616

4 350 000 000

rund 4 350 000 000 Einwohner in Asien

Internationale Vorausberechnungen prognostizieren einen Bevölkerungszuwachs um ca. 900 Millionen Menschen bis zum Jahr 2050. Asien bliebe damit der bevölkerungsreichste Kontinent der Welt.

➜ ca. 44 400 000 [km^2]; rund 970 000 000 Einwohner

4 500 000 000

vor 4 500 000 000 (± 500 000 000) Jahren; Entstehung der Erde und der Planeten des Sonnensystems aus einem kosmischen Staub- und Gasnebel

➜ vor 15 000 000 000 bis 20 000 000 000 Jahren

4 498 252 900

4 498 252 900 [km]; mittlere Entfernung des Planeten Neptun von der Sonne

Die Temperatur auf dem Neptun beträgt −217 °C. Die kälteste Temperatur im Sonnensystem herrscht mit −235 °C auf dem größten Neptunmond, Triton.

Die Umlaufzeit des Planeten Neptun um die Sonne beträgt fast 165 Jahre.

➜ 49 528 [km]; 2 870 972 200 [km]; 5 900 000 000 [km]

5 900 000 000

5 900 000 000 [km]; mittlere Entfernung des Zwergplaneten Pluto von der Sonne

Die Umlaufzeit des Zwergplaneten Pluto um die Sonne beträgt über 247 Jahre.

➜ ca. 2370 [km]; 4 498 252 900 [km]

7 440 000 000

rund 7 440 000 000 Menschen; Weltbevölkerung im Juli 2016 (nach Angaben der Stiftung Weltbevölkerung)

Um das Jahr 1800 betrug die Weltbevölkerung etwa eine Milliarde Menschen.

1987 wurde nach Berechnungen der Vereinten Nationen die Zahl von fünf Milliarden Menschen überschritten. Im Jahr 2011 wurde demnach der siebenmilliardste Mensch geboren.

Internationale Vorausberechnungen prognostizieren eine
Weltbevölkerung von fast zehn Milliarden Menschen im Jahr
2050.

➔ rund 40 000 000 Einwohner; rund 740 000 000 Einwohner;
rund 970 000 000 Einwohner; rund 1 135 000 000 Einwohner;
rund 4 350 000 000 Einwohner

7 416 043 776

$7\ 416\ 043\ 776 = 74\ 160^2 + 43\ 776^2$

➔ 2 584 043 776; 8 235 038 125

8 235 038 125

$8\ 235\ 038\ 125 = 82\ 350^2 + 38\ 125^2$

➔ 7 416 043 776; 116 788 321 168

9 192 631 770

9 192 631 770-mal die Periodendauer der dem Übergang
zwischen den beiden Hyperfeinstrukturniveaus des
Grundzustandes von Atomen des Nukleids Cäsium-133
entsprechenden Strahlung ergibt eine Sekunde (formale
wissenschaftliche Definition dieser Zeiteinheit).

➔ 60 [s]; 3600 [s]

9 814 072 356

$9\ 814\ 072\ 356 = 99\ 066^2$ (größte gesamtziffrige Quadratzahl
unter Einschluss der 0)

➔ 923 187 456; 9 876 543 210

9 876 543 210

9 876 543 210 – 0123456789 = 9 753 086 421
(alle drei Zahlen gesamtziffrig unter Einschluss der 0)

➔ 9 814 072 356

10 000 000 000 (zehn Milliarden)

10 000 000 000 = 100 000 x 100 000
$$= 100\ 000^2$$

➜ 100 000 000; 1 000 000 000 000

10 000 000 000 = 10^{10}

➜ 1 000 000 000; 100 000 000 000

10 000 000 000^2 = 10 000 000 000 x 10 000 000 000
= 100 000 000 000 000 000 000
(100 Trillionen)

➜ 1 000 000 000^2; 100 000 000 000^2

15 000 000 000 bis 20 000 000 000

vor 15 000 000 000 bis 20 000 000 000 Jahren; Urknall: kosmologische Theorie von der Entstehung des Weltalls aus einem extrem verdichteten und heißen Zustand

➜ vor 4 500 000 000 (± 500 000 000) Jahren

30 000 000 000

ca. 30 000 000 000; Anzahl der Nervenzellen des Menschen

➜ ca. 100 000 000 000 000

100 000 000 000 (100 Milliarden)

100 000 000 000 = 10^{11}

➜ 10 000 000 000; 1 000 000 000 000

100 000 000 000^2 = 100 000 000 000 x 100 000 000 000
= 10 000 000 000 000 000 000 000
(zehn Trilliarden)

➜ 10 000 000 000^2; 1 000 000 000 000^2

100 000 000 000 bis 300 000 000 000

100 000 000 000 bis 300 000 000 000; Anzahl der Sterne in der Galaxie „Milchstraße“

Der Durchmesser der Milchstraße beträgt ca. 100 000 Lichtjahre. Im Universum existieren vermutlich mehr als 100 000 000 000 Galaxien.

➔ etwa 5000 Sterne; 9 461 000 000 000 [km]

110 000 000 000

rund 110 000 000 000; Zahl aller jemals geborenen modernen Menschen einschließlich der Steinzeit

Mehr als die Hälfte aller Menschen wurde in den letzten 2000 Jahren geboren.

➔ rund 7 440 000 000 Menschen

116 788 321 168

$116\ 788\ 321\ 168 = 116\ 788^2 + 321\ 168^2$

➔ 8 235 038 125; 123 288 328 768

123 288 328 768

$123\ 288\ 328\ 768 = 123\ 288^2 + 328\ 768^2$

➔ 116 788 321 168; 876 712 328 768

876 712 328 768

$876\ 712\ 328\ 768 = 876\ 712^2 + 328\ 768^2$

➔ 123 288 328 768; 883 212 321 168

883 212 321 168

$883\ 212\ 321\ 168 = 883\ 212^2 + 321\ 168^2$

➔ 876 712 328 768

1 000 000 000 000

1 000 000 000 000 = eine Billion

➜ 1 000 000 000; 1 000 000 000 000 000

$$1\ 000\ 000\ 000\ 000 = 1\ 000\ 000 \times 1\ 000\ 000$$
$$= 1\ 000\ 000^2$$

➜ 10 000 000 000; 100 000 000 000 000

$$1\ 000\ 000\ 000\ 000 = 10\ 000 \times 10\ 000 \times 10\ 000$$
$$= 10\ 000^3$$

➜ 1 000 000 000; 1 000 000 000 000 000

$$1\ 000\ 000\ 000\ 000 = 10^{12}$$

➜ 100 000 000 000; 10 000 000 000 000

$$1\ 000\ 000\ 000\ 000^2 = 1\ 000\ 000\ 000\ 000 \times 1\ 000\ 000\ 000\ 000$$
$$= 1\ 000\ 000\ 000\ 000\ 000\ 000\ 000\ 000$$
$$(\text{eine Quadrillion})$$

➜ 100 000 000 000^2

1 000 000 000 000 Byte = ein Terabyte (Kurzzeichen TB; Maßeinheit für Datenmengen und Speicherkapazität)
$$= 10^{12}\ \text{Byte}$$

➜ 1 000 000 000 Byte; 1 099 511 627 776 Byte;
   1 000 000 000 000 000 Byte

1 099 511 627 776

$$1\ 099\ 511\ 627\ 776 = 2^{40}$$

➜ 1 073 741 824; 4 294 967 296; 1 125 899 906 842 624

1 099 511 627 776 Byte = ein Tebibyte (Kurzzeichen GiB; Maßeinheit für Datenmengen und Speicherkapazität)
$$= 2^{40}\ \text{Byte}$$

Ein Tebibyte ist um ca. 9,95 Prozent größer als ein Terabyte (10^{12} Byte).

Dezimalpräfixe sollen nur noch für Zehnerpotenzen verwendet werden. Für Zweierpotenzen wird international die Verwendung von binären Einheitenvorsätzen empfohlen.

→ 1 073 741 824 Byte; 1 000 000 000 000 Byte;
   1 125 899 906 842 624 Byte

9 461 000 000 000

9 461 000 000 000 [km]; Entfernung eines Lichtjahres

Ein Lichtjahr entspricht der Entfernung, die das Licht (mit einer Geschwindigkeit von ca. 300 000 km/s) in einem Jahr zurücklegt.

1 Lichtjahr = 9,46 Billionen Kilometer

→ 299 792 [km/s]; 30 860 000 000 000 [km]

10 000 000 000 000 (zehn Billionen)

10 000 000 000 000 = 10^{13}

→ 1 000 000 000 000; 100 000 000 000 000

30 860 000 000 000

30 860 000 000 000 [km] = ein Parsec (Kurzzeichen pc; astronomische Entfernungseinheit)

Parsec ist ein Kunstwort aus Parallaxe und Sekunde und bedeutet die Entfernung eines Sternes mit der Parallaxe 1 Bogensekunde. Das Parsec wird vor allem für Entfernungsangaben außerhalb des Planetensystems verwendet.

1 Parsec = 3,262 Lichtjahre
         = 30,86 Billionen Kilometer

→ 299 792 [km/s]; 9 461 000 000 000 [km]

100 000 000 000 000 (100 Billionen)

100 000 000 000 000 = 10 000 000 x 10 000 000
                    = 10 000 000^2

→ 1 000 000 000 000; 10 000 000 000 000 000

100 000 000 000 000 = 10^{14}

→ 10 000 000 000 000; 1 000 000 000 000 000

ca. 100 000 000 000 000; Gesamtzahl der Zellen eines
erwachsenen Menschen

➜ ca. 30 000 000 000

1 000 000 000 000 000

1 000 000 000 000 000 = eine Billiarde

➜ 1 000 000 000 000; 1 000 000 000 000 000 000

1 000 000 000 000 000 = 100 000 x 100 000 x 100 000
$$= 100\ 000^3$$

➜ 1 000 000 000 000; 1 000 000 000 000 000 000

1 000 000 000 000 000 = 10^{15}

➜ 100 000 000 000 000; 10 000 000 000 000 000

1 000 000 000 000 000 Byte = ein Petabyte (Kurzzeichen PB;
Maßeinheit für Datenmengen und Speicherkapazität)
$$= 10^{15}\ \text{Byte}$$

➜ 1 000 000 000 000 Byte; 1 125 899 906 842 624 Byte;
   1 000 000 000 000 000 000 Byte

1 125 899 906 842 624

1 125 899 906 842 624 = 2^{50}

➜ 1 099 511 627 776; 1 152 921 504 606 846 976

1 125 899 906 842 624 Byte = ein Pebibyte (Kurzzeichen PiB;
Maßeinheit für Datenmengen und Speicherkapazität)
$$= 2^{50}\ \text{Byte}$$

Ein Pebibyte ist um ca. 12,6 Prozent größer als ein Petabyte (10^{15} Byte).

Dezimalpräfixe sollen nur noch für Zehnerpotenzen verwendet
werden. Für Zweierpotenzen wird international die Verwendung von binären Einheitenvorsätzen empfohlen.

➜ 1 099 511 627 776 Byte; 1 000 000 000 000 000 Byte;
   1 152 921 504 606 846 976 Byte

10 000 000 000 000 000 *(zehn Billiarden)*

10 000 000 000 000 000 = 100 000 000 x 100 000 000
$$= 100\ 000\ 000^2$$

➜ 100 000 000 000 000; 1 000 000 000 000 000 000

10 000 000 000 000 000 = 10^{16}

➜ 1 000 000 000 000 000; 100 000 000 000 000 000

100 000 000 000 000 000 *(100 Billiarden)*

100 000 000 000 000 000 = 10^{17}

➜ 10 000 000 000 000 000; 1 000 000 000 000 000 000

1 000 000 000 000 000 000

Das Zahlwort Trillion bedeutet eine Million hoch 3 (Vorsilbe tri) und ergibt 10^{18} – eine 1 mit 18 Nullen. Im (US-)Englischen entspricht die Trillion der deutschen Billion.

1 000 000 000 000 000 000 = eine Trillion

➜ 1 000 000 000 000 000; 1 000 000 000 000 000 000

1 000 000 000 000 000 000 = 1 000 000 000 x 1 000 000 000
$$= 1\ 000\ 000\ 000^2$$

➜ 10 000 000 000 000 000; 100 000 000 000 000 000

1 000 000 000 000 000 000 = 1 000 000³

➜ 1 000 000 000 000 000; 1 000 000 000 000 000 000

1 000 000 000 000 000 000 = 10^{18}

➜ 100 000 000 000 000 000; 10 000 000 000 000 000 000

1 000 000 000 000 000 000 Byte = ein Exabyte (Kurzzeichen EB; Maßeinheit für Datenmengen und Speicherkapazität)
$$= 10^{18}\ \text{Byte}$$

➜ 1 000 000 000 000 000 Byte; 1 152 921 504 606 846 976 Byte; 1 000 000 000 000 000 000 000 Byte

1 152 921 504 606 846 976

1 152 921 504 606 846 976 = 2^{60}

➜ 1 125 899 906 842 624; 1 180 591 620 717 411 303 424

1 152 921 504 606 846 976 Byte = ein Exibyte (Kurzzeichen
EiB; Maßeinheit für Datenmengen und Speicherkapazität)
$$= 2^{60} \text{ Byte}$$

Ein Pebibyte ist um ca. 15,3 Prozent größer als ein Exabyte
(10^{18} Byte).

Dezimalpräfixe sollen nur noch für Zehnerpotenzen verwendet
werden. Für Zweierpotenzen wird international die Verwendung von binären Einheitenvorsätzen empfohlen.

➜ 1 125 899 906 842 624 Byte; 1 000 000 000 000 000 000 Byte;
  1 180 591 620 717 411 303 424 Byte

10 000 000 000 000 000 000 (zehn Trillionen)

10 000 000 000 000 000 000 = 10^{19}

➜ 1 000 000 000 000 000 000; 100 000 000 000 000 000 000

12 345 678 901 234 567 891

12 345 678 901 234 567 891; Primzahl, deren Ziffern in
aufsteigender Weise angeordnet sind (begonnen mit der 1,
nach der 9 wieder bei der 0 bzw. bei der 1 angefangen)

Eine noch größere Primzahl mit dieser Eigenschaft lautet:
1 234 567 891 234 567 891 234 567 891.
Es handelt sich um die Zahl „eine Quadrilliarde zweihun-
dertvierunddreißig Quadrillionen fünfhundertsiebenundsech-
zig Trilliarden achthunderteinundneunzig Trillionen zwei-
hundertvierunddreißig Billiarden fünfhundertsiebenundsech-
zig Billionen achthunderteinundneunzig Milliarden zweihun-
dertvierunddreißig Millionen fünfhundertsiebenundsechzig-
tausendachthunderteinundneunzig".

➜ 739 391 133, 12 345 678 901 234 567 891; Primzahlen

18 446 744 073 709 551 616

18 446 744 073 709 551 616 = 2^{64}

➜ 4 294 967 296; 1 152 921 504 606 846 976;
  1 180 591 620 717 411 303 424

18 446 744 073 709 551 616; Informatik: Anzahl der
Zustände, die sich mit 64 Bit (2^{64}) darstellen lassen

➜ 4 294 967 296

43 252 003 274 489 856 000

43 252 003 274 489 856 000 (dreiundvierzig Trillionen
zweihundertzweiundfünfzig Billiarden drei Billionen zwei-
hundertvierundsiebzig Milliarden vierhundertneunundachtzig
Millionen achthundertsechsundfünfzigtausend) Möglichkeiten
der Anordnung seiner Elemente hat der Zauberwürfel, der aus
sechs Mittelsteinen, acht Ecksteinen und zwölf Kantenstei-
nen besteht.

Der Zauberwürfel (im englischsprachigen Raum nach seinem
ungarischen Erfinder auch Rubik's Cube genannt) ist in
Höhe, Breite und Tiefe in drei Lagen unterteilt. Durch 90-
Grad-Drehungen lassen sich Position und Lage der verschiedenen Steine fast beliebig ändern.

In der Grundstellung besitzt jede Seite des Würfels eine
andere Farbe. Ziel ist es, den Würfel wieder in seine
Grundstellung zu bringen, nachdem die Seiten in eine
zufällige Stellung gedreht wurden.

Experten haben berechnet, dass für eine optimale Lösung nur
eine Mindestanzahl von 20 Zügen notwendig ist, um Rubiks
Zauberwürfel aus jeder zufälligen Stellung in seine Ausgangslage zurückzudrehen.

➜ 6; geometrische Körper: Flächen eines Würfels

100 000 000 000 000 000 000 (100 Trillionen)

100 000 000 000 000 000 000 = 10 000 000 000^2

➔ 1 000 000 000 000 000 000; 10 000 000 000 000 000 000 000

100 000 000 000 000 000 000 = 10^{20}

➔ 10 000 000 000 000 000 000; 1 000 000 000 000 000 000 000

1 000 000 000 000 000 000 000

1 000 000 000 000 000 000 000 = eine Trilliarde

➔ 1 000 000 000 000 000 000; 1 000 000 000 000 000 000 000 000

1 000 000 000 000 000 000 000 = 10 000 000^3

➔ 1 000 000 000 000 000 000; 1 000 000 000 000 000 000 000 000

1 000 000 000 000 000 000 000 = 10^{21}

➔ 100 000 000 000 000 000 000; 10 000 000 000 000 000 000 000

1 000 000 000 000 000 000 000 Byte = ein Zettabyte (Kurzzeichen ZB; Maßeinheit für Datenmengen und Speicherkapazität)

$$= 10^{21} \text{ Byte}$$

➔ 1 000 000 000 000 000 000 Byte;
  1 180 591 620 717 411 303 424 Byte;
  1 000 000 000 000 000 000 000 Byte

1 180 591 620 717 411 303 424

1 180 591 620 717 411 303 424 = 2^{70}

➔ 1 152 921 504 606 846 976; 1 208 925 819 614 629 174 706 176

1 180 591 620 717 411 303 424 Byte = ein Zebibyte (Kurzzeichen ZiB; Maßeinheit für Datenmengen und Speicherkapazität)
$$= 2^{70} \text{ Byte}$$

Ein Zebibyte ist um ca. 18,1 Prozent größer als ein Zettabyte (10^{21} Byte).

Dezimalpräfixe sollen nur noch für Zehnerpotenzen verwendet
werden. Für Zweierpotenzen wird international die Verwendung von binären Einheitenvorsätzen empfohlen.

➔ 1 152 921 504 606 846 976 Byte;
  1 000 000 000 000 000 000 000 Byte;
  1 208 925 819 614 629 174 706 176 Byte

6 000 000 000 000 000 000 000 000

ca. 6 000 000 000 000 000 000 000 Tonnen; Gewicht der Erde
➜ 5,515 [g/cm^3]

10 000 000 000 000 000 000 000 000
(zehn Trilliarden)

10 000 000 000 000 000 000 000 = 100 000 000 000^2
➜ 100 000 000 000 000 000 000; 1 000 000 000 000 000 000 000 000

10 000 000 000 000 000 000 000 = 10^{22}
➜ 1 000 000 000 000 000 000 000; 100 000 000 000 000 000 000 000

100 000 000 000 000 000 000 000
(100 Trilliarden)

100 000 000 000 000 000 000 000 = 10^{23}
➜ 10 000 000 000 000 000 000 000;
   1 000 000 000 000 000 000 000 000

1 000 000 000 000 000 000 000 000

1 000 000 000 000 000 000 000 000 = eine Quadrillion
➜ 1 000 000 000 000 000 000 000

1 000 000 000 000 000 000 000 000 = 1 000 000 000 000^2
➜ 10 000 000 000 000 000 000 000

1 000 000 000 000 000 000 000 000 = 100 000 000^3
➜ 1 000 000 000 000 000 000 000

1 000 000 000 000 000 000 000 000 = 10^{24}
➜ 100 000 000 000 000 000 000 000

1 000 000 000 000 000 000 000 000 Byte = ein Yottabyte
(Kurzzeichen YB; Maßeinheit für Datenmengen und Speicherkapazität)

$$= 10^{24} \text{ Byte}$$

➔ 1 000 000 000 000 000 000 000 Byte;
  1 208 925 819 614 629 174 706 176 Byte

1 208 925 819 614 629 174 706 176

1 208 925 819 614 629 174 706 176 $= 2^{80}$

➔ 1 180 591 620 717 411 303 424

1 208 925 819 614 629 174 706 176 Byte = ein Yobibyte
(Kurzzeichen YiB; Maßeinheit für Datenmengen und Speicherkapazität)

$$= 2^{80} \text{ Byte}$$

Ein Yobibyte ist um ca. 20,9 Prozent größer als ein Yottabyte (10^{24} Byte).

Dezimalpräfixe sollen nur noch für Zehnerpotenzen verwendet
werden. Für Zweierpotenzen wird international die Verwendung von binären Einheitenvorsätzen empfohlen.

➔ 1 180 591 620 717 411 303 424 Byte;
  1 000 000 000 000 000 000 000 000 Byte

Zahlen, Ziffern, Nummern ...

Zahlen

Der Begriff Zahl beruht auf der naturgegebenen menschlichen Fähigkeit des Zählens. Vermutlich geht das deutsche Wort Zahl auf das urgermanische Wort talō als Wurzel der althochdeutschen Wörter zala (Aufzählung, Ordnung) und zalōn (rechnen, zählen, zahlen) zurück. Im Mittelhochdeutschen wurde aus zala zale oder zal.

Zahlen entwickelten sich historisch aus Vorstellungen von Größe und Anzahl heraus.

Der Begriff der Zahl wird sprachlich durch ein Zahlwort bezeichnet und grafisch durch Ziffern dargestellt.

Ziffern

Ziffern sind grafische Zeichen für Zahlen (Zahlzeichen). Gebräuchlich sind heute fast nur noch die zehn arabischen Ziffern 0, 1, 2, 3, 4, 5, 6, 7, 8 und 9.

Nummern

Nummern sind Identifikatoren, die selbst Zahlen bzw. (meist Ziffern enthaltende) Zeichenketten sein können.

Natürliche Zahlen

Zahlen, die man üblicherweise zum Zählen benötigt, werden als natürliche Zahlen bezeichnet: 0, 1, 2, 3 ...

Ganze Zahlen

Ganze Zahlen bestehen aus den natürlichen Zahlen und den negativen ganzen Zahlen. Letztere erhält man, wenn man die natürlichen Zahlen auf der Zahlengeraden an der 0 spiegelt:

Zwischen den ganzen Zahlen befinden sich alle anderen
Zahlen.

Negative Zahlen werden zum Beispiel bei Temperaturangaben
oder bei der Kennzeichnung von Schuldbeträgen verwendet.

Eine Besonderheit bei den Zahlenangaben stellt die abend-
ländische Zeitrechnung dar, die Zeitangaben vor und nach
Christi Geburt unterscheidet.

Gebrochene Zahlen

Während unbeschränktes Subtrahieren auf die negativen
ganzen Zahlen weist, so führt unbeschränktes Dividieren
(außer durch 0) zu den gebrochenen Zahlen. Diese werden
durch das Verhältnis von Zähler und Nenner gekennzeichnet
und sind auch durch Dezimalzahlen (an erster Stelle nach
dem Komma die Zehntel, an zweiter Stelle die Hundertstel
usw.) darstellbar.

Rationale Zahlen

Die gebrochenen Zahlen bilden zusammen mit den positiven
und negativen ganzen Zahlen den Zahlenbereich der rationa-
len Zahlen.

Rationale Zahlen lassen sich als Brüche ganzer Zahlen darstellen. Die Folge der Nachkommastellen rationaler Zahlen
bricht entweder ab oder wiederholt sich periodisch.

Irrationale Zahlen

Irrationale Zahlen lassen sich hingegen nicht als Bruch
darstellen. Die Nachkommastellen irrationaler Zahlen sind
unendlich und nichtperiodisch. Daher können irrationale
Zahlen (wie beispielsweise die Kreiszahl Pi) im Dezimal-
system nur näherungsweise beschrieben werden.

Reelle Zahlen

Rationale und irrationale Zahlen bilden zusammen den
Zahlenbereich der reellen Zahlen. Alle reellen Zahlen
können auf der Zahlengeraden zugeordnet werden. Sie lassen
sich nicht nur im Dezimalsystem, sondern auch in anderen
Zahlensystemen (zum Beispiel dem Dualsystem) darstellen.

Komplexe Zahlen

Reelle und imaginäre Zahlen bilden zusammen den
mathematischen Zahlenbereich der komplexen Zahlen.

373

Mehr Informationen zu den verschiedenen Themen:

www.adac.de
(Allgemeiner Deutscher Automobil-Club)

www.adfc.de
(Allgemeiner Deutscher Fahrrad-Club)

www.baua.de
(Bundesanstalt für Arbeitsschutz und Arbeitsmedizin)

www.bfn.de
(Bundesamt für Naturschutz)

www.bfr.bund.de
(Bundesinstitut für Risikobewertung)

www.bfs.de
(Bundesamt für Strahlenschutz)

www.bfs.admin.ch
(Schweizer Bundesamt für Statistik)

www.bmas.de
(Bundesministerium für Arbeit und Soziales)

www.bmel.de
(Bundesministerium für Ernährung und Landwirtschaft)

www.bzga.de
(Bundeszentrale für gesundheitliche Aufklärung)

http://code-knacker.de
(Lexikon der Codes - Symbole - Kurzzeichen)

www.dehoga.de
(Deutscher Hotel- und Gaststättenverband)

www.denksport-raetsel.de
(Rätsel und Denksport-Aufgaben)

www.destatis.de
(Statistisches Bundesamt)

www.deutschepost.de
(Deutsche Post AG)

www.deutschlandinzahlen.de
(Deutschland in Zahlen)

www.dfb.de
(Deutscher Fußball-Bund)

www.dge.de
(Deutsche Gesellschaft für Ernährung)

www.dguv.de
(Deutsche Gesetzliche Unfallversicherung)

www.dimdi.de
(Deutsches Institut für Medizinische Dokumentation und
Information)

www.din.de
(Deutsches Institut für Normung)

www.din-formate.de
(Zahlen, Tabellen, Hintergründe)

www.drk.de
(Deutsches Rotes Kreuz)

www.duden.de
(Deutsche Rechtschreibung)

www.dwd.de
(Deutscher Wetterdienst)

http://europa.eu
(Offizielle Website der Europäischen Union)

www.gesetze-im-internet.de
(Gesetze und Verordnungen im Internet)

www.gesundheit.de
(Gesundheit, Medizin, Krankheiten, Ernährung)

www.govdata.de
(Datenportal für Deutschland)

www.grössentabelle.org
(Größenumrechnungen, Größenerklärungen)

www.hotelfach.de
(Gastronomie und Hotellerie)

http://interessante-fakten.de
(Interessante Fakten)

www.kan.de
(Kommission Arbeitsschutz und Normung)

www.kartenspiele.net
(Kartenspiele und mehr)

www.kba.de
(Kraftfahrt-Bundesamt)

www.laenderdaten.de
(Länder der Welt)

www.lebensmittellexikon.de
(Lebensmittellexikon)

www.logisch-gedacht.de
(Logisches Denken)

www.mathebibel.de
(Mathematik für die Schule)

www.mathe-lexikon.at
(Mathematik-Lexikon)

www.mathematik.de
(Deutsche Mathematiker-Vereinigung)

www.mathematik-wissen.de
(Mathematik für die Schule)

www.mathematische-basteleien.de
(Mathematische Basteleien)

www.onmeda.de
(Informationen zur persönlichen Gesundheit)

www.orte-in-deutschland.de
(Informationen zu Bundesländern, Landkreisen, Orten und
Städten)

http://postleitzahlen-suche.org
(Postleitzahl zur Adresse finden)

www.qualimedic.de
(Gesundheit und Medizin)

www.ral.de
(Deutsches Institut für Gütesicherung und Kennzeichnung)

www.roemische-zahlen.net
(Römische Zahlen umrechnen)

www.schachbund.de
(Deutscher Schachbund)

www.spektrum.de
(Spektrum der Wissenschaft)

www.statistik.at
(Zahlen, Daten und Fakten zu Österreich)

www.statistik-portal.de
(Statistische Ämter des Bundes und der Länder)

www.tabelle.info
(Informationen für Alltag und Beruf)

www.taschenhirn.de
(Allgemeinbildung in Listen)

www.umrechnung.org
(Einheiten umrechnen)

www.umweltbundesamt.de
(Umweltbundesamt)

www.vbg.de
(Verwaltungs-Berufsgenossenschaft)

http://vorwahl-suche.com
(Vorwahlnummer finden)

www.weltalmanach.de
(Fischer Weltalmanach)

http://de.wikipedia.org
(Wikipedia, die freie Enzyklopädie)

www.wissen.de
(Wissensportal)

www.zahlenquadrate.de
(Zahlenrätsel)

Sachregister

A

Abmessungen · *31, 32, 95, 124, 168, 219*

Aggregatzustände · *45, 251*

Alkohol · *11, 16, 20, 28, 34, 121, 140, 152, 347*

Alkohol, reiner · *121, 152*

Alkoholgehalt
im Blut · *11, 15, 16, 19, 20, 21, 22, 28, 34, 39, 51*
von Getränken · *34, 57, 93, 108, 148, 154, 155*

Allergien · *103*

Alphabet · *130, 131, 135, 147*

Arbeitgeber · *198, 199, 204*

Arbeitnehmer · *77, 130, 141*

Arbeitsfläche · *35, 182*

Arbeitsflächenhöhe · *182, 194, 198, 207, 213, 217, 221*

Arbeitsplatz · *77, 134, 198*
Bewegungsfläche · *36*
schwere Lasten · *63*

Arbeitsplätze
Bewegungsfläche · *27*
Bildschirm- und Büroarbeitsplätze · *35, 77, 182, 194, 213, 221, 235*

Arbeitsraum · *140, 147, 174, 182, 190, 199*

Arbeitsräume · *77, 97, 113, 118, 121, 134, 208*

Arbeitsstättenregel · *27, 36, 77, 97, 113, 118, 121, 125, 130, 134, 140, 147, 174, 182, 190, 199*

Arbeitszeit · *77, 106, 141*

Atemfrequenz · *108*

Atemzug · *93*

Auge · *16, 59, 73, 178, 218, 260, 314*
Augenhöhe · *55, 56*
Augeninnendruck · *93*

Augen · *125, 199*

Außenlufttemperatur · *68, 135*

B

Badetemperatur · *149*

Bakterien · *13, 125, 192*

Bandscheiben · *129, 145*

Bankleitzahl · *127*

Bauchumfang · *22, 29, 206, 220*

Bekleidungsgröße
Frauen · *144, 149, 154, 158, 163, 172, 175, 179*
Kinder · *167, 174, 182, 188, 194, 200, 204, 211, 215, 221, 223, 225, 227, 229, 230, 231, 232, 234, 235, 236, 237, 239*
Männer · *148, 150, 152, 156, 158, 161, 162, 163, 165, 172, 175, 180, 186, 189*

Beleuchtungsstärke · *27, 218*
natürliche · *14, 18, 295, 314, 322, 333*

Berechnungsformeln · *49*

Beschäftigte · *36, 77, 87, 130, 135, 140, 165, 198, 204, 248*

Bezugsgrößen für Nährwerte · *217*

Bezugstemperatur für Heizöl · *105*

Bilanzsumme · *87, 165, 248*

Bildpunkte · *252, 338, 340, 343*

F

W

Z